差別と抵抗の現象学

在日朝鮮人の〈経験〉を基点に

郭基煥［著］

新泉社

はじめに

差別されるという経験を、その受苦者の内側に可能なかぎり深く沈潜して、理解し、記述すること。他ならぬ、この受苦の経験を基点に、差別に関わる諸問題を考えること。受苦の経験に差別に関わる一切の問題を語らせること。ひとことで言えば、それが本書の意図するものである。主要なテーマは三つにまとめられる。すなわち、差別されるということはいかなる経験か（第Ⅰ部）、差別に人が誘惑される人間的条件は何か（第Ⅱ部）、そして差別されるという経験から抵抗の意志が生まれるとしたらどのようにしてか（第Ⅲ部）、である。

本書は、社会や人間関係や心理を外部から眺める、「客観的」、第三者的視点から、差別とはいかなる事態かを記述することに関心を置いてはいない。そうではなくて、受苦の経験そのものに、差別とは何であるかを語らせようと試みている。同じように解放の道筋を考えるときも、第三者的視点からではなく、受苦の経験が、理性が稼動するその前に求めないではいられない、解放のありよう、その野生のままの解放の姿を探り当てようと試みている。抵抗についても、受苦者が抵抗へと導かれる、隠された意識のプロセスと受苦者にとっての抵抗の最初の意味を発掘しようと試みている。さらに、差別行為に人が誘惑される条件についても、受苦者の視点から見えてくるものを記述しようと試みている。要するに、私はここで一貫して、差別されるというこの「黙して語らない経験」に、差別に関わる問題の一切を語らせようと試みている。

考察にあたっては、主に在日朝鮮人の経験に焦点を合わせている。が、その場合も、私としては常にジェンダー差別や障害者差別などの他の差別問題も念頭に置いて考えてきたつもりである。言い換えれば、本書は在日朝鮮人問題を「手がかり」にしつつも、どんな差別問題にも共通している「本質」を問うという方向性を持っている。もちろん、在日朝鮮人の差別問題にはそれに固有の問題があり、他の差別問題にはまたそれに固有の問題がある以上、その固有の問題を安易に捨象すべきではない。が、同時に差別にはどんな種類のそれにも共通している性質、さらに言えば、その性質を欠いてはもはやその事態を差別として取り扱うことが無意味となってしまうような「本質」というべきものがある。本書はそうした差別の「本質」的問題に切り込んでいくことを意図している。その点を強調していえば、本書は差別を人間学的に追求しようと試みたものであるといえる。

＊

本書では差別問題を考えるにあたって、主に現象学、あるいは現象学的社会学の知見を借り、またその手法を用いている。フッサールに始まる哲学の一思想である現象学の真髄は、「まだ黙して語らない経験を、その経験自身の意味の純粋な表現へともたらす」ことにある。私たちは通常、自ら気づかないところで社会的に形成された解釈図式によって事物をあれこれの事物として類型化し、そのうえで日々を営んでいる。言い換えれば、私たちの日常的な行動や思考は、当人が気づかないところですでに類型化してしまっている事物を対象にしている。その際、現象学が焦点を合わせるのは、この、ある事物をある事物として在らしめるところの、隠されたまま稼動する意識の働きであり、現象学とはそうした「黙して語らない経験」を可能なかぎりその経験に忠実に言語化しようとする試みであるといえる。

もちろん現象学は差別の研究のために生まれてきたわけではない。また「正統な」現象学の主要なテーマである知覚や他者経験の構造などを分析する「生粋」の現象学者たちの記述からは、この学にとって、差別というテーマは入り込む余地がないように見えるかもしれない。

しかし他ならぬ差別を考えようとするときこそ、現象学はもっとも信頼に足る道具たりうる、と考える十分な理由がある。そもそも差別という事象の中核には、その受苦の経験がマジョリティの常識知によって「封殺」されるという事態がある。私たちの日常言語は差別を実践したり、それを合理化したり、隠蔽したりするためのことばや常套句や「論理」を呆れるほど豊富に用意している。だから私たちは〈何気なく〉人を差別し、〈何気なく〉差別を合理化し、また隠蔽する。あからさまに言えば、差別をするのに思考の真剣さなどかけらも必要としない。差別し、合理化し、隠蔽するのに必要なのはむしろ思考を停止することであり、常識知の体現者になることである。その一方で、被差別経験はそれが経験されたままに表現することがひどく困難な経験である。たとえば、悲しい、腹が立つ、などといったありふれた感情語による表現は、常にその経験のありようを言い損ねている。そもそもそれは感情の問題に矮小化される経験ではない。差別を経験する者は、自分の経験を言語化しようとするとき、日常言語が自分のためのものではなく、まさに差別する者たちのものであることを痛感する。その意味で、差別の受苦の経験とはまさにその経験の性質そのものからして「黙して語らない経験」なのだ。

＊

このように差別経験に徹底してこだわっていく方法に対しては、すぐさまこんな反論が予想される。「たとえば朝鮮人というエスニック・マイノリティに話を絞ったとしても、いくらだって、幸せに、差別のことなど気にせず生きている人はいる。なのに、なぜそうひたすらに差別経験にこだわるのか。たとえば朝鮮人には朝鮮人の、そうであるからこその喜びや希望や楽しみもあり、独自の文化や歴史もあるだろう。そうした側面も含めその生活をトータルに記述したらどうか、その方がよっぽど差別問題の克服につながるのではないか、差別差別と騒ぎ立てるほど事態は悪くなりはしないか」。こうした反論には、私はこう答えたい。重要なのは、何を記述することが差別を克服するのに効果的かと考える前に、何を記述することが差別の受苦者に対して責任＝応答 responsibility を果たすことかと考えることではないか、と。

私が知り合った人の中に、会うたびに幼少時代に受けた差別のことを私に話し続ける七十過ぎの朝鮮人の老人がいる。他のことについて話すときはむしろ冷淡でありながら、その話題を口にするときだけ、その人は極度に情熱的な饒舌家になる。ある日、その人はいつもの話をいつものように情熱的に話したあとで、こんなことを言った。「まだ死ねない。まだ話すことがある」。

彼がかつての差別の経験を話し足りていないと感じる理由はいくぶんかは彼の性格によるものだとしても、おそらくそれに尽きるものではない。自分が発するどんなことばも、いまだに自分の当の経験に到達していないからではないか、と考える余地がある。仮にそうだとしたら、彼にとってたとえば朝鮮の文化を再発見したり、当然、あったはずの幸せな記憶を呼び起こしたりすることに、どれほどの意味があるのだろうか。少なくともそうするよう他者が促したとしたら、それは彼のことばにはじめから耳をふさぐ所作でしかないだろう。その意味では、朝鮮人の、もっといえばマイノリティの生活を「トータルに記述すること」は、差別問題の克服に効果的であるかもしれないが、必ずしも受苦者に対する応答とはならないのである。

私には、彼にとって、世の中から差別がなくなることが大事なのか、それさえ疑わしい。なるほど聞けば、なくなればいいと彼は答えるかもしれない。しかし、それこそが大事だ、と答えるだろうか。さらに、差別をなくすための方法について語るとき、彼は自分のかつての経験を語るときと同じ情熱をもってするだろうか。その人にとって、方法を語るのは、まだ早すぎるのではないか。経験をことばで言い当てること、「黙して語らない経験」を「純粋な表現にもたらすこと」。彼にとって、すべてはそのあとのことではないのだろうか。

かくして、本書は差別の経験を可能なかぎりその中に深く沈潜して記述しようと試みる。差別に関わる諸問題についての思考の基点を、この経験に置く。私にとっては、そうすることが差別の受苦者に対して責任＝応答を果たすことであり、また私にとって、差別について研究するということ、差別について考えるということは、差別の受苦者に対して責任＝応答を果たすこと以外にないからである。

目次

第II部　差別行為の生成——そもそもなぜ差別をするのか

装幀　勝木雄二

差別と抵抗の現象学

序章　差別の哲学的人間学的問い

1　差別の現在

今、ひとはさまざまなタイプの差別について語っている。民族差別や「人種」差別、女性差別やレズビアン差別やゲイ差別、障害者差別など。部落差別や野宿者差別、比較的新しくは、高齢者差別（ageism）や肥満者に対する差別などの「体型差別」（sizism）などについて語っている。[1]

研究次元で、また日常生活の次元でさまざまなタイプの差別を語っているということ、新たな差別が次々に「発見」され、語られるという現象、いわば「語りの多種化」から何を読みとることができるだろうか。

「語りの多種化」は一方で、これほど多様な差別を生みだしてきた人間の愚昧さや冷酷さという負の側面を告発し続けている。あるいはその負の側面が文化や社会を横断する現象であり、問題を特定の社会や文化の構造ではなく、人間という存在の問題として捉えることを求めている。〈人間の問題〉として捉えること、人間を徹底的に問いつめていくことを求めている。差別の「発見」は同時に、人間という存在の愚昧さや冷酷さの「発見」

に他ならないからである。

しかし他方で、なぜ、ひとはある言動や制度を他ならぬ差別という概念を用いて批判しようとするのかと考えるとき、語りの多種化という同じ現象からは「未来への希望」をも同時に読みとることができる。語りの多種化は、ある言動や制度を差別という概念の中に新たに「登録」するという営みの拡大に他ならない。それは、〈差別という概念が持つ倫理的な威力〉の増大に基づき、またそれを促進させもする。ひとからその個人性を奪い、その生をたんなる客体のひとつであるかのように扱う「他者化」の言動と制度を差別という語を用いて語るとき、そうした語りは今日、ますます倫理的な威力を発揮するようになっている。その威力を知っているがゆえに、ひとはあるタイプの言動や制度を差別という概念の中に登録しようとする。

もちろん、そうした差別という概念や、それを示唆する概念に備わる倫理的な威力はいつでも「悪用」されることがある。戦後、アジア、アフリカなど世界各地の植民地が解放されたのちも、依然として欧米諸国や日本など「旧宗主国」が世界において特権的地位を巧妙に維持し続けている事態を暴露・批判するポストコロニアル研究における、もっとも重要な研究者のひとりに香港出身、アメリカ在住の研究者、周蕾《レイチョウ》がいるが、彼女は今日のアメリカにおいて、そうすることが「権威と力を得るのにますます確実な方法になっている」(周蕾 1993＝1998：29)ために、自分が第三世界の出身であることを強調したり、仕事上の不満があるとすぐに自分たちが「強姦」されたという言い方をする(が、そのじつ、特権的な地位にいる)知識人の姿を批判している。「自分をサバルタン化する」行い、すなわち自己を「抑圧された人間」(＝サバルタン)として「偽装」するこうした知識人の行いは「圧制を語る用語から批判的かつ反体制的な重要性をはぎ取り、その結果、抑圧された人々から、抗議と正当な要求のことばを奪うこと」(周蕾 1993＝1998：29)になるという批判である。

しかし、周蕾が知識人を批判する中で示した、以上のような「悪用」も、なぜそのような「悪用」が可能なのかと問うとき、差別という概念が持つ倫理的な威力に対する信頼が社会に広く共有されてきたからだ、と考えることができるのであり、その限りにおいて、そこから「未来への希望」を垣間見ることができる。もしかすると、たった一つの差別だけが許される世界が、私たちのすぐ目の前に来ているのかもしれない。すなわち、何者かを差別する者をこそ、私たちの社会から排除し、「差別」する世界、差別者への差別だけが許される世界。そのような世界の到来を予測することができるほどに、差別という概念が持つ倫理的な威力に対する信頼は社会に広く共有されている。こうした一般的認識があってこその、「悪用」なのである。

〈差別概念の倫理的な威力〉に対する信頼が広く共有されてきた、ということ。それは、被差別者があるタイプの内の他の被差別者のみならず他のタイプの被差別者との間にも「独立した連帯」とでもいうべきものを結びうる地点に立っていることを物語っている(2)。差別という概念を用いて、植民地主義的他者化の暴力に抗しようとする在日朝鮮人男性(3)と、同じ差別という概念を用いて、男性中心主義の他者化の暴力に抗しようとするアメリカ人女性は、仮に一度も顔を合わせたことがなく、語り合ったことがなくとも、共に差別の彼方を視野におさめている。もちろん見られている未来の姿は著しく異なるものかもしれない。互いが実際に語り合った途端、違いが確認されるかもしれない。しかし、違いが確認されるかもしれない、ということ自体、何らかの共通相を見ていることを物語っている。同じ差別という概念を用いて、各々の闘いを生きる者たちは、各々の状況の中で、差別という〈今〉の彼方を共に見ている。集合することがなくとも、孤立はしてない。

差別はいつも密室で行われる。窓の外のことばは遮断されるか、変形させられ、内部のことばだけが事態を記述する唯一の言語になる。苦境に陥った者は、密室内部のことばで自分の状況を理解しなくてならなくなる。苦境に陥った者は、自分を抑圧する者に何を言っても言い返されることを骨の髄まで教え込まれ、窓の外から見れば明らかに、内部の状況とその支配者こそが変更されるべきものであるにもかかわらず、自分こそが変更されるべきであると信じる。たとえば、第三者の目から見れば、暴力を振るう「夫」が問題であることが明瞭であるにもかかわらず、むしろ女性被害者が自分の非を探そうとするドメスティック・バイオレンスは、どのような差別においても一般に見られる原型的なものであるように思われる。日本において朝鮮人が陥っている苦境は、それ自体、日本という巨大な密室におけるドメスティック・バイオレンスなのではないか、と考える余地がある。差別は密室で行われ、苦境に陥った者が自らの苦境を語り、定義することばを奪う。

そうであるがゆえに、〈差別概念の倫理的な威力〉の増大は、未来への希望を垣間見せる。その増大は私たちがかつてよりある状態を差別として定義すること、すなわち窓の外のことばで状況を定義することを容易にしている。密室の支配者は、差別という語が窓の外から進入してきて、状況をその語によって定義づけられるのを防ぐのが、かつてよりずっと難しい。〈差別概念の倫理的な威力〉の増大は密室をこじ開け、密室の支配者を赤面させる。密室の支配者は孤立し、苦しんできた者は、たとえ目指されているものそのものが同一でないにせよ、その目指す方向性の同一性において、他の苦しんできた者たちと連帯する。〈独立した連帯〉を見出しうるのだ。違う地点で、違う星を見ている者たち。その者たちは、それでも同じ空を共に見ている。同じ差別という概念を用いて、〈今〉の彼方を見据えて、各々の闘いを生きている者は、たとえばそのようにイメージできる。(4)私たちは今、差別という概念の倫理的威力が増し、それによって諸々の被差別者と広範な「独立した連帯」を結ぶ可能性が開かれた地点にいるのだと考えることができる。(5)

こうした現在の歴史的地点からは被差別者でない者もまた逃れることはできない。今日、いたるところで、自分の言動が差別だと指摘された者が、慌てふためいて、その指摘が自分には当てはまらないことを証明しようとする姿が見られる。(6)そうした、特に日本においてはジェンダー差別に関して顕著に見られる「慌てぶり」は、〈差別概念の倫理的な威力〉が、広く一般に浸透してきたことを示している。つまり、私たちは今、差別について、〈誰もが〉かつてよりもはるかに敏感であることが求められる歴史的地点、あるいはそうであることを要求することができる歴史的地点に立っているのである。通信と移動の技術の発達がもたらした国や地域を越えた情報の緊密化によって、おそらくは地球規模で。

このように、〈差別概念の倫理的な威力〉が増大したことによって、差別をしないことがかつてよりも強い社会的規範と化しつつある今日の歴史的地点が、しかし、希望と同時に危険をも孕んでいることは見逃すことができない。〈差別概念の倫理的な威力〉が増大しているという状況は、まさにそれが持つ威力への配慮からのみ、差別をしないというような態度をひとに取るように促す状況でもあるからだ。もしも、実際にもそのように〈差別概念の倫理的な威力〉の増大が、あるひとにとって、ひとつの規範の外在的圧力の拡大を意味するに過ぎず、差別をしない態度が、そうした規範へのたんなる「服従」であったり、それのたんなる「内面化」であるに過ぎないのならば、それは別の規範の生成と共に失効していく可能性を常に秘めている、と考えねばならない。その意味では、私たちの今の状況は、反差別への意志がいつ空転させられるかもわからない状況でもある。

今、いたるところで、さまざまなタイプの差別が指摘されている。それは文化や社会を越えた人間という存在そのものの愚昧さや冷酷さを物語ると同時に、やはり文化や社会を越えた人間という存在そのものに希望があることをも物語る。が、その希望は、すでに述べたように、〈その中にまどろんでいれば〉いつ挫かれるかもわからないような希望である。

そうした状況の中にあって、差別という問題を〈人間の問題〉として捉える視点は重要な意味を持つように思われる。つまり、差別の愚昧さや冷酷さを、個別的な社会の内において、〈社会の問題〉として理解するのではなく、それを人間の全体像の中で理解すること。人間の営みの全体像——その世界経験の「背後」にある、すなわち経験を可能たらしめる機能を果たしつつも、それ自体は不可視であるところの「超越論的次元」をも含めて

——の理解と共に、その全体像の中に差別を位置づけようとする努力。要するに人間とは何か、という問いの中で、言い換えれば、「哲学的人間学（philosophical anthropology）」[7]的と呼ぶのがふさわしいだろう視座の中で、差別とは何かを捉えようとするような努力。そうした努力が、さまざまなタイプの差別が指摘されている現在において求められているのではないか。そもそも、人間の生の全体像を描き出そうとする哲学的人間学の努力が十全な結果を得るためには、差別という事象をその全体像の内部に描きいれる必要があるのではないか。

以下では、このような認識の下に、「哲学的人間学的」な問いの中で、差別を理解しようと試みる。そしてそのために、経験の構造分析を中心に人間を問い続けてきた現象学的な方法に則って、本書は進められる。では、現象学的方法とは何であるのか。

2　差別の〈ひそやかな関係〉

私たちはふだんの生活のなかでさまざまな事件に出会っている。たとえば、今朝、ズボンのポケットに入れておいた財布が、職場に着いてみたら、消えていた。たとえば、昨日まで、あれほど親密に接していた友人が、今日になったら、目も合わせてくれない。新聞を開けば、どこそこの国で無差別テロが起こっている。

事件に遭遇したとき、私たちはふつう現在の自分の〈外部〉に眼をこらす。財布はどこに消えたのか。電車の中で誰かが盗んだのか。私は昨日、自分の知らないうちにあの友人を傷つけるようなことを言ってしまったのだろうか。あるいは別れたあと、あの友人の身に何かが起こったのだろうか。テロ実行犯の目的は何だったのか。テロによってその国が被るであろう影響は何だろうか。「国際社会」はどう変化するだろうか。

私たちはそしてときにその筋の専門家たちの技能や知識の手助けを借りたり、自分自身で行動を起こすことによって、事件を解決させ、あるいは首尾一貫した論理によって理解しようとするだろう。そして解決や理解が実践的観点から成功裏に完遂したとき、事件はおそらく意識内部での主題という位置から滑り落ち、〈事件性〉を失う。こうして私たちはふだんの生活に戻っていくだろう。

しかし別の視角からすれば事件はまだ終わっていない。そもそもなぜ、財布の紛失、友人の態度の豹変、報じられた無差別テロが私にとって事件として現れたのか。これらの出来事が事件として現れるということ、そのように事件が現れた〈そのときの現在の自分〉そのものを事件として捉えることができる。

ある出来事が、それがどんなものであれ、私の前に事件として際立ってくるためには、常にそれ以前に、何かしらの自明視された見方(=先行的了解)が背景としてある。財布の紛失に驚く私は、すでにたとえば〈存在〉について一定の了解を持っている。友人の豹変や、無差別テロに驚く私は、すでに〈他者〉や〈社会〉についての一定の了解を持っている。それらの了解を私は疑ってはいないし、関心の対象にもなってはいない。それら自明視された見方が下地として働くことで、事件の事件性は浮上する。

その意味で、事件は常に〈私〉[8]によって自明視された見方をそれと気づかずに稼働させること——それが〈自明視〉という事態の意味そのものであるが——によって成立する、と言える。〈私〉がある見方を稼働させているにもかかわらず、そのことを忘却することによって、事件はリアルなものとして際立ってくる。

それはしかもいわゆる事件のみに当てはまることではない。どんな陳腐な事実もそれが事実として現れる以上、〈私〉による同じ働き——ある見方の稼働と、稼働の忘却——によって成立するとみなすことができる。現象学の思索を他の諸学のそれと際立たせる点は、こうしたことと関わる。つまり、事実とそれを成立させる、自明視された見方や〈私〉との〈内的関係〉をこそ、事件として取り扱おうとする態度、そして、その態度の徹底性に

こそ現象学の特徴を認めることができる。(9)

事実を事実として捉えたうえで、その事実と他の事実との相関関係を捉えるのではなく、あくまでも事実がそれとして立ち現れてくる場に還り、遡行し、その場を記述しようとする〈反省〉の思考。事実間の〈外的関係〉ではなく、事実と〈私〉の〈内的関係〉(ここでは、こうした内的関係が、事実が浮上しているときには常に沈潜し、忘却されているという現象学の基本的視角を考慮し、この点を強調するために、以下では〈ひそやかな関係〉と呼んでおきたい)を明るみにだすこと――それこそが一世紀ほど前、フッサールによって創始された現象学が以降、己の任務として引き受けてきたことだと言っていいように思われる。そして、本研究が明らかにしよとする領域は、まさにこうした、差別にかかわる〈ひそやかな関係〉に他ならない。

ただし本書において探究される〈ひそやかな関係〉とは、より限定的には、フッサールがその晩期の主著である『ヨーロッパ諸学の危機と超越論的現象学』(以下、『危機』と略記)において示した〈生活世界〉における経験であり、(10)主に、この『危機』を中心とするフッサールの後期思想を取り入れつつ独自の現象学を展開していったメルロ＝ポンティがいうところの〈生きられる経験〉である。(11)ここで〈生きられる経験〉とは、端的に言えば、科学的認識以前の世界経験のことである。『知覚の現象学』の序文において、メルロ＝ポンティは「科学とはこの世界経験の二次的な表現でしかない」(Merleau-Ponty 1945＝1967 : 4) のであり、また「一切の科学的規定はこの世界にたいしては抽象的・記号的・従属的でしかなく、それはあたかも、森とか草原とか川とかがどういうものであるのかをわれわれにはじめて教えてくれた［具体的な］風景にたいして、地理学がそうであるのとおなじことである」と述べている (Merleau-Ponty 1945＝1967 : 4)。

加えておけば、こういった科学と生活世界という二項の関係における生活世界の一次性という論点は、またフッサールの現象学的思惟を取り入れ、後期に至っては批判的に対峙していったシュッツの現象学的社会学の出発点であった。シュッツは端的に次のように述べている。「社会科学者によって用いられる構成概念（constructs）は、いわば二次的な構成概念である。すなわちそれは、社会的な場面にいる行為者が生みだした構成概念についての構成概念である」（CP I：6）。

本書は、すでに述べたように、差別という事象を、哲学的人間学的な問いの中で理解しようと試みる。そしてそのために具体的には現象学的方法を用いる。そして今や明らかになったと思われるが、そのことが意味するのは、差別に関わる諸現象を、それらが発祥してくるその場、諸現象と〈私〉の〈ひそやかな関係〉、〈生活世界〉における〈生きられる経験〉に遡行し、理解すること、それらを〈生まれいづる状態〉で捉えようとする試みに他ならない。

その際、本書は、シュッツの他者論を中心に、レヴィナスのそれをも参考に、理解しようと試みる。では、それはどのようなものなのか。

3　シュッツとレヴィナスの他者論

本書が手がかりにする理論的支柱のひとつ、アルフレッド・シュッツ（Alfred Schütz）の現象学的社会学は、どのようなものなのか。本書はその理論の全体像をつかむことを目的にしているわけではなく、繰り返しになるが、差別という事象を人間の生の全体像の中に位置づけて理解するための、あえて強い言い方をすれば、「手段」としてシュッツの知見を用いるに過ぎない。が、それでも一応、まずはシュッツその人についてごく簡単に略歴を記しておくと、一八九九年、ウィーンで生まれ、一九三二年に生前唯一の著書『社会的世界の意味構成』を出版している。同書はウェーバーの理解社会学を哲学的に、より具体的に言えば、現象学的に基礎付ける、という目的のもとで書かれたものである。その後、ナチズムが政権を握り、ユダヤ人への圧迫が激しくなると、ユダヤ系であったシュッツは一九三九年、アメリカに亡命することになる。亡命前から彼は研究の傍らで銀行業務をしていたが、亡命後も、現象学／社会学の研究と銀行業務という二重生活を続けた。一九五六年、「ニュースクール」の常勤教授になったが、一九五九年、逝去する。

シュッツに始まる現象学的社会学は、今日ではすでに社会学内部において社会学の一学派として広く認知されているが、この語が一般に用いられるようになるのは、一九七〇年代以降のことである。また、シュッツ自身は、自らの学にそのような名称を与えたことはない（張江 1997：23）。にもかかわらず、この語でシュッツの社会学が称されるのは、ともかくも、それが世界の存立を志向性という意識の構造との相関性で論じたフッサール現象学の思索を取り入れた社会学理論であるためである。もっともこのようにシュッツが社会学の領域に哲学を導き入れたというのは事実であるが、それはことの一面であって、特に後期に至ってフッサールと批判的に対峙することになることが示しているように、彼の思索は同時に、社会学的思惟を導入した哲学であるというもうひとつの側面がある。[12] 端的に言えば、世界を現にあるように現出させ、世界を構造化する意識の働きは、それ自体、世界の内部での具体的な他者との相互行為や、言語などの諸類型などによって、すなわち日常によって構造化される。こうした「条件づけ」は哲学者の思索といえども本来、免れ得ない。たとえば、哲学者がある何かについて、その本質、あるいは形相（eidos）――すなわち時空的・社会的に不変的に妥当するような性質――を探ろうとするとき、その探求の可能性はすでに常にその人が生きてきた場所、時代、生活史などによって条件づけられている。このように意識が社会的に規定されているという側面をシュッツは論じてきたのであって、しかもその議論は、きわめて抽象的な次元で、あるいは「形相的」な次元でなされており、こう言ってよければ「哲学的」に論じてきた。バーバー（Michael D. Barber）が言うように、シュッツの理論は、本質と社会性、そして意識の志向性の三つの要素によって構成されており、そこには哲学と社会学の独特の融合が見られるのである（Barber 1988：33）。

シュッツ理論の特徴を社会学との関連で言えば、それは「日常的生活を営む人々が抱く主観的世界や意味世界」（西原 1998a：22）を主題領域にしたことにある。現実の社会の成員の主観や常識を排除して眺めるような「俯瞰図」ではなく、むしろ成員の主観によって捉えられるような「虫瞰図」（西原 1998a：21）によって社会を把握しようとする学である。さらに加えておけば、シュッツ理論をこのように「虫瞰図」的社会学として考えるとき、それが生じてきた社会学史的背景としては、当時、社会学においてパーソンズをはじめとした機能主義的社会理論が支配的であったことがあげられる。現象学的社会学は機能主義的社会理論、またそこに見られる過剰に社会化された人間像に対する批判を含んでいるのである。(13)

本書におけるもうひとつの理論的支柱はエマニュエル・レヴィナス（Emmanuel Lévinas）の「社会性の現象学」(14)に見られる他者論である。彼は一九〇六年、リトアニアに生まれたユダヤ人哲学者で、フランスに移住後、著作のほとんどをそこで執筆している。ナチス・ドイツの時代には捕虜収容所で五年にわたる捕囚の日々を送っている。彼はフッサールとハイデガーの思想に大きな影響を受けているが、彼の思想の最大の特徴は、他者が「私」の知の中に吸収し得ない他者性を有していること、また私は自らの能動的選択に先立って他者への責任を負っていることを強調した点に見出される。彼にあっては主体が先にあって、他者への責任があるのではない。他者への責任こそが、主体を形成するのである。

本書は、両者の理論の全体のうち、特に他者について論じた部分を主要な参照点とする。そこで、その他者論について具体的な内容は本論において展開することとして、ここでは、現象学内部における、その位置に限って、簡単に記しておきたい。

〈他者〉が現象学においてはじめて主題的・体系的に取り扱われたのは、現象学の始祖であるフッサールの『デカルト的省察』においてである。その際、フッサールにおいて〈他者〉が主題となってきたのは、世界の客観性との関連においてであった（貫 2003：172；新田 1996：134；田島 1996：400）。

どういうことか。〈私〉は目覚めているとき、自分の周囲に見出すものを〈私〉の「幻」などとは思っていない。言い換えれば、世界を〈私〉だけの世界としてではなく、〈私〉たちの世界として経験している。世界がそのように「客観性」を帯びて現れてくるのは、どのようにしてか。世界が〈私〉たちの世界という現れ方をするには、〈他者〉が〈私〉と異他的な存在でありながらも、たんなる事物としてではなく、世界を構成する権能（pouvoir）を持つ者＝超越論的源泉としてあるのでなければならない。では、こうした他者はいかに生成するのか。以上が、〈他者〉がフッサールにおいて問題化してくる経緯である。

こうした意味での他者の生成を跡づけるために、『デカルト的省察』では、まず自分とは異なる我（＝他我）に関わる定立（＝存在していると信じること）を遮断する。遮断によって他我に直接・間接に関わる一切が捨象された「自分に固有の領分（Eigenheitssphäre）」に、ある特別な「物体（Körper）」が現れる。その物体は、私の「身体（Leib）」との類似性のゆえに、「対化（Paarung）」と呼ばれる受動的な連合によって、通常の物体とは性質を根本的に異にする、「身体」という意味が転移される。その身体に私は自己移入（Einfühlung）する。こうして私という構成主体とは別の、もう一つの構成主体としての他我が構成される（Husserl 1963＝2001）。フッサールの他我経験論は、あえて要点のみを抽出するとすれば以上のようなものである。

こうしたフッサールの他我経験論にはすでに多くの批判が寄せられている。また批判に対してフッサールを擁護する論も多く展開されている。[15] ここではこうした応酬の子細について論じることは差し控えざるを得ない。ここで、はっきりさせておきたいことは、煎じ詰めていえば、〈私〉という超越論的源泉がまずあって、それによって他者が構成される、というフッサールの他者論における〈私〉の先与性は、シュッツにとってもレヴィナスにとっても受け容れがたいものであったということだ。[16] シュッツはフッサールの『デカルト的省察』について詳細な批判を行う中で、他者は〈私〉という意識の対象として立ち現れるよりも前に、〈私〉の中に、いわば〈滲入〉している、という事態を描く。[17]「相互主観性は、超越論的領域において解決されうるような構成の問題ではなく、むしろ生活世界の所与であるということが推測される。それは世界内の人間存在の根本的な存在論的カテゴリーである」(CP III：82)。レヴィナスにあってもまた他者は構成されるものではない。他者はむしろ構成という自我の権能を審問する者であり、絶対的他性として描かれる（Levinas 1961＝1989；1974＝1999)。また、両者にとって、他者をその現前と同時に具体的に経験すること（対面状況において経験すること）は、他の諸々の経験と同列にあるのではない。そこにおいて得られる他者のリアリティは諸々の経験を可能ならしめるものである。

両者の他者論の詳細は本論において述べるので、ここでは両者の他者論がフッサールのそれに対決するような位置にあることを確認することにとどめておく。が、ともかくも、本書は、フッサールに後続する二人の現象学者が切り拓いてきた他者論を参照にし、かつ批判的に対峙しながら、その世界経験の構造との関連において差別をめぐる諸経験を理解しようとするものである。

4　現象学的社会学の差別論へ

以下の差別研究はシュッツとレヴィナスの現象学的社会学、または社会性の現象学と共に進められる。では、シュッツとレヴィナスについての研究は今、どういう地点にあるのだろうか。

まず、シュッツ研究について、それが本格化する九〇年代までを、簡単に見ておく。シュッツ理論が急速に着目されてきたのは、一九六〇年代のことであった（シュッツは一九五九年没）。この時代、シュッツ著作集が三巻（CP I〜III）発刊される。すでに述べたように、こうしたシュッツへの着目の社会学史的背景には、当時、社会学においてパーソンズをはじめとした機能主義的社会理論が支配的であったことがあげられる。以降、社会学内部において、パーソンズを代表とする「規範的パラダイム」とシュッツを代表とする「解釈的パラダイム」、または機能学派と意味学派という対立の図式ができあがってきたことはしばしば言われるところである（張江1999：283）。また、八〇年代にはハーバマスなどの統合理論の流れの中で、現象学的社会学が意識主義、独我論であるとして認識され（切りつめられ）、批判を受けるようにもなった（西原 1998b：326-7）。この間、シュッツの草稿（遺稿）が整理されて、出版された。すなわち、Reflections on the Problem of Relevance（1970）である。また、九〇年代に入ると、CP IVが発刊された。ここにいたって、「資料的にも、本格的にシュッツ内在的な研究の条件が整った」（西原 1998b：327）。

では、九〇年代以降、シュッツ研究はどう進展してきたのだろうか。一九九一年には、「共同主観性」で知られる戦後の日本の哲学界のもっとも重要なひとりである廣松渉によって、シュッツ生前の唯一の著書である『社会的世界の意味構成』（1932＝1996）の批判的な検討がなされた。『現象学的社会学の祖型——A・シュッツ研究ノート』（1991）における、その批判は、基本的にシュッツを独我論的であると見なすものであった。また同じ年に、西原編集による『現象学的社会学の展開』が出版された。この論集で浜日出夫は、シュッツの類型性に着目し、具体的な他者経験において、類型が持ち込まれることを指摘し、具体的な他者経験がなされる「直接世界（Umwelt）」とそうした世界に入りうる他者を含む「同時世界（Mitwelt）」の両者の間には（互いの存在によって互いが成立する)「相互基づけ関係」があることを、シュッツの議論の中から示した。また李晟台は「他者と他者性――他者経験の文脈」(1998)において、この浜論文を踏まえつつ、この「相互基づけ関係」に関連して、両者は力関係においては、「ウムベルト(Umwelt=直接世界――引用者)の方に傾斜している」(1998:179)ことを、具体的な他者経験において出会われる「他者の他者性」についての議論を深めることで、示した。また西原は、『意味の社会学』(1998)についで『自己と社会』(2003)において、五〇年代以降の後期シュッツに見られる、コミュニケーション成立の前提としての他者に「波長を合わせる関係」に着目しつつ、社会の諸現象をその生成から論じていく「発生論的視座」を鮮明に打ち出している。

以上から言えることは、シュッツ研究は今、シュッツが示唆しつつも、十分には論じられたとは言えない社会関係をめぐる諸論点を、それを成立させる条件に遡って考察しようとする方向性が、少なくとも一つにはある、ということである。それは始源を問う現象学の基本的な方向性に沿うものであろう。そして、それはまた本研究がとろうとする方向性でもある。

現象学的社会学は現在、一方で、具体的な問題を問うようにもなってきている。たとえば、張江は死について、世界の超越の経験との関連において論じている(2000:214)。また李晟台はコスモポリタニズムとローカリティの問題を、類型性の概念を中心に、考察している(2003)。また同じく、類型性の概念を中心に、グローバル社会とアイデンティティの問題を考察した論文も現れている(金光基 2004)。(18)

そうした中、本研究と直接関わる差別を現象学的社会学の観点から考察する論文、著書もわずかながら出はじめている。中村文哉はシュッツが重視してきた類型性、主観的意味、レリヴァンスなどの諸概念を用いて、差別について多くの論文を出している(1994;1995;1996a;1996b;1997)。彼は、差別を「例えば意識の反映論や注入論に見られるような、差別的社会の構造規定性という外的、構造的要因」にも、「個人のパーソナリティー構造や社会的性格といった内的、心理学的要因」(1995：82)にも還元しないで、「行為者の観点に立ち、差別行為という「一次構成体」そのものの発生源であるその意味構成を問う」という点で、基本的に本書と同じ方向性を持っている。また海外では、マイケル・バーバーがフッサール、サルトル、ボーヴォワール、レヴィナスの現象学の中から反差別の思考を読みとる書を著している(Barber 2001)。

以上、管見のおよぶ限りでは、現象学的社会学の理論に内在しつつ、差別を問うという研究はこれまでのところ、数はごく限られている、というのが現状であると言わねばならないようである。が、すでに述べたように、現象学的社会学は資料が出そろってきた九〇年代以降、より基底的問題へ向かう理論的深化と共に現実的または今日的問題へ向かう応用の方向性をとりつつあり、その意味では現象学的社会学からの差別論は今後、増えていく可能性を持っているように思われる。私は、本研究がそうした現象学的社会学の差別論への応用の「起爆剤」となることを念じている。

次にレヴィナスについての研究の現状を簡単に見ておきたい。日本国内におけるレヴィナス研究は、その二つの主著、つまり『全体性と無限』(Levinas 1961＝1989)および『存在の彼方へ』(Levinas 1974＝1999)が相次いで(はじめて)翻訳された一九八九、九〇年以降から本格化したと言える。[19]早い時期では岩田靖夫が『神の痕跡』(1990)で主にハイデガーとの関連でレヴィナスの思想を解釈している。熊野純彦は『レヴィナス――移ろいゆくものへの視線』(1999a)を経て、『差異と隔たり――他なるものへの倫理』(2003)で、レヴィナスの思想に基づいて、歴史や言語の問題について論じている。また斉藤慶典はやはりレヴィナスの思想に基づいて、世界の現実が徹頭徹尾、力に貫かれたものでありながら、他者の顔においてはじめてその力が暴力として告知される、という論点を示している(斉藤 2000)。佐藤義之は『レヴィナスの倫理――「顔」と形而上学のはざまで』(2000)で、他者の受容によって言語的・客観的世界が成立するという論点を明瞭にした。以上、晦渋さで知られるレヴィナスの思想もここに来て、現実の社会問題への適用が可能な程度にまで解釈が進んできたように思われる。本書ではシュッツ理論と共に、そうしたレヴィナス解釈を参考に、差別についての考察がなされることになる。

5　主体の経験構造を内側から読む

差別研究はこれまでジェンダー研究やポストコロニアル研究、障害学研究、レズビアン・ゲイ研究など各々の個別的実証研究分野において、家父長制、帝国主義、能力主義、異性愛主義など、差別を生み、制度化し、隠蔽する諸々の制度や「イデオロギー」や言説を明るみにだし、同時に差別構造を解体するための理念や抵抗の実践を示してきた[20]。こうした社会学的差別研究はしかし差別をめぐる主体の経験構造についてはーー先に述べたような〈ひそやかな関係〉にまで遡ってーー主題的に論じてきたとは言い難い。

一方、日常生活世界の主体の経験構造を主題にしてきた、現象学的社会学の側からも、今までのところ差別という現実的な社会問題についてはそれを主題として扱う研究はごく限られている[21]。こうした結果、差別がいかにしてそれとして主体において経験されるのか、抵抗への意志はその主体の中にいかにして、またどのようなものとして立ち現れるのか、またひとはいかにして差別的言説やイデオロギーに巻き込まれていくのか、といったどんな差別問題にあっても等しく基底的と見なしうる問題群が体系的には問われないままになっている。

しかしながら、これら基底的な問題群についてすでに述べた意味での〈人間の問題〉、しかも経験する主体の問題として理解をするときのみ、ひとりひとりの被差別者が差別的体制の中で絶望を回避し、抵抗の主体になる回路、また支配的文化に属するひとりひとりが自分の特権性に対する「懐疑者」になる回路が見えてくるのではないか。またそれらの回路を見出すことによって、1節で述べたような今の時代の危険が避けられるのではないだろうか。

そのような観点から本書は、主体の経験構造を内側から読み解きながら差別を考える。その際、焦点は、①被差別体験の構造、②差別行為の動機、③被差別体験者における〈抵抗の意志〉の、三つである。この三つは、それぞれ第I部、第II部、第III部において扱う。以下、各章において何を問うのか、またどのように問うのか、という点について簡単に記しておきたい。

まず第I部第1章は、被差別体験について、差別の——第三者的・客観的意味以前の——日常生活の次元における「主観的意味」を明らかにすることを目的とする。そのため日常生活における〈私〉という存在の匿名的性格をシュッツの間主観性の議論を手がかりに、考察する。

第2章は、解放の道筋を考えるという営みが倫理的であるためには、差別を最初に規定する被差別体験に問い尋ねなければならない、という論点を示したのち、第1章で明らかにした被差別体験が求める解放とは何かを考える。

第3章では、被差別体験をめぐってカフカの『変身』に即して、検討していく。一般に優れた文学作品が現象学のいうところの「まだ黙して語らない経験を、その経験自身の意味の純粋な表現へともたらす[22]」ものであり、あるいはもたらそうとするものであると考えられるとすれば、差別をその生きられる経験に遡行して解明しようとする本研究の意図からは、それがフィクションであるという理由で考察から排除しなければならない理由はないと考えられる。また経験科学としての社会学の通常の手法に従えば、ここで私は「当事者の生の声」を分析すべきところであろう。しかしそれをしないのは、そもそも「当事者の声」とは、厳密には、矛盾を含む概念だからである。当事者の経験についての発話は常に当の経験から時間的・状況的に隔たったところでしかなされようがなく、また、当事者とは元来、経験をしている最中の者のことだと考えるのならば、語っているのは、元来の意味での当事者ではないからだ。「当事者の生の声」が語る経験は、発話時から見た場合、現在の自己の経験そのものではなく、過去のそれでしかない。重要なことは、しかも（過去の）経験は常に現在の当人が持つ解釈枠組みの中で捉えられるということ、また解釈枠組みは常に何ほどかは社会的なものだということである。そのことはもちろん被差別体験についても当てはまる。被差別体験を（あとから）語るとき、それは当人の解釈枠組みによって捉えられる。そして、その解釈枠組みが社会的なものである以上、当事者の声から被差別体験を捉えることには一定の限界がつきまとう、という帰結は避けられない。そして、社会にはそもそも被差別体験を語るための解釈図式よりは、語らせないための、あるいは沈黙させるための解釈図式のほうが多く流通していると考えるべきではないだろうか。そのような観点からすれば、そしてまた事実と〈私〉の〈ひそやかな関係〉をこそ明らかにしようとする以下の研究では、差別を経験している際の、まさにそのときの当事者へ密着する必要があるのであって、そういった必要は逆説的にも、通常、言うところの「当事者の声」については保留するよう要請することになるのである。(23)

第II部（第4、5、6章）では、差別行為の根源的な動機を探る。ここで言う根源的動機とは、個別の、事実的な動機ではなく、むしろすでに述べたような意味での哲学的人間学の観点から見た場合の動機である。

第4章においては、シュッツの現象学的社会学、特に〈他者と社会の超越〉に関する知見を手がかりに考察する。シュッツの現象学的社会学の一貫した主題は、フッサールに由来する「自然的態度（natürliche Einstellung/natural attitude)」と呼ばれる、我々が日々、生きているときにとられている態度における他者経験および社会経験の構造分析だったと言える。言い換えれば、その主題は「他者や社会を私はふだんいかに経験しているのか」という点（〈自然的態度の構成論的現象学的問い〉）、さらには、より基底的な問題として、他者と交流して生きる日常（その日常性ゆえに通常、意識されることもないその日常）がいかにして成立しているのかという点（〈発生論的問い〉）にあった、と言える。前者、つまり〈自然的態度の構成論的現象学的問い〉の文脈の中で、元来、直に見たことも、触れたこともないという意味で〈私〉を超越している他者の自我、〈私〉が生まれたときにはすでに成立し、〈私〉の死後も続くはずという意味で〈私〉を超越している社会に、〈私〉は日常的態度においていかに対処しているのか、という問題が追究される。こうした〈他者と社会の超越〉に関するシュッツの知見を確認したあと、本章は「他者とは常に、〈私〉とは別の誰かの許から来訪し、かつまた別の誰かの許に赴く者（〈社会的運動の基体〉とここでは名づける）として、〈私〉の前にある」というテーゼを独自に提出し、このテーゼから差別の根源的動機を探ろうと試みる。

続く第5章は、〈他者の超越〉という事柄について別の方面から探究していく。右に示したシュッツの論考は日常生活において〈他者〉と〈社会〉の超越に人はいかに対処しているのか、という構成論的問いが主題であった。しかしすでに述べたように、シュッツはより基底的な問題として、日常生活がいかに成立しているのか、をも主題としてきた。こうした発生論的な問いの文脈の中では、具体的な他者経験の中で経験される〈他者の超越〉は日常生活を成立させるものとして現れてくる。言い換えれば、シュッツにあっては、他者の超越は日常生活における対処すべき問題であると同時に、当の日常生活そのものを開示するものでもある。この後者の発生論的論点を、この章ではさらにレヴィナスの他者論とつき合わせながら、より子細に検討し、他者の超越を経験することと世界のリアリティの構造的な関係を探る。そうすることで、世界のリアリティが、私が〈あなたたちの世界〉と呼ぶ、他者がまた別の他者との間に形成する一つの世界を、〈私〉が経験するとき、唯一永遠のものではなく、暫定的で偶然的なものに「格下げ」されるのを経験する、という独自の見解を示す。この見解は、シュッツにあってもレヴィナスにあっても看過されていた点である。そして、こうした世界のリアリティの暫定性と偶然性と差別の関係を探る。

第6章はまず昨今、一般に広がってきた「共生の論理」の問題点を指摘し、〈あなたたちの世界〉経験をさらに考察する。そしてここでは、人がもっとも親和的と感受される領域（＝home）において常に、〈あなたたちの世界〉の炸裂と共に自己が〈よそ者〉になる可能性を擁していること、そのことを誰もが知っていること（知っていることを知らないという形で）を指摘し、この〈よそ者〉になることへの〈根源的不安〉と差別の関係を論じる。そのうえで、差別についての一般的で前提的な理解、つまり、それを道徳的に非難されるべき罪として捉える理解とは別の理解の仕方を提起する。

第Ⅲ部は、第Ⅰ部の考察を受け、被差別体験によって生じるルサンチマンと抵抗の生成の構造的連関を考察する。ここでは、ポストコロニアル研究の成果を利用しつつ、レヴィナスを通したファノン解釈を通し、被差別体験によってもたらされる抵抗への意志が、その〈生まれいづるまま〉の姿においては、いかなるものであるかを在日の経験を例にして、理解しようと試みる。そのための前提作業として、第7章では日本のメディアによる「北朝鮮」表象を例として取り上げて、在日朝鮮人がその表象に暴力の到来を予感し、恐怖する、その構造を示す。

第8章に本研究のもっとも重要な主張が含まれる。ここでは、ポストコロニアル研究においてしばしば取り上げられてきた「命名の暴力」――それはもちろん差別行為の、もっとも典型的な一つの形である――を、それに曝される者がどのように経験するか、前章を受け継いで在日朝鮮人を例にとって記述し、そのうえで抵抗の生成について論じる。抵抗はそれが〈私〉の中にはじめて生まれてきたとき、いかなるものだったのか。抵抗の始源の姿を示そうとする。

ついで、第9章では、抵抗の始源の形を〈ハン（恨）〉を見つめ続けた李良枝[24]の小説の読解を通して具体的に記述する。ここで小説に焦点を合わせて、分析をするのは、第3章の説明で被差別体験について述べた通り、小説（文学）が「まだ黙して語らない経験を、その経験自身の意味の純粋な表現へともたらす」ものであるならば、抵抗についてもまた先に述べた意味での「当事者の声」では捉えきれない抵抗の始源の姿を見出すのに小説の解読は有益だと考えられるからである。

終章では、以上のような被差別体験、差別行為、抵抗と主体との〈ひそやかな関係〉についての考察を踏まえて、最後に〈抵抗の主体〉と〈差別者〉との〈ひそやかな関係〉を明らかにする。〈差別者〉にとって〈抵抗の主体〉はいったい何者なのか。その隠された意味を理解しようと試みる。

こうして、本書は最終的に、サルトルを中心とした実存主義の衰退以降の、ミシェル・フーコーと共に大きな思想上の流れとなった「構造主義」（＝「反人間主義」[25]）の潮流に抗して、〈抵抗の主体〉を――その生成の過程とそれが〈差別者〉に対して持つ、隠された意味を明らかにすることによって――「哲学的人間学」的に擁護（empower）することになる。

第Ⅰ部　被差別体験の生成——差別されるとはいかなる経験か

第Ⅰ部では、被差別体験について、差別の——第三者的・客観的意味以前の——生活世界において当事者に現れる「主観的意味」を明らかにし、ついで、被差別体験によって生じるルサンチマンについて考察する。

ここで、被差別体験に焦点を合わせるのは、序章の2節で述べた、生活世界経験が客観的認識の地盤であるという現象学の基本的立場からすれば、この経験構造の中に現れる差別の意味こそが、差別の始源の意味であり、第三者的・客観的視点から捉えられる意味は、この始源の意味から派生する二次的な意味だからである。差別がいかに経験されるかを問うことによって、本研究は差別とはそもそも何かを問おうと試みる[1]。

第1章　被差別体験の生成①

被差別体験の「痛み」とは何だろうか。ひとはそれをしばしば「痛み」や「苦しみ」といった表現において理解する。しかし、それを「痛み」や「苦しみ」として表現することによって理解したと思うとき、その体験が持つ別種の意味を切り捨ててしまっているということはないだろうか。本章では、そのような問題意識の下で、今日まで、十分に吟味されてこなかったように思われる、被差別体験とは何か、という問題について、主にシュッツの間主観性の議論を手がかりに、その生成から考えることを目的とする。

1　始源における被差別体験

差別現象に関する研究は、通常、それが「被差別者」に「痛み」や「苦しみ」を与える行為、もしくは制度であるから、是正されなければならない、という問題意識を出発点にしている。さらに言えば、被差別体験は「痛み」である、ということが最深の前提にされている。

その出発点となっている前提が妥当性を欠くということを今、言いたいのではない。その前提が、何らかの検証によって得られた認識というよりは、むしろ生活世界の中で自明視されている日常知に支えられたものであるという点を指摘したいのである。

実際、多くの場合、社会学の研究者が「被差別者」の「痛み」のリアリティを記述する場合、その記述部分に関しては、わざわざ特別な定義をしなくても意味が通じると見込まれる、そして多義性を帯びた日常言語によってなされることが多い。憤怒、悲しみ、痛み――そういった日常言語が、「被差別者」の「痛み」のリアリティを描くための重要なことばとして用いられる。多くの場合、そういった表現によって理解された（と見込まれる）問題性を確保したうえで、――あるいはその問題性に関しては、すでに所与のこととして書かれないまま――それを出発点として、いかにして、なぜそれらの問題が生じるかといった、いわば「本来の」考察に入っていくのである。

しかし、被差別体験はそれほど自明のものであろうか。それは「痛み」や「苦しみ」といった表現においてしか理解されないものだろうか。本章では、そのような問題意識の下で、今日まで、十分に吟味されてこなかったように思われる、被差別体験とは何か、という問題について、主にシュッツの間主観性の議論を手がかりに、その生成から考えることを目的とする。

第2節以下でなされる考察の方法について先に簡単に述べておく。被差別体験について考察するという場合、考えられる一つの方法としては、生身の、「被差別者」として類型化された人の体験を基に考察するというものがある。具体的に言えば、当事者の「生の声」を基に考察するというものである。おそらくはその声を複数、集め、それを抽象化するという、よく知られた経験的データの帰納法的考察によって、被差別体験にひとつの形式を発見することは可能であろう。

しかし、ここではあえてその方法は採らないことにする。というのは、何よりまず、ここで明らかにしたいのは、当事者の、まさにその体験をしている最中の体験の形式（あるいは意識経験）だからである。一般に、体験は、当事者にとって、体験中の体験と、体験をし終わったあと、自己を振り返るとき、その「反省的眼差し」に現れてくるそれとではズレがあることは「意味問題は時間問題である」（Schutz 1932→1981：20）というシュッツの行為論の詳細を今はたどる必要もなく、了解可能であろう。ここではその二つの体験の相違や関連についての原理的な問題については触れない。ただ問題を被差別体験に限るならば、そもそも現実的にはその体験を反省的眼差しにおいて捉えることが困難であることは考慮されなければならないだろう。被差別体験は、多くの場合、それを振り返るという行為そのものが困難な体験である。また、被差別体験が痛みであるというすでに社会的に自明視された知識を、その当事者もまた持っているだろうことを考慮しなければならない。すでにあるその知識が、被差別当事者が過ぎ去った体験を振り返る視線に影響をおよぼしている可能性は否定できない。[2]

たとえば、夫婦別姓が話題になったとき、夫の姓に従わせる夫婦同姓制度を差別的制度であると捉えるクレームに対し、女性側からのカウンター・クレームは少なくなかった。[3]また、たとえば在日朝鮮人に対してその被差別体験を語ってもらおうとすると、自分に関してはそれがなかったことを強調するということがしばしば起こる。人はしばしば自分が遭遇した苦境を、それが外部の視点からすれば明らかに差別と考えるべきものであったとしても、そうでないものとして解釈する。それはひとつには自分が遭遇した苦境を差別として解釈すれば、自分の今後の人生においても同様のことが起こりうることを認め、したがってそれまで想像もしていなかったし、対処の仕方を誰も教えてはこなかった不条理で憂鬱な困難と共に人生を歩まねばならないことを認めねばならなくなるからだろう。自分が遭遇した苦境を差別と認識したとき、その人は負担の大きい人生を覚悟しなくてはならない。逆に、苦境を、それをもたらした相手の性格であるとか、そのときの気分に、もしくは自分の行いに原因があるものとして定義づければ、同じことが再び自分に起こる可能性は少ないし、予防は困難ではないと考えることが容易である。

こうして、「被差別者」の側から、差別論を空洞化するような声が現れることになる。そのとき、そうした声を、支配的文化の「イデオロギー」が内在化された結果であるとか、身元隠し（パッシング――ゴフマン）であるとして、解釈することはできる。が、そういう解釈と同時に、今述べたように、そもそも被差別体験が痛みであるという社会的に、かつ多くの場合、研究者によっても自明視された知識が、その当事者の自己体験への振り返りに影響をおよぼしている可能性は否定できない。

そのように考えるとき、少なくとも、被差別体験に関しては、当事者の声を基にした帰納法による考察には限界があると言わざるをえない。その不備を補う意味で、本章では、意図的・方法論的に現実社会で認知されている具体的な差別者―被差別者の関係を先与のものとしないで被差別体験を考察しようと思う。言い換えれば、社会的文脈の中で被差別のそれとなる指標（社会的・身体的属性）の所有者を「被差別者」としてまず類型化したうえで、その類型者の体験として被差別体験を記述するという方法を採らないことにする。そうではなく、被差別体験という体験が発生論的に何を基盤としているか[4]、という方向で考察を進める。

このように方針を定めた場合、必然的に次の一般的な難問を招来させる。すなわち、現実社会の中で解釈図式として自明視されたまま用いられている概念をエポケーして、人間の体験を一つの概念に類型化することはそもそも可能かどうか。どこにその類型化が適正であることの根拠を置くか。が、これらの問いに対する原理的な次元での議論は今は、措いておく。ここではむしろ次のような事態が現にあることを指摘しておきたい。すなわち、ある当事者がある体験を被差別体験と考える一方で、他者がその同じものをそういうものとして認定しないという事態があるのと同時に、他者がある体験を被差別体験として認定しているにもかかわらず当事者がそういうものとして認めないという事態がしばしば起こるということである。[5]よく知られているように、被差別体験についての認定に関してはしばしば諸主観の間に不一致が見られるのである。そうである以上、ここで――少なくともしばらくの間は――日常生活者の主観に対していわば強権をふるってしまうことは許されるように思われるのである。

2　シュッツの間主観的世界と行為論の検討

まず、世界を現実として生きているいかなる個人にも当てはまる日常世界の特徴のうちもっとも基礎的なものについてシュッツを参考に述べることから始めたい。それは、ひとことで言ってしまえば、その世界が間主観的世界として存在しているということである。どういうことか。

私たちは日常生活を送っているとき、自分の環境が〈私〉だけに経験されている環境であるというようには経験されていない。もちろん私たちは一方で、そのような「疑い」を持つことがある。たとえば、ある事象を前にして、別の個人と〈私〉が異なるように解釈しているかもしれないと疑う経験を持っている。しかし、こういった「個人間の視界の相違」は、通常の場合――つまり、現象学的態度に変更する以前の自然的態度にあっては――「相互視界の一般定立」とシュッツが呼ぶところの想定によって「乗り越えられている」。ある事象は、それを経験する個人の前に、その当人に固有の「生活史的状況」、「当面の目的」などにより、独自の相を表すが、私たちはその「独自の相」も、別の個人が自分と同じ視点に立てば同じように見えるものと想定し（「立場の相互交換可能性の理念化」)、また独自の相が実際には「潜在的に共通な対象と特徴」を有していると想定している(CP I：11-12)。

シュッツによる、このような日常世界についての記述はそこから一見、意義が引き出しにくいものであろう。が、その含意は仮に、旅人の客地における経験と対比することで、鮮明に引き出すことができる。あとにしてきた「故郷」を日常世界として生きていたひとには、客地において、いわゆる「文化の差」を意識する度合いが高ければ高いほど、その世界がまるで「彼(女)らの世界」であるように経験される。その後、滞在が長引くにつれ、彼我の差異の深さを見出す方向に進むかもしれないし、彼我の差異の底に共通の「深層構造」があることを見出す方向に進むかもしれない。

しかし、ともかくも、そのような体験がない場合、したがって「故郷」の内にのみ生きている場合、その間主観的と特徴づけられた世界は、ただ複数の主観に同じ相で眺められている世界である、という以上に、我を含んだ複数の主観に同じ相で眺められている世界として、つまり「我々の世界」として経験されているのである。

しかし、その際、その我という主観も、他の主観も、その世界の内にあるときには、意識には上ってこないという点に注意すべきであろう。日常生活にあるとき私たちは、我を含んだ複数の主観の存在を、したがってその作用を潜在化、もしくは強い言い方をするならば、隠蔽をしている。この自らを含む諸主観の「隠蔽」により、日常世界は、自存的な客観的世界という性格を帯びる。

さらに、この間主観的世界の含意をさらに引き出すには、その内にいる個人にとってはそれが中立的な観察の対象ではなく、自らの行為の対象、あるいはもっと強い言い方をすれば、自らが生き抜いていくために対処していかなくてはいけない対象であるということに注目しておく必要がある。そしてそこに注目する以上、シュッツによる行為の二つの区分に注目しておく必要がある。

シュッツは行為を①経過中の行為（acting in progress）、②成果としての行為（performed act）の二つに分ける（CP I : 214）。そう区分した場合、行為の経過中において〈私〉はその行為の対象、あるいはその行為によってもたらされるであろう事態に導かれている。したがってその最中においては自らの行為自体は視野に収まっていない。それを視野に収めるためには、〈私〉は反省的態度をもって振り返るという態度の変更がなされなくてはならない。が、その際に把握される行為は、むしろ成果としての行為である。たとえば、今、この文章を書いている私は文章の内容を視野に収めているのであって、「書く」という自らの行為は視野に収めてはいない。「書く」という行為を視野に収めるには、私は書くことを中断しなくてはならない。

ここではこういった議論の詳細に立ち入ることはしないが、次のことは確認しておきたい。つまり行為中において主観（自我）は自らを行為の創始者（originator）、そしてまた分割されない全体的自我（undivided total self）として経験しているということ、翻って、反省的態度によって（成果としての）行為を眺めるとき、その主体として捉えられる（対象としての）自我は、まさに特定の行為の遂行者、部分的自我（partial self）に過ぎない、という点である（CP I : 216）。

3　行為において顕現する間主観的関係——〈アクティヴな我々関係〉

シュッツは、行為論と間主観性の問題をたとえば「多元的現実について」などで、結びつけて論じている。その論文の一章の四節の記述を終えるところで、それまでの時間構造に関する記述について、自我が「あたかも諸々の他者から切り離されているかのようにみなしてきた」と論じ、それが「仮構上の抽象化（fictitious

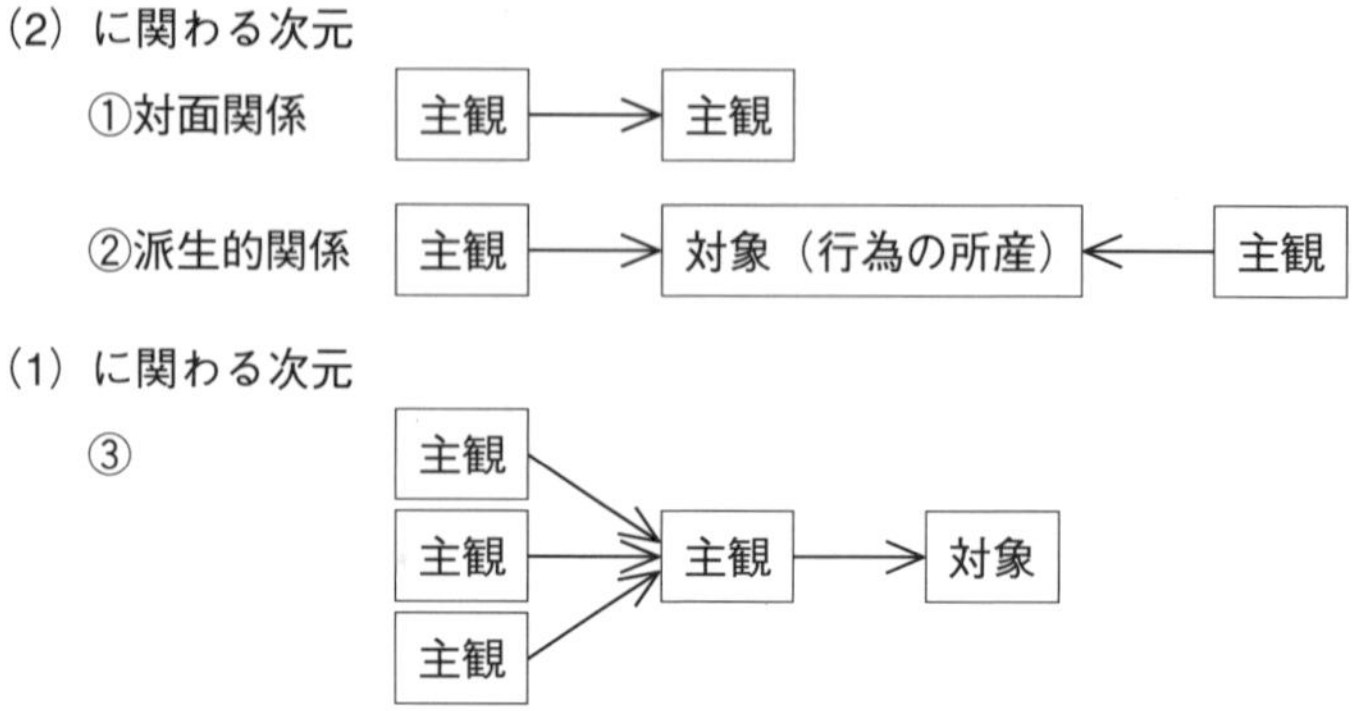

abstraction)」であり、それは「もっぱら問題を明らかにするためになされたに過ぎない」と述べている（CP I：218）[6]。そのうえで、次節から行為論と間主観性の問題を結びつけて論じている。そこでシュッツは、この世界が間主観的世界であるということに関し、「一方で、(1)この世界は私の私的な世界ではなく、われわれすべてに共通する世界であるという意味が含まれており、また他方で、(2)この世界の内には、多様な社会関係を通して私と結びついている諸々の他者が存在しているという意味も含まれている」と述べている（CP I：218）。シュッツのこの部分の後の記述は、上の(2)に関わるものになっている。つまりおそらく相互行為論と言っていいだろう議論が時間問題と関係づけて展開されるのである。相互行為論と言っても、対面関係だけではなく、その他の「派生的な関係」、たとえば主観がその背後に隠れているような、「他者の伝達行為のたんなる所産——書かれた手紙、印刷された書物」との関係についても論じられている。

ここで指摘しておきたいのは、シュッツにおける間主観性の問題と行為論の結びつけは、関心を向けている対象そのものが他者であるか、対象の、いわば背後に他者があるような場合のみであるという点（図の①②参照）、むしろ(1)に関わるような次元においては行為論との結びつけがなされていないという点である。しかし、間主観性という議論の含意を十分に引き出すには、この次元で結びつけることが重要であるように思われる。

およそ対象が何であれ、それが、行為の、あるいは関心の対象であるならば、その対象に「潜在的に共通な相」が想定されているかぎり、いわば行為主体は他の主観の作用を受けていると言わなくてはならない（図の③参照）。行為の経過中において経験されている世界、したがって「全体的自我」の前に開かれる世界が、そもそも間主観性という性質を帯びているのである。私たちは日常生活の中で自らの関心に導かれてある行為をしているとき、まさにその最中において、他の主観を自らの主観の内に取り込むような形で稼働させている。〈私〉が環境に向き合い、働きかけ、働きかけられるとき、〈私〉は全体的自我として「我々」であると言える。あるいはそのことをこう言い換えてもいいだろう。〈私〉は、他者に見えると暗黙の内に想定されている相を対象の意味として捉えた上で、その対象に関わるのだ、と。[7]

シュッツは『社会的世界の意味構成』において、相手の意識に眼差しを向け合うのではなく、たんに匿名的・類型的にのみ把握される相手と関係しあっている「同時世界」の社会関係を述べる中で、鉄道員と乗客の社会関係を例に出している（Schutz 1932 → 1981 : 282 = 1996 : 280-281）。乗客である〈私〉は列車を動かす鉄道員が、自分に与えられた「鉄道員」としての仕事をするだろうと見込んでいる。つまり、〈私〉は「類型とされる他者（「鉄道員」）の行動」に自分の行動を方向づけ、同時に、他者の（「鉄道員」）の側でも、〈私〉の類型とされる行動（列車に乗ること）に、自分の行動を方向づけている、ということを前提にしている。シュッツはここでこの両者の関係を「彼ら関係」と述べ、さらにその「彼ら関係」の特徴について記述している。

私がここで問題にしたいのは、いわば眼差しの向こうにある「かれら」との関係の発生と同時、もしくはそれ以前に発生している自己の類型化に関わる問題、眼差しそれ自体をつくるような「我々」との関係である。乗客である〈私〉はまずはその場に居合わせている他の乗客と関係を持ち、そして乗客なる者はこれこれのように行為するものだという知識を共有している、より匿名性が拡大した他者と関係を持っている。そして、そういった他者との関係によって、その場における〈私〉（＝乗客）が発生するのである。

さて、そのような特徴を持つ他の主観と〈私〉の主観の関係を、ここでは〈アクティヴな我々関係〉と名づけておきたい。またその場における〈私〉＝我々の主観をここでは仮に「我々の眼」と名づけておく。(8)

では、この〈アクティヴな我々関係〉は、行為主体の意識の内部においてどういった準位にあるのだろうか。ここでサルトルの非定立的自己意識の議論を思い起こすことは意味があるように思われる。サルトルは、ある対象に関心を寄せているとき、その人物は、その対象についての定立的意識と共に、それに関心を寄せている自己に対しても何らかの意識を持っているとし、その自己に対する意識を非定立的（non-thethique）自己意識と呼ぶ（Sartre 1943＝1999：26）。私たちが何らかの行為をしているとき、通常は、その行為が奇抜なものであるというようには経験されていない点、当たり前のこととして経験されている点を考えるとき、その行為主体は、他の主観、すなわちアクティヴな我々の主観について非定立的というのがふさわしいような意識を持っているのではないか、と思われるのである。

4 〈アクティヴな我々関係〉の崩壊と被差別体験

ここから、〈アクティヴな我々関係〉という概念を中心にして、被差別体験の内実を見てみることにしたい。まずは、事例として、佐藤裕（1996）がすでに詳細な分析をしている筒井康隆の「無人警官」を考えてみたい。

ここで佐藤裕は、物語世界の中で「てんかん」ということばが運転の不適格な条件のひとつとして用いられていることを指摘したうえで、その表現が持っている意味を語用論的な観点から分析している。彼は、筒井康隆が

「てんかんの友人」を持っていることをあげて「てんかん」に対して差別意識がないことを訴えている点を捉え、それを本音と建て前の分離というような説明では不十分であると言っている。それは共に「本音」であって、しかし問題は、「てんかん」を「他者」という記号としてのみ用いていること、その表現に違和感を覚える者の視点が視野に入っていないことを指摘する。[9] 被差別者の視線と差別者と共犯者の視線は「すれちがっている」のである。したがって、「差別意識なるものがあるとしても、被差別者についてのイメージではなく、「他者」として被差別者をネガとして参照することによって「我々」を形成してゆく言語技術が社会の成員に共有されている状態が「集合意識としての差別」なのです」(佐藤 1996：130)。

さらに、このような被差別者に対する悪意やマイナス・イメージを前提としない新しい差別論の視点は、被差別者の「痛み」の言語化にも有効であろうと述べている。つまり「差別表現が被差別者を「傷つける」のはそれが侮辱であったり、排除を正当化するからだけではなく、「他者化」されることによって被差別者が引き裂かれるからでもある」(佐藤 1996：132)。

ここでは佐藤裕の指摘を大筋で認めたうえで、彼の言う「他者化」、つまり思惟し、語る主体ではなく、思惟され、語られる「客体」に「貶められる」体験の内実を、前章までの考察に沿って記述していこうと思う。

まず読者が問題の表現が理解できるということは、とりもなおさず、その作品自体、もっと厳密に言うならば、作中の「私」が目を向けている自己の内面世界、すなわち作中の「私」の部分的自我を理解しているという点を確認しておきたい。その場合、読者は作中の全体的自我にではなく部分的自我のほうに視線を向けており、したがって作中の全体的自我としての「私」と共通の対象に視線を向けている。読者と作中の全体的自我としての「私」は同じ事態に関心を向けているのである。そして、そうであるならば、右の議論に即すならば、その部分的自我であるほうの「私」にリアリティを感じる複数の読者の間で、〈アクティヴな我々関係〉が発生している、

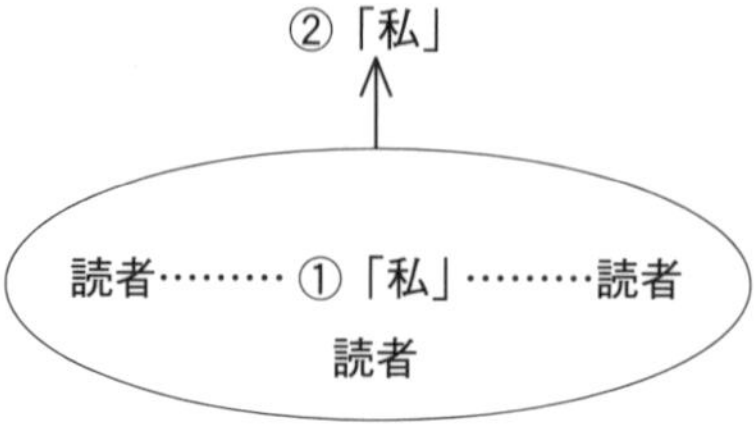

a）楕円形内の点線の関係は〈アクティヴな我々関係〉を示す.
b）①は作中の全体的自我としての「私」を示す
c）②は作中の「私」の「内面的世界」（部分的自我）を示す.

と言うことができる。

重要な点は、②にリアリティを感じているかぎり、「被差別者」と類型化される者もまた、この小説を読み、理解している他の読者と〈アクティヴな我々関係〉に入っている、ということである。さて、問題の表現は、佐藤によれば、それがあるカテゴリーを「他者化」することによって我々関係を形成する表現である。このことは、上の図を参照にすれば、客観的には、〈アクティヴな我々関係〉の誤った表象化である、と言い換えられる。〈アクティヴな我々関係〉という概念で見るならば、「てんかん」を持つ者も我々だからである。

しかし、その客観的に誤った表象化は、可能性としては、それと気づかない者とそれと気づく者がいる[10]。その場合、「気づく」とは、それまで潜在化していた（あるいは先の「非定立的意識」に関する考察に依拠して述べるならば、その非定立的意識の中に、いわば眠っていた）〈アクティヴな我々関係〉の内にある我々の眼が、意識に上るということを意味するであろう。被差別体験とはまさにこの「気づき」を指すものとして理解することができる。

その「気づき」がどのような体験であるかを見るために、まず、一般にある者が自らを「他者化」されていると感じているというとき、その感じられているものは具体的に何かを考えてみたい。それは、その時点までは意識に上っていなかった他者の眼であり、「本当の自分でない自分」を見ている他者の視線である。「他者化」されている感じは、自己が自己そのものであると信じているのではない、他者にとっての自己が見られている感じ、として現れる。

が、右の「気づき」の場合、そういった一般的な「他者化」の体験にもう一つの要素が加わっている点を見逃してはならない。その要素とは、自己でない自己を見ている他者の眼というのが、じつのところ、ついさっきまで自己の、否、我々の眼であったところのものだということである。ここにおいて、「私」は「我々によって見られている」という体験をすることになるのである。

これまでの論をまとめれば、それを体験している最中の被差別体験は、〈アクティヴな我々関係〉が表象される際に、その表象上、自分が（客観的には誤って）排除されていることに（正当にも）気づき、それによって〈我々の眼〉に自分が見られているのを、しかしそれが自分ではない自分である以上、自分が〈構築される〉のを経験していること、ということになる。

被差別体験について以上のように理解するとき、諸々の差別問題において指摘されてきた「被差別者」の「否定的自己像」（否定的エスニシティ観や否定的障害者観など）の「内面化」がどのようにして起こるのか原理的な次元で理解することが可能になる。ここまでの考察によれば、被差別体験によって〈私〉は文字どおりの他者、つまり〈私〉ならざる者としての〈他者〉に見られるのを経験するのではない。〈私〉を見るのは、さっきまで〈私〉と〈アクティヴな我々関係〉を結んでいた「他者たち」、〈我々の眼〉である。言い換えれば、〈私〉を他者化する眼差しを〈私〉は他者から発せられたそれとしてではなく、自分（たち）から発せられたそれとして経験してしまう。〈アクティヴな我々関係〉という語が示すとおり、〈私〉（の内部）はクラインの壷のようにはじめから外部に口を開いているからだ。

その意味では、「否定的自己像」の「内面化」というのは、正確な表現ではない。〈私〉を否定する眼差しは外部から〈私〉の内部にやってくるというよりは、はじめから〈私〉の内側から発せられたそれとして経験されてしまうからである。

こうして被差別体験についてもっとも微妙で、これまで表現されずにおかれてきた点を記述することができるようになる。それは〈偶然の必然化〉とでも言うべき現象である。朝鮮人の〈私〉が朝鮮人を差別する言葉を聞くとき、〈私〉はそれをはじめて、ある特定の人の口から、ある特定の状況の中で、聞いたときでさえ、まるですでに聞き知っていた、普遍的な真理の言葉であるかのように聞いてしまう。差別の言葉を聞く〈私〉は、はじめてそれを聞いたときにおいてすら、まるで不覚にも忘れていたひとつの真理、しかも〈私〉を含めた誰もがすでに承認している公然の真理を思い出したかのように経験させられてしまう。そうであるがゆえに、〈私〉は差別する言葉を否定する言葉を容易には見出すことができない。以上は、そして被差別体験が〈アクティヴな我々関係〉を発生基盤にしていることの帰結なのだ。なぜならば、差別の言葉は、具体性をもった他者のそれではなく、「我々」のそれとして、経験させられるからである。

冒頭で述べたように、ひとは被差別体験について考えるとき、通常、それを「被差別者の体験」として表象してしまう。ここまでの考察はそうした表象から離れ、被差別者と差別者が分断される以前の〈アクティヴな我々関係〉から被差別体験を理解しようと試みてきた。そして、今や〈アクティヴな我々関係〉から被差別体験が起こることの帰結として、〈偶然の必然化〉という経験の構造を知るに至ったのである。

日常生活において差別が話題になるとき、しばしばこういう内容のことばが発せられる。「世の中には差別する人もいれば、差別しない人もいる」。そしてしばしばこのような「ロジック」によって、被差別者が特定の差別の実践者ではなく、「日本人」や「男」や「健常者」という集団に向けている怒りやルサンチマンを「慰めたり」、そのように集団を怒りやルサンチマンの対象にすることの「不合理」を示そうとしたりする。しかし、ここまでの考察が正しければ、そうした「ロジック」は、それ自体、暴力性を帯びていると言わねばならない。差別の言葉も眼差しも、それを経験させられる者の視点からは、特定の状況の中にいる特定の実践者が主体ではなく、一般的で非時間的な「集団」が主体だからである。朝鮮人が特定の差別の実践者ではなく、「日本人」そのものに怒りを向けること、女が特定の人物ではなく、「男」そのものに怒りやルサンチマンを持つこと、そしてそうした集団そのものに対して抗議の声をあげることは、差別という行為や制度そのものの本質に根ざしたことなのだ。

以上のように被差別体験の経験構造を考えるとき、「本質主義」と「構築主義」についても再考せざるを得ない[11]。「構築主義」は、民族や性のカテゴリーについてそれが社会的構築物であることを再三、論じてきた。私は、本研究の観点から、被差別者集団が構築されるものであることを承認する。最初にあるのは〈アクティヴな我々関係〉だからである。〈アクティヴな我々関係〉という「日本人」も朝鮮人も存在する余地のない関係から、被差別体験は生じるのだ。が、重要なことは、ひとたび差別が経験させられたときには、その経験した者の視点には、「日本人」そのものがリアルなものとして立ち現れる、ということだ。だから、「日本人」は第三者的視点から見るとき、それが「社会的構築物」であるとしても、被差別経験者にとってはそうではない。被差別経験者にとってそれは構築されるのではなく、むしろはじめから「直観」されるものなのだ。

言い換えれば、朝鮮人による「日本人」に対する本質主義的態度は差別という暴力に根ざした、その暴力の本質に対する「直観」なのであり、またそうである以上、仮に「日本人」による朝鮮人に対する本質主義的態度を構築主義の立場から批判することが重要であるにしても、朝鮮人の「日本人」に対する本質主義的態度を同じ立場から批判することは、差別の暴力の隠蔽に資する可能性があると考えねばならない。

ここでの主張は今、明らかにダブル・スタンダードになっている。しかし、そうであるという理由で、もしもたとえば朝鮮人の「日本人」に対する本質主義的態度を構築主義の立場から批判するとすれば、それは被差別経験による傷の疼きを沈黙させることになることを忘れてはならない。

では、以上のように考えるとき、解放は、被差別体験者を〈アクティヴな我々関係〉に呼び戻すような実践において構想されるべきであろうか。つまり、在日を例にとれば、「日本人」も在日も共に日本語を使用し、日本語で思考しているという〈アクティヴな我々関係〉に立脚し、その事実性に見合った日本社会のあり方を構築すること、いわば〈アクティヴな我々関係の制度化〉は解放の道筋たりうるのだろうか。この点については次章で考えてみたい。

第2章　被差別体験と「解放の指針」

前章では、シュッツ理論を検討することによって、〈アクティヴな我々関係〉という独自の概念をあみだし、その概念を中心に被差別体験の生成とその構造を当事者視点から記述してきた。その際の方法は、「発生論的問い」であった。しかし、前章では差別研究における「発生論的問い」についてはおぼろげに論じただけであるので、本章ではまず発生論的問いについて、差別論におけるその意義を述べている論考を中心に再確認し、ついで、被差別体験と解放の関係について論じる。そののち、〈アクティヴな我々関係〉について、前章では十分に論じられなかった諸点を論じる。つまり、〈私〉が〈アクティヴな我々関係〉に「受動的に」巻き込まれるという論点と、そうした関係に対面状況においても巻き込まれるという論点を示す。そのうえで、前章で明らかにした被差別体験を基に解放の指針を考える。

1　差別研究における発生論的問いの重要性

第1章において、発生論的問いについて、「日常意識を可能にする、より基底的、根元的」(西原 1994：131)な生活世界の準位に遡って、被差別体験がそういうものとして現れてくる前提条件は何か、を考察することであると述べたが、すでに多くの、シュッツ社会学に依拠した差別論を発表している中村文哉は、「社会関係と差別行為――類型化と差別的意味構成」(中村 1996a：139-177)において、この「発生論」という立場から差別を考察することの意義について述べている。この節では簡単に彼の議論を紹介し、そのうえで、本研究が考える「発生論的差別論」を明らかにしたい。

中村は、これまでの差別研究を大きく分けると、社会調査による差別的現実の数量的な実証的分析、社会心理学的研究も含めた差別意識論、そしてエスノメソドロジーの三つに整理できる(中村 1996a：141)とし、各々の利点と「限界」を示唆する。「限界」とは、調査による研究の場合、差別的現実が被差別者の個別的差別体験として現れるものであるという点が看過され、差別意識論では、差別意識と個人的な意識経験の関係が看過され、また、エスノメソドロジーでは常識的カテゴリーと差別的カテゴリーの関係が看過されるのではないか、というものである。

以上のように指摘したうえで、彼は「これまでの差別問題研究は差別や差別意識の存在、あるいはそれに対抗する反差別的な価値の存在を行論上の(科学的)前提にしている。はたして、これらは差別問題研究の不問前提たりうるのでしょうか」(中村 1996a：144)と問う。そして、「この前提にたって差別を捉えますと、被差別者とは日常生活において常に差別されているだけの存在にすぎず、また差別者とは日常生活において常に差別するだけの存在にすぎないということになります。このような事態は、差別者と被差別者の関係を過剰に概念化した非現実的な事態ではないでしょうか」（中村 1996a：145）と述べる。そして「人間のあらゆる社会関係を差別関係に還元することは、その発生基盤である「地」（「図」が現れる場としての「地」――引用者）としての社会関係の自己忘却を意味します。差別現象を捉えるうえで前提となるのは、差別意識や差別関係、あるいは反差別的な価値ではなく、個人の意識体験や社会関係そのものの成り立ちではないでしょうか」（中村 1996a：145）と述べる。

ここでの中村の主張は、差別を、差別以前的な現象――「個人の意識経験や社会関係そのもの」――を出発点に、発生論的に捉える意義を述べているのであり、その意味で、本研究の主張と一致する。発生論的に差別を論じるとは結局のところ、差別を、非差別的現象との関係において、しかも非差別的現象に差別現象が生成してくる先行的地盤を見出すという方向で論じる、という意味に他ならない。

本研究は、こうした中村の主張を共有しつつも、さらに科学と生活世界という二項の関係においては生活世界が一次的なものであるという観点から、生活世界における被差別体験を差別という現象が最初に現れる場であると考える立場に立つ。言い換えれば、第三者的視点から捉えられる差別ではなく、被差別体験がそれであると示す差別をこそ、研究の主題とする。そして同時に、「解放」についても、第三者的視点から捉えられるそれではなく、被差別体験がそうであると示すものに忠実であろうとする。つまり、本研究は、被差別体験に「解放」を語らせようとするのである。しかし、それは具体的にはどういうことか。また、なぜそうするのか。

2　被差別体験と「解放の指針」

鼻をかんだティッシュペーパーをゴミ箱に捨てる、という行為を通常、ひとは問題のある行為としては見ない。もちろんその捨て方次第では、行儀が悪い、と言ったりすることはあるだろうし、自然環境保護の視点から、むやみに紙を浪費すべきではない、と言ったりすることもなくはないだろう。が、行為の対象である捨てられたティッシュそのものの観点から、この行為が不当であるとみなすことは困難である。ティッシュのために、ティッシュにいわば肩入れして、この行為を責めるということはまずありえない。ティッシュに対して、ひどい行為だと認識する道筋は最初から絶たれているのである。

〈力〉という概念を最大限、広い意味でとれば、行為者はここでさまざまなレベルで「力を行使している」と言える。つまりそれを手に収め、ゴミ箱に移動させるという「外的な」力の行使がひとつ。それ以外にも、ティッシュとは必要に応じて使用し、使用後は捨てるべきものであるとして価値づけるという評価レベルでの力の行使がひとつ。さらにその物体をティッシュとして類型的に把握する、という認知レベルでの力の行使がひとつである。このように表現するとき明らかに見てとれるように、この行為においては徹頭徹尾、行為者を中心点としてそこから力が拡散されている。言い換えれば、ここでは〈私にとって〉という観点から世界は眺められ、かつその観点から世界は物理的に変容をさせられている。ティッシュという〈私ならざるものにとって〉という観点は、入っていないし、それが入る「べき」だという「意識」も作動してはいない。

ひとの日常生活がこの種の力の行使に満ちあふれていることは自らの経験を振り返るとき、明らかであろう。

〈私〉は日常生活において、〈私〉を中心に〈私〉ならざるものを類型化し、評価し、そして外的に関与する。が、さらに自らの経験を振り返るとき、すぐさま気づくだろうことに、〈私〉とはまたしばしば自分の力の行使に躊躇する存在である。ひとつは、力の行使の対象以外の、実際の、もしくは想定された他者の観点から、躊躇するという契機がある。ティッシュの例をさらに使えば、〈私〉はたとえば投げて捨てるという仕方での力の行使が可能であったとしても、またその場に他者が居合わせていなかったとしても、それは「行儀が悪いから」という理由で別の仕方を考えるかもしれない。実際の所、ほとんどの場合、ひとの活動は（外的なそれも内的なそれも）、想定された他者の観点に、意識されないところで、規制され、誘導されている。この種の行為の規制を〈間接的告発〉と名づけておこう。

しかし、〈私〉の力の行使を躊躇させるものは、〈間接的告発〉だけではない。レヴィナスの他者論を軸に〈力〉と他者の関係について論じる斉藤慶典によれば、まさに力を行使する際、その力の「作用をこうむるものの名において」（斉藤 2000：52）、その行使が「告発される」のを経験するという契機がある。私たちは「力をこうむるものの存在がそのものの名のもとに保護され・尊重されるに値すると見なされる」（斉藤 2000：53）何かに出会いうる。

それは何だろうか。もちろん典型的に経験されるのは、（他の自我という意味での）他者であろう。もっとも〈私〉は他者に対してもまた、その観点をとることなく、あたかもティッシュに対してそうしたように、〈私〉の観点からのみ類型化し、評価し、さらには外的に関与することがある。職場において、〈私〉はある人物を部下として類型化し（そのひとはただ部下としてあるだけではなく、父としてあったり、一市民としてあったりするにもかかわらず）、そういう者として評価し、（さらにたとえば、無能な部下として類型化し）、たとえば「リストラ」することがある。外的関与ということで示す事態を物理的位置関係に限定せず、社会的な位置関係に拡大するならば、私たちはきわめてしばしば他人に対してこの種の行為をなしている。が、〈私〉はそれでも力を行使した相手（たとえば、部下）であるところの他者の観点から、自らを告発することができる。ティッシュに対しては、その観点からの告発が不可能、もしくはきわめて困難であるにもかかわらず、である。

さて、この例のように、力の行使を被った「対象」そのものから自らを告発するという契機を今、〈直接的告発〉と名づけておくならば、差別をもっとも根元的な次元で不正として開示するのは、この〈直接的告発〉のゆえにであろう。逆にいえば、〈間接的告発〉において開示された差別の不正――たとえば、差別的発言をした者がそれを謝罪するのに、自己の地位の保全の観点からするような場合――は、少なくとも被差別体験者と差別の解決を試みる者には「偽装」に見えるだろう。〈間接的告発〉が未来、過去、現在の差別行為を封じる回路である場合、被差別体験者は、それを偽装としてしか受け取ることはできない。言い換えれば、被差別体験を〈素通りし〉、〈跨ぎ越して〉、差別を批判するという仕方は、誰によるそれであろうとも、被差別体験者の求めるところではあり得ない。

さらに重要な点は、一般に、暴力批判は批判する者に道徳的という「ボーナス」を与えることになりかねない、という点である。元来、たとえば在日を例に言えば、在日が今日まで経験してきた被差別体験は、「日本人」が自らを批判することを求めるが、そうすることによって「日本人」が批判主体として特権化することを求める訳ではない。この文脈において、植民地主義的差別という暴力に対する批判、反省が意味のあるものになりうるとすれば、それは、ことの性質上、徹頭徹尾、その暴力を被った在日の経験の前でなされたときなのであって、あるいは、レヴィナスの言い方で言うのならば、在日という〈顔〉の前に曝され、応答＝責任を果たし続けているときなのである。逆に、「日本人」が、その〈顔〉から早々に離脱し、解放され、たとえば、よりよい日本社会の構築などといった超越的視点から、あるいは新しい社会への応答責任として、植民地主義の暴力を批判するとすれば、それは今日まで日本社会の主体として自ら表象し、その表象を恒常化する諸制度の中に居座り続けた自分のポジショナリティの優位性の再確認でしかない。のみならず、その批判は自分の優位な地位にさらに道徳的という「ボーナス」をさえ与えかねない。暴力を被った者を跨ぎ越して暴力を批判し、反省するという営みは、それ自体、批判され、反省されるべきものなのである。

そうであれば、何よりも重要なのは、被差別体験こそ、差別問題をまさに問題として呈示する始源の契機であると認めること、そして、差別という暴力に対する批判としての差別研究は、その思索を常に問題を問題として最初に露わにする被差別体験に問い尋ね、かつ、常にその前でなすことだろう。差別研究は被差別体験を見つめ、かつそれに見張られるような「不自由な」場に踏みとどまってなされてこそ、その名に値する。したがってまた解放についても、その指針を立てるのならば、被差別体験に尋ね、その前でなされたときにこそ、その名に値するのではないだろうか。

では、すでに第1章で見た被差別体験はどのような解放の指針を立てることを要求するのだろうか。しかし、このことを考えるに先だって、〈アクティヴな我々関係〉について第1章において十分に述べられなかった点を3節と4節において論じてみたい。

3 〈アクティヴな我々関係〉の受動性

日常生活において何らかの対象に向かって働きかけているとき、〈私〉は、常に〈アクティヴな我々関係〉という関係に巻き込まれている。第1章において本研究は、そのように〈私〉の日常的生活を理解し、そういった日常性から差別がいかに経験されるかを記述してきた。つまり、朝鮮人差別の文脈で言えば、それは朝鮮人と「日本人」という差異がいまだない〈アクティヴな我々関係〉という日常の関係を前提にして生成するものであると考えた。

しかし、こうした〈アクティヴな我々関係〉の論点は、たとえば、朝鮮人差別を批判する際、「日本人」の口からしばしば出る、「朝鮮人も私たちの仲間だ」とか「同じ人間だ」、だから、「仲良くしよう」というような素朴で、ナイーヴな（同一性の原理に基づく）「良心」を正当化するものではない。朝鮮人差別のみならず、一般に、被差別者カテゴリーについて、その被差別者カテゴリーを「〜」の中に入れて、「〜もまた私たちの仲間だ／同じ人間だ」と語る表象はしばしば見受けられるが、そのような表象を〈アクティヴな我々関係〉の議論は容認するものではない。以下では、〈アクティヴな我々関係〉のさらなる考察をとおして、こうした「〜もまた」という表象が、ひとつの〈自己忘却〉の結果であることを示したい。

ここでは、議論の見通しをよくするために、朝鮮人と「日本人」というカテゴリーを用いて、〈アクティヴな我々関係〉についてのさらなる考察をしよう。要点は、ほぼ次の三点にまとめられる。すなわち、①〈アクティヴな我々関係〉は恒常的な関係なのではなく、行為のその都度、その都度に生成するものであるという点、言い換えれば〈アクティヴな我々関係〉は機会的（occasional）なものであるという点、②それは行為者の「主体的選択」によって生成するものではなく、むしろ行為者に負課される（imposed）ものである点、そして、③〈アクティヴな我々関係〉は朝鮮人にも「日本人」にも等しく機会的に、かつ負課的に与えられるという点である。

第1章3節ですでに述べたように、〈アクティヴな我々関係〉は、〈私〉がその具体性から離脱し、――言い換えれば、〈私〉のパースペクティブ性を越えて――何らかの類型的存在（たとえば、乗客）として行為している場において結ばれる他の類型的存在との関係のことであった。この場合、類型的存在は、戦後哲学界のもっとも重要なひとりである廣松渉が「共同主観性」の議論において論じた「役柄存在」という概念（廣松 1998：196–254）と深い関わりを持っている。そこで、この概念を簡単に見ておこう。

廣松が出した例である、〈私〉が他者と共に餅つきをしているような場合、杵を振り上げる〈私〉は、捏ね役が次にとる行動を瞬時に予測する。「相手の手は、単なる被視存在ではなく、次の瞬間にあるべき役柄の相で期待的に覚知される。しかもそれは、その被視的なあり方において、私の側の応答的役柄遂行の具体相を呼びかける」（廣松 1998：250）。

廣松によれば、「こうした協働的な役割遂行が破綻なく進捗していくとき、他者に対する期待も自己に関する決意的整型も〝惰性化〟していくのが通例で」（廣松 1998：252）、そこから自他の共同主観的同型性をもった「協存体」が成立し、〈私〉は「〝主体我々〟」として存在するようになる（廣松 1998：254）。

廣松の議論から明らかなように、共同主観性はひとつにはこうした「協働」の場において、しかも、相手からの〈呼びかけ〉に応じることによって成立する。そしてそのように理解したならば、当然のように、共同主観性がいたるところで成立する、と考えなければならない。餅つきを終えた〈私〉は、次の瞬間、友人と酒を酌み交わすかもしれない。酌み交わすとき、盃をあげる〈私〉は、また酒を注ごうとする相手に応じることだろう。このように行為が次々に変わるたび、〈私〉は次々に別のタイプの〈呼びかけ〉に応じるのであり、そのたびに新たな共同主観性が生じるのである。経験に即するかぎり、こうした行為のタイプごとの共同主観性以上のそれ、言い換えれば、諸々のタイプの共同主観性を束ねるような「大きな」共同主観性、たとえば「国民文化」のようなものは、存在しない。要するに「国民文化」など経験しうるものではない。

共同主観性が他者の〈呼びかけ〉に応じることによって、成立するかぎり、原理的に、共同主観性の機会性は、避けられないのであり、したがってまた、こうした共同主観的同型性を持つ他者との関係であるところの〈アクティヴな我々関係〉もまた機会性（occasionality）と負課性を免れないのである。

ただし、共同主観性はその意味を広くとった場合、通常、考えられるような「協働」の場においてのみ成立するのではない。共同主観性は「物体」が要請することによって成立すると考えるほうが適切な場合がある。湖に浮かぶボートは、他ならぬその物体的な形態のゆえに、おそらくそれをはじめて見た者にさえ、湖を渡るための道具として認識することを要請する。そのとき、それをそういうものとして認識する他者がいるかぎり、本研究の用語を用いれば、そうした他者との間に〈アクティヴな我々関係〉が成立している。さらに、たとえば、車が走っている道路は、それをはじめて見た者にさえ、他の歩行者と同じように、一定の場所（歩行路）を歩くように要請するだろう。こうした例からうかがわれるのは、物体は、その形態（ボートの例）と布置（車が走る道路の例）のゆえに、多くの場合、即座に、それを知覚する者に、一定の認識や行動を要請するということ、そうした認識や行動は多くの場合、他の主観と同型的であろうということである。ここでもまた〈アクティヴな我々関係〉は機会的に負課されるのである。

また、以上のように〈アクティヴな我々関係〉が、その発生の場においては機会的に負課的に与えられるものであるとすれば、それが人を選ぶものではないと考えねばならない。言い換えれば、〈アクティヴな我々関係〉は誰彼と選ぶこともなく、人をその関係の中に巻き込んでいく。その国をはじめて訪れた者も、道路に出た途端、他の歩行者と同じ行動を要請され、その場における〈アクティヴな我々関係〉に巻き込まれる（involved）。ここで特に強調しておきたいことは、〈家〉も、その外部の世界と〈アクティヴな我々関係〉において、「直結」しているという側面である。どんな〈家〉もその中にある物体（家具であろうが、食品であろうが）は、ほとんどの場合、外部から取り入れられている。そして物体は今、見たように、一定の認識や行動、しかも多くの場合、他の〈家の〉諸主観と同型的であろうそれを要請する。その意味で、〈家〉の中においても、その外との〈アクティヴな我々関係〉が機会的に負課されるのである。したがって、朝鮮人（と称されるひと）の〈家〉に仮に何らかの「故国」の独自の歴史を伝承しているとしても、その基底には〈アクティヴな我々関係〉があると考えねばならない。要するに、朝鮮人（と称されるひと）の〈家〉もまた、共時的な構造化の力が常に、いわば「横やり的に」働き、〈アクティヴな我々関係〉が取り結ばれる。だが、このことは、すでに述べたように、「国民文化」なるものが元来、あり得ないのであるから、朝鮮人（と称されるひと）の〈家〉が「日本文化」に常に染まらされるとか、「日本人化」される、ということを意味するのではない。(1)〈アクティヴな我々関係〉は——この「アクティヴ」ということばによって、私は共同主観的関係がその都度、生じるということを強調している——誰彼と選ぶこともなく、人をその関係の中に巻き込んでいくのであり、そのことは「日本人」（と称されるひと）の〈家〉においても事情は変わらない。「日本人」（と称されるひと）の〈家〉にあるのもまた主要にはやはり「横やり的な」構造化の力によって〈アクティヴな我々関係〉に巻き込まれるという現象だけなのである。

総じて、〈アクティヴな我々関係〉は朝鮮人にも「日本人」にも等しく機会的に、かつ負課的に与えられる、と言える。そして、そう考えるとき、「〜もまた」という表象（たとえば、「朝鮮人もまた」）が、それが「日本人」の口から出るかぎり、「日本人」の〈自己忘却〉の結果であると言わねばならない。というのも、「朝鮮人もまた」という表象は、「日本人」＝host、朝鮮人＝guestという表象を前提にしていると考えられるが、ここまでの考察からすれば、このような表象はまったく虚偽だからである。日常の経験に定位するかぎり、いかなる個人も主要にはただ日々刻刻に、〈アクティヴな我々関係〉に巻き込まれるだけであり、その意味では誰もが日々刻刻のguestなのであり、どこにもhostという立場を主張できるような存在はないからである。したがって、「日本人」が「朝鮮人もまた」と表象し、その表象を基礎に、法律などの公的な制度を「改善」しようとしたり（たとえば選挙制度の改善）、「共生社会」の実現のための教育を推進したりする（異文化理解のための教育など）ことは、現実的な効果がどうであれ、その表象が基底にあるかぎり、guestが別のguestに向かって満面の笑みで歓迎の意を表明するときと同じように、倒錯した、不条理で、不気味な力の押しつけであり、目に見えない権力の行使なのだ。

4 〈アクティヴな我々関係〉と対面状況

さて、〈アクティヴな我々関係〉を第1章で論じたとき、対面状況は念頭に置いてはいなかった。では、対面状況にある目前の他者とも〈アクティヴな我々関係〉が成立するのだろうか。

これについては通常は成立していると答えなければならないだろう。なぜなら、〈私〉と目前の他者が何らかの第三項を共に見ているような場合、あるいは何事か（という第三項）を語り合い、それについて互いが何らかの共通相を認識し合っているような場合において、しばしば目前の他者は匿名性を帯び、その関係は、先に例として出した乗客同士のような関係、したがって〈アクティヴな我々関係〉という性質を多かれ少なかれ、帯びることになるからだ（そうした場として協働の場があることは、廣松の議論を通してすでに見たとおりである）。〈アクティヴな我々関係〉は日常生活のあらゆる局面において立ち現れてくるのである。

すでに述べたように、被差別体験とは、〈アクティヴな我々関係〉が表象される際に、その表象上、自分が（客観的には誤って）排除されていることに（正当にも）気づき、それによって〈我々の眼〉に自分が見られているのを、しかしそれが自分ではない自分である以上、自分が〈構築される〉のを経験することである。

そうであれば、〈アクティヴな我々関係〉は、それが〈私〉を強く縛るようなものであるほど、言い換えれば、

〈アクティヴな我々関係〉にある他者と〈私〉の同一性が強く、その他者がもう一人の〈私〉であるようなとき、そのときに経験する被差別体験を耐えがたいものにせざるを得ないだろう。そのときの被差別体験は、自分をより深奥まで見られている感じ、しかしその自分が自分でない以上、自分が細部にまでわたって構築／捏造されているような感じをもたらすことになるはずだからである。

そう考えれば、被差別体験を避けるためには、あるいはそれによってもたらされる耐え難さを弱めるためには、〈アクティヴな我々関係〉を客体視／相対視するような眼差しが必要になってくる。私がここで問題にしているのは、典型的にはたとえば、在日朝鮮人の〈私〉が、何らかの行為の最中において〈私〉の側面に顕在化される(activated) 他の「日本人」との〈アクティヴな我々関係〉、それを客体視／相対視するような眼差しである。その客体視／相対視する眼差しは他の在日のそれと合流したとき、「国民文化」がそうであるように決して経験されることのない民族の「固有性」を、したがってまた「日本人」との差異を強調し、あるいは「構築」する「民族主義運動」へと結実しもするだろう、それである。(2) その意味では現実の解放運動の基盤ともなる、この眼差しはいかにして生成しうるのだろうか。

もちろんそれは、たとえば、日本と朝鮮の歴史を知り、自分が今そうである訳を歴史的文脈の中で理解することによっても、生成するであろう。また、いわゆる民族教育のもっとも深い意味はこうした客体視／相対視を可能ならしめる点に見出しうる。

しかし、そのような教育などによってもたらされる知識のみを、客体視／相対視を可能ならしめる動機と考えるとすれば、それは不十分ではないだろうか。もし、そのように考えたとすれば、常に別の知識によって乗っ取られる可能性のある眼差しとしてしか考えることができなくなる。知識ではなく、〈私〉の経験の中から客体視／相対視的な眼差しが生成する回路はないのだろうか。

ここで重要なのは、被差別体験の中にあって〈差別者〉は具体性を持たないという点だ。〈差別者〉は、匿名的存在としてしか登場しない。被差別体験の渦中にあって、〈私〉は差別をした当の人間が、他者と交換不可能な人間ではないことを知っている。〈差別者〉は自分の具体性を放棄した匿名的存在として自ら表象しながら、到来する。朝鮮人に対するどんな見下しのことばも、「私の考え」ではなく、「私たち日本人」の考えとして到来する。彼ら・彼女らは朝鮮人に向かい決まってこんな具合に言うだろう。「おまえが朝鮮人だってことはみんな知っているんだぜ」「おれは聞いたぞ、おまえって朝鮮人なんだってな」。朝鮮人だから何だ、とその人に向かって言っても、その精神にはめったなことでは通じない。差別者はほとんどの場合、実際、徒党を組むか、そうでなければ、組んでいることを示そうとするが、そうすることができた時点で、相手を掌握したと信じてしまっており、ことばなど必要ないと信じているからだ。差別者は群れの後ろのほうへひたすら尻込みしながら、攻撃する。差別者は自分が反撃を受けるのだけは避けたがっており、どんなロゴスも倫理もはねかえす群れという盾の後ろに逃げ込む。その人は、攻撃しながら、怯え続けている。その人は自分が何者であるか決して姿を見せない。その人は自分の顔を見せない。その人は誰でもない人間であり、誰でもよい人間であり、自分の行為や発言が自分のそれであることを否認し続ける。差別者は匿名的存在なのである。

そうであれば、被差別体験は、差別をした当の人間それ自体ではなく、本研究の用語を用いれば、〈アクティヴな我々関係〉そのものを〈私〉にリアルに感受させるよりない。そして、そうであれば、憎悪も怒りも、それが起こるとすれば、まずはじめには〈アクティヴな我々関係〉そのものに向けられるよりないだろう。その意味では、被差別体験そのものが、〈アクティヴな我々関係〉を客体視／相対視するような眼差しを発生させる場になりうる、と考えることができるのではないだろうか。経験を超越した、何らかの歴史的知識が伝えられる以前に、在日の〈私〉は「日本人」同士の関係、また「日本人」と〈私〉との関係を客体視／相対視する眼差しを

〈私〉の内側において生み出すのだ。

5　解放運動としての〈内破運動〉

第1章で述べたように、被差別体験は、一般に、「被差別者」の痛み、として理解される。つまり、まず先に、性、民族、身体機能などの指標をもって「被差別者」というカテゴリーが表象され、それを基体（Husserl 1939＝1999：100）[3]として、そのかれらが負う痛みとして表象される。言い換えれば、「被差別者」と——奇妙な言い方になるが——非「被差別者」との自明視された区別の上に、その「被差別者」の痛みとして、被差別体験が理解されるのである。

もちろん世界的な潮流と言っていい人権意識の高まりは、「被差別者」の痛みを、非「被差別者」と無縁のこととして考えたり、述べたりすることに対する批判を容易にしている。また、研究レベルにおいても、フーコーの権力論やエスノメソドロジーの分析によって、非「被差別者」の日常的実践が当人の主観——厳密に言うならば、自然的態度の内に留まっているかぎりの主観——が及ばないところで差別に手を貸している事態が浮き彫りにされてきていることは事実である（山田 1996）[4]。これらのことは、黒人問題は白人問題である、という差別現象の捉え方の大きな転換、新しいテーゼに同一の思惟形式を見出すことができる。その思惟形式においては、女性問題は男性問題であり、「在日」問題は「日本人」問題なのである。このように非「被差別者」の「加害性」に焦点を当てることの意味はもちろん大きい。

しかしながらその思惟形式は、依然としてある種の指標を基にした「差別者」（非「被差別者」）対「被差別者」

の二分法に立脚し、「我々の加害性」対「彼らの被害性」という形をとっている。この二分法は、場合によっては「我々の被害性」対「彼らの加害性」というように反転することはあるだろう。が、どちらにしても、通常、中心という性質を帯びさせられた主体と、周辺という性質を帯びさせられた主体とがまず存在論的次元で分断され、そのうえで加害性と被害性はその混じり合わない主体に割り当てられている。

このような思惟形式によって導き出される具体的な反差別プログラムは、当然のことながら、中心主体が「倫理的に」自己を反省すること、つまり（自分の意図に関わらない）自分の加害性を認めることを求めるという形にならざるをえない。さらにそれは、加害性を認めることを拒む者に関しては、加害性の「証拠」を突きつけていく、という形にならざるをえない。今、仮にそれを今、「攻撃モデル」と名づけておくならば、この攻撃モデルこそが、差別が問題になっているときのさまざまな現場で実際にとられている方法であると言えるだろう。が、その攻撃モデル以外に他にモデルはないのだろうか。

生身の人間は、複数の指標を所有している。差別される指標となるものと、そうはならない指標の両方を持っていることは少なくない。つまり、女性であり「日本人」である者もいれば、朝鮮人であり男である者もいる。さらには、差別される指標を一切、持たない者もいる。――暫定的にはそのように言うことができる。

しかし、差別を、生活の場で個人的に、もしくは組織的に、また研究レベルにおいて、批判しようとする際、批判する側が、――その批判する主体が被差別者であろうが、非「被差別者」であろうが――相手の加害性を浮き上がらせようとする。言い換えれば、仮に相手の側が差別される指標を持っていたとしても、通常、そのことは関連のないこととみなされる。批判される者は、「被差別者」の痛みや苦しみ、被害性を理解し、そのうえで自己の加害性を認めることが求められる。ここでは痛みを「他者の痛み」として理解することが求められるのである。

そのように求められた場合、特に、求められた者が差別される指標を一切、持たない者である場合、しばしば、よく知られた反応が起こる。「私があなた（彼）ではない以上、その痛みは結局はわからない」。この拒絶は批判される者の「正当化」であるというように理解するだけでは不十分であるように思う。他者の痛みがわかるかどうか、ということに関する議論は、他者問題という難解な哲学的問題に連なる。が、ここではその問題以前に、日常的な実践の中では、他者の痛みは、その都度その都度の状況に応じて、わかるようにも、わからないようにも実際、感じられるということに注目したい。わかる、わからないという感じ、そしてその表明は、日常的な実践においては、そのときの状況が左右しているのである。

そうだとすれば、右の拒絶は、拒絶する者の状況の判断に拠るものと言えるのではないだろうか。より具体的に言えば、その人は、右の、差別者と被差別者を存在論的次元において二分する思惟形式、その表象の中にいるように思われる。

そしてこのように考えた場合、被差別体験を発生論的に考察することは有意味であるように思われる。本章において示そうとしたのは、被差別体験の発生が〈アクティヴな我々関係〉という関係を前提にしていることであった。この関係に巻き込まれて匿名的な生を送っている、まだ差別者も被差別者もいない日常。被差別体験はそうした日常の中で、生みだされる。

以上の考察から、私たちの常識を覆す重要な帰結を引き出すことができる。被差別体験の主語は、厳密には被差別者ではない、というのがそれである。それがはじめて生成する現場に即するかぎり、被差別体験の主語は、差別の実践者と同じ地平にいる匿名的な〈ひと〉である。朝鮮人差別の文脈で言えば、差別を経験するのは、朝鮮人ではなく、「日本人」なのだ。また、男女差別の文脈で言えば、差別を経験しているのは、女性ではなく、「男性」なのだ。

したがって、〈被差別者の痛み〉を語ること、そのように表象することは、いわば先走りであり、この先走りに基づく、被差別体験者の痛みはわからないという表象は、差別という問題を己の問題として引き受けることの拒否だと言わねばならない。ここでは痛みが他者化されているからである。また、存在論的分断を前提とする攻撃モデルはそうした拒否と共犯関係を結ぶことがあるのだと考えねばならない。存在論的分断を前提とする攻撃は、〈差別者〉に攻撃を加えながらも、同時に防御／正当化の手だてを与えてしまう。

しかしこのことは、差異のない社会の構築を解放として考えるように要請するものではない。事態はその逆である。なぜなら、被差別体験をした〈ひと〉はまさにそのときから、〈ひと〉ではなくなるからだ。被差別体験は、それによって、朝鮮人でありながら「日本人」であるところの〈私〉を、「日本人」の外部に連れ出す。(5)

すでに述べたように、この〈私〉はそして〈差別の実践者〉ではなく、〈アクティヴな我々関係〉を見据えるよう動機づけられる。だから、この差別の発祥の場において、〈私〉が問うのは、〈差別の実践者〉ではない。〈差別の実践者〉が身にまとっている〈アクティヴな我々関係〉そのものであり、その関係の中で自分を秘匿している者たちである。その意味で、〈私〉はそれが仮に実践不可能な試みであったとしても、〈私〉の経験の内奥において〈アクティヴな我々関係〉の解体を望むよりない。だから、この差別の発祥の場において「解放」の指針を尋ねたとすれば、集団と集団の間の差異の承認ではない。そうではなくて、むしろ集団内部の差異である。差別の実践者に対する被差別体験の「声」をひとことで表すとしたら、きっとこうだったのだ。「**独りで出て来い**」。

こうした〈アクティヴな我々関係〉の解体を望む「声」は、そして、差別の実践者と同じ地平にいる匿名的な〈ひと〉の中から生まれるものである。したがって、たとえば朝鮮人差別の文脈にあって、「日本人」解体への力は、「日本人」の中から生まれているのだと言わねばならない。だから、〈アクティヴな我々関係〉を解体しようとする力は、外側からそれを破ろうとする力なのではなく、内側から破ろうとする力なのであり、差異に関して言えば、すでにある差異の事実性を承認しようとする力なのではなく、差異を新たに生みだそうとする力なのである。

かくして、たとえばマジョリティがマイノリティの権利要求を前にしたときにしばしば倫理的なものとして見せる、〈要求を受け入れようとする寛容さ〉=〈同一性を基礎にしたナイーヴな良心〉は、その要求の源泉を切断しようとする策謀でもあると考えねばならない。〈要求を受け入れようとする寛容さ〉は要求が外部から到来したことを想定している。しかし、経験の現場に即すかぎり、マイノリティの要求は、元来、それを聞いているマジョリティの内部から生じ、内部を破ろうとする力である。マジョリティが差別を前にして真に倫理的な態度をとることが可能だとすれば、それは自他集団間の差異を無化する平等主義的態度でもなく、自他集団間の差異をすでにあるものとして承認しようとする差異派的態度でもなく、内部を破ろうとする、その〈内破の運動〉に合流することなのだ。

しかしながら、〈私〉が日常にあって行為することをやめられない存在である以上、〈アクティヴな我々関係〉は、それを客体視／相対視した次の瞬間には、また〈私〉を巻き込み、包囲するだろう。被差別体験は〈私〉に〈アクティヴな我々関係〉を客体視／相対視させるように促しつつも、次の瞬間には〈私〉を捉えてしまう。〈アクティヴな我々関係〉はまるで影のように〈私〉を追いかけてくるのであり、そうである以上、被差別体験もまた影のように〈私〉を追いかけてくる。おそらく、ここに、被差別者にルサンチマンが生じるもっとも深い訳がある。次章では、この間の事情を考えてみる。

第3章　被差別体験の意味(1)――『変身』から

ここでは、前章の最後に提出されたルサンチマンの論点と被差別体験の関係をカフカの『変身』を通すことで、より具体的に理解しようと試みる。そうしたあと、「共生の思想」についても検討することになる。

1　毒虫・グレゴール・ザムザの体験

「ある朝、気がかりな夢から目をさますと、自分が寝床の中で一匹の巨大な毒虫に変わっていた」グレゴール・ザムザの悲劇(2)がクライマックスを迎えるのは、皮肉にも彼の感性の繊細さが自分の身体に起こった異変を忘却させてしまった、その直後である。

ザムザ家の四人、つまり、グレゴールとその妹、母、父の四人が暮らす家には、三人の「紳士」が下宿していたが、この三人の「紳士」には、その日までグレゴールの変身は隠されていた。事件は、その晩、たまたまグレゴールの妹が台所でヴァイオリンを弾いているのを聞いた三人の「紳士」が、彼女に茶の間で演奏をすることを提案したことから始まる。妹が演奏を始めると、三人の紳士は「明白にもあきあき」している様子を見せたが、グレゴールには演奏が「誰が見ても見事なもの」に思われる。それでグレゴールは、音楽に誘われるように、毒虫の自分の体に糸屑や髪の毛や食べ物の残りなどを付着させたまま（そのことを忘れたまま）、妹に近づいていく。そして、あきあきしている紳士たちの応対のために今やもの悲しげな様子で演奏している妹に、自分が演奏に惚れ惚れしていること、そして、自分の部屋で演奏をしてもらいたがっているのだということをほのめかそうと、スカートの裾をくわえる。しかし、彼の音楽と妹に対する繊細な感性が自分の身体のありようを忘却させたことの結果は、残酷を極めるものであった。突然の毒虫の闖入に三人の紳士は激昂し、家族に向かい、一方的に賃貸契約解除と損害賠償の要求をつきつけ、ついで、その三人が自分たちの部屋に戻っていくと、妹は、もう潮時であり、兄のグレゴールを追放しなくてはならない、と父と母に提案し、追放を次のようなロジックで正当化するのである。「いったいこれがどうしてグレゴールだと言うの？　もしこれがグレゴールだったら、人間がこんなけだものといっしょに住んでいられないということくらいのことはとっくにわかったはずだわ。［中略］それなのに、このけだものときたらあたしたちを追い回す、下宿の方々を追い払う、きっとこの家全体を占領して、あたしたちを表の道の上に野宿させるつもりなのよ……」

――ストーリーは異様な希望で幕を閉じる。このあとグレゴールは自分の部屋に戻り、外からは閂がかけられる。「自分が消えてなくならねばならぬということに対する彼自身の意見は妹の似たような意見よりひょっとするともっと強いものだった」という描写のあと、彼は息を引き取ってしまう。翌日、「毒虫」の死――もはやグレゴールではない――を見た家族は、電車に乗って、休養のための散策に出かける。駅で降りるとき、ザムザ「嬢」（妹）は若々しい手足をグッと伸ばす。「そのさまはザムザ夫妻の目に、彼らの新しい夢と善き意図の確証のように映った」という一文で、小説は完結する。

ここであえてフィクションのストーリーを跡づけたのは、このストーリーには、現実の世界の差別の構造が、差別される者が覚える「苛立ち」や「怒り」に相応する形で表現されているように思われたからである。あるいは、このストーリーにおいては、被差別者の「感情」が貼り付けられた形で、現実が語られているように思われたからである。

ストーリーの中で、グレゴールは実際に息を引き取る前に、死んでいる。音楽に魅了され、そして、妹のために彼女に近づいていったグレゴールは、家族（と紳士たち）にとって「けだもの」に過ぎないのである。そうであるかぎり、当然のこととして、その死が祝福すべきこととして受け取られている。この、ねじれた応答、というより、応答の不在は、現実の被差別者の苛立ちを代弁している。

家族の者たちはグレゴールが自分たちの話すことばを聞いているとは想定していない。グレゴールを語るザムザ家にグレゴールはいない。家族の中で、グレゴールはその内部にしかおらず、外部には立っていない。家族にとって、グレゴールは家族にとっての意味であり、意味を構成する他者としては存在していない。

それは現実の差別の構造を写しだしている。社会の正当な一員であると自認する者たちが、互いの間だけで、ある者について語る。ときに、そのある者が、ことばを聞き取り、語る存在であることを忘れ、ときに、聞き取り、語る存在であることを怖れる。怖れて声をひそめ、その怖れをまた内々に語る――。

が、ここで何より注目したいのは、自分自身の姿が家族にいかに見られているかを一時、忘れてしまったグレゴールの「軽率さ」だ。演奏の美しさと、紳士たちの冷たい視線に耐えている妹への「情愛」に我を忘れてしまったグレゴールの「軽率さ」。それは何よりもまず、毒虫が「元々」、グレゴールであったことから生じている。「軽率さ」は、言い換えれば、音楽を愛し、妹を愛す者としてのグレゴールの「内面」が、外部との接触面である皮膚の外に溢れだしていってしまったことである。「内面」が外部に、自らの「意」に反して、あるいは「意」にかかわらず、溢れだしていくという、この事態は、そして（あるタイプの）被差別者の置かれている状況のなにがしかを物語っている。

2　グレゴール型被差別体験——経験されたことのない差異の押しつけ

今、とりあえず、在日朝鮮人に範囲を限定するかぎり、その差別体験には、グレゴールが自分の家の中で被ったそれと同型的なものを見出しうるように思われる。

第1節において私は、グレゴールの「内面」という表現を用いたが、もちろんその「内面」は、「自生的」なそれではない。端的に言って、妹のヴァイオリン演奏に魅了されることができた彼の「感性」は、それ以前に、「音楽的環境」になじんでいたのだろうし、その意味ではその「内面」は外部によって形成された、——そういう言い方が強すぎるのならば——外部との関係の中で形成されたものであるとみなすべきであろう。そして注意を要することは、グレゴールがその己の「内面」を他者に——少なくとも妹には——開かれたものであると信じている点である。グレゴールは己の内面を、適切な仕方で表せば必ずや理解されるものだと信じたまま、そして信じていることを忘れたまま——妹の下に近づいていくのである。この隠れた確信がなければ、妹に近づいていくことはしないだろう。

こういったグレゴールが自分の家で味わうことになる「悲劇」と同形的なそれを在日朝鮮人の経験の中に見出すことは難しくない。少なくとも日本語を母語にしている在日朝鮮人の場合、否応なく、感性という次元にまで、

「日本的」なものが染み込んでいる。あるいはむしろ多くの場合、「日本的」なものによって感性まで構造化されているといったほうがいい。ここには、また、日常世界を生きる者にはつきものの、というべき、「倒錯」が起こっているであろう。つまり、「内面」が社会によって構造化されてきたこと、また自分が世界を分節し、自分の環境とする仕方が社会（しかも特定の社会）に起源を持つ知識（CP I：13）によってであることが忘却され、かつまた、感受され、認識され、欲望・忌避される事象が、その事象そのものに起源を持つものであるように経験され、さらには、それら事象が他の誰にも基本的には同じように受け止められるだろうものであるというように経験される、という「倒錯」が、である。

こうして在日朝鮮人が（「日本」の）日常世界の住人になったとき、また自らをそういう者として素朴に信じているとき、悲劇が襲いかかる。もちろん在日朝鮮人の〈私〉は、はじめ、他の日常生活の住人がそうであるように、その世界の内部で出会う他の住人との差異をもって、自分が何者であるかを同定していくだろう。他者に触れる中で、〈私〉は〈私〉についての自己イメージを持つことになるだろう。〈私〉は善良な人間だ、〈私〉はそう考えたりする。その種のイメージはもちろん常についえる可能性を持っている。自己イメージは常に転変する。が、その自己イメージが転変する次元そのものが、あるとき崩される。〈私〉の「内側」には見出し得ない、内側からは経験したことのない「差異」が押しつけられる。「日本人ではない」という経験したことのない差異を引き受けさせられる。ちょうど「グレゴールではない」（第1節の妹のロジック）という内側からは決して経験したことのない差異を引き受けさせられるグレゴール――毒虫に変身したグレゴールは依然、グレゴールのまま「人間の言語」で自分と周囲を見続けていたのであり、「内面」または「主体」そのものは明白にグレゴールであった――と同じように、である。

内側から経験されたことのない「差異」が、しかも、「〜ではない」という欠如のロジックで押しつけられる経験。たとえば、「朝鮮人である」という理由で、結婚や就職へのアクセスが拒まれる場合。コミュニケーションの途上で、「朝鮮人のくせに」といったことばで、そのコミュニケーションへの参与が一方的に断たれる場合。これらの場合、「朝鮮人」であるという名指しは、仮にそのような表現がされたとしても、事実上は、「我々の社会の正当な構成員、日本人ではない」という名指しに他ならない。

このような、内側から経験されたことのない「差異」が、しかも、「～ではない」という欠如のロジックで押しつけられる経験――これをここでは、グレゴール型被差別体験[3]と呼んでおこう。

このように命名するとき、別のタイプの被差別体験を思い浮かべることができる。つまり、内側から経験している「差異」――たとえば、韓国で生育した韓国人が日本で経験する「韓日」の差――が、上下の序列の中に置かれるような経験である。それは、自分を醸成し、したがって親和的に感じられているような領域、たとえば「故郷」が貶められる経験である。その中には、たとえば、日本にやってきたばかりの、いわゆるニューカマーの韓国人が日本で経験するであろう体験をあげることができるし、逆に韓国に渡った在日朝鮮人が韓国で経験する体験もここに含めることができるだろう。つまり、(ある文化圏から)別の文化圏へ訪れた者が、経験する被差別体験、通常はカルチャーショックという契機を含む体験をここに含めることができる。

このような別のタイプのものを考慮に入れるとき、グレゴール型被差別体験をする者に特有の困難を浮き彫りにすることができる。「故郷」――自分を醸成し、それがゆえに親和性を感じられるような領域――を持ち合わせていないことが、それである。グレゴールは、グレゴールの背後に自分の場所を指定される。が、彼はそこにはじめから――生活上の諸事情によってではなく、原理的に――戻ることができない。戻る領域をはじめから持ってはいない。「気がかりな夢から覚めるや」、毒虫に変身したグレゴールは、毒虫であったときの記憶は持っていない。毒虫の仲間もまた知らない。

では前2章で述べたような被差別体験と、グレゴール型被差別体験およびそうでない被差別体験とは概念上、どう関係しているのだろうか。前2章で私は、被差別体験は、すでに成立してしまっている〈アクティヴな我々関係〉が前提になっていることを示した。したがって、内側から経験している「差異」が欠如しているグレゴール型被差別体験は、直接に前2章で示した被差別体験そのものであると言ってよい。では、こうした文脈の中で、「差異」をともなっている非グレゴール型被差別体験はどう位置づけられるか。私としては、純粋な非グレゴール型被差別体験は被差別体験ではないと主張したい。たとえば、あとにしてきた故郷に十分なリアリティを持っている一時的な旅行者が、旅行先で経験する他者化の経験は、むしろ、当の旅先の社会についてのひとつの見識をその人に与えるものであって、人格の深奥においてそれを経験するわけではない。したがって、そうした他者化の経験は、「経験」と称するよりは、第三者的視点からなされたひとつの「判断」と考えたほうがいいように思われる。

苦しみの深度は、あとにしてきた故郷が〈私〉の意識から遠ざかり、今、いる社会へより深く生が根ざしていくのに連れて、言い換えれば、〈アクティヴな我々関係〉がより深い次元で結ばれてくるのにつれて、大きくなるだろう。もし、そうであるとすれば、被差別体験は、前2章で示したそれ、かつまたグレゴール型被差別体験をプロトタイプにしていると言わねばならない。

さて、フィクションのグレゴールは、半ばそれを選びとるような形で、——というのは、つまり、自分が消えたほうがいいという意見を持ちながら、「安らかな瞑想状態のうちで」——この世界から完全に退去する。つまり、息を引き取ってしまう。まるで生の彼方、かつて一度も行ったことのない「場所」が、彼にとっての唯一の「故郷」であるかのように。

ではグレゴールが生き延びたら？　現実のグレゴール型被差別体験を経た者が生の中にとどまり続ける場合、

どのように世界と渡り合っていくのだろう。

3　被差別体験と「警戒心」

内側から経験されたことのない「差異」が、「〜ではない」という欠如のロジックで押しつけられるという経験は、それを経験した者にまず警戒心を持たせることだろう。我知らず音楽に誘われて妹に近づいていって、痛い目に遭ったグレゴールは、次からは、音楽に誘われたとしても、いや誘われたときこそ、誘われている自分を制しようとするだろう。警戒心はそれだけが発達すれば、自分を誘うものはどんなものでもまさに誘うものであるという理由でそこから身を遠ざけようとするだろう。が、そうであれば、警戒心、それは——それだけが世界を渡る唯一の戦略だとすれば——、持てば持つほどかえって、それによって避けようとする事態、つまり近づくことを拒まれる経験を招き寄せるものではないだろうか。

レヴィナス（Levinas 1961＝1989）は、〈私〉の前に世界が、前2章で考えた日常性の次元の以前においては、所有できない「始源的なもの」、——空の青さや風のそよぎ——として感受されると主張する。そして不安定なそれらが労働という働きかけを通して、モノとしての同一性を獲得し、所有に至る、と言う。[4] こういったレヴィナスの議論を参照しながら、警戒心（だけ）を持って世界を渡ろうとするグレゴール型被差別体験者に、世界がいかに現れるかを見てみよう。

グレゴールが仮に生き延びたとすれば、何かを素朴に味わうことの危険を知っている以上、彼は、何かに惹かれている自分に気づいたとたんに、他者の気配を感じとり、自分を惹きつけた何かが自分に背を向けるのを経験することになるだろう。魅了された何かに近づいたとき、他者が現れ、退去を命じた——その記憶が自分の中に深く刻まれていれば、何かに魅了されればされるほど、彼を魅了したそのものの中から、退去を命じる他者が現れるのを経験することになる。「始源的なもの」が退去を命じる他者と密接で神秘的な関係で結ばれていることを見出すことになるだろう。生き延びたグレゴールは、「始源的なもの」を所有すべく労働を始める手前で、他者による労働の跡を見出すのではないだろうか。(5)

現実のグレゴール型被差別体験者はどうか。現実の世界では、風のそよぎも空の青さも、いつもことばが捉えようと待ちかまえている。レヴィナスが言うように、私たちはたしかにことばに捉えられる前にそれらを感受するかもしれない。

が、ここで「私たち」とは誰か。「日本語がお上手ですね」と言われたことのある日本語話者の在日朝鮮人は、そのとき、そう言った者が日本語を「日本人」の所有財産であるかのように考えていることを感じるだろう。音楽を自分たち家族の所有財産であるかのように家族の者たちが考えているのを、グレゴールが感じるのと同じように。そのように考えた在日朝鮮人が「私たち」と同じように、ことばに捉えられる前の姿で、風のそよぎや空の青さを感じられるのだろうか。「私たち」がそれを捉えられるのは、ことばそのものが「私たち」のものであるという安心感があるからではないか。そうであれば、警戒心を張り巡らせるグレゴール型被差別体験者には、風のそよぎや空の青さは「私たち」と称する者たちがからめ取っていく可能性のあるものとして現れるのではないだろうか。

警戒がむしろ生を萎縮させるものであれば、グレゴール型被差別体験を経た者は、当然にも、自らを救うために何らかの手だてをとるだろう。被差別体験がグレゴール型であれば、その手だては二つのタイプに収斂するだろう。経験したことのない差異を経験するよう、押しつけられた、空っぽのカテゴリーに内容を詰め込むこと。さもなければ、経験したことのない差異を否定するよう、「〜ではない」ではないと証明すること——。

4　戦略

事態を、いったん、実際に語られたことばを集積してなされた分析をとおして、見てみる。福岡安則は、若い世代の「在日」を中心に、一五〇名を超える聞き取り調査をした結果、「大多数が多かれ少なかれ被差別の体験をし、……アイデンティティ葛藤に悩む体験をしている」と述べたうえで、アイデンティティ構築の分類枠組みを呈示している。それによれば、四つのタイプに分類することができる、という。

① 民族的出自を異にする者どうしがその立場の違いを踏まえたうえで「共に生きられる」社会の実現を目指す【共生志向タイプ】。

② 「祖国の発展」「祖国の統一」に寄与することを中心課題とし、「在外公民」としての自覚が強い【祖国志向タイプ】。

③ 「日本人と同じになること」を願う【帰化志向タイプ】。

④ 個人的成功を追求する傾向が見てとれる【個人志向タイプ】。

以上の四つである。またこの四つは、「民族意識の強弱」、もしくは「同化意識の強弱」という一次元図式に還元することは可能であるとして、理念としての《本国の韓国人・朝鮮人》と《日本人》への二つの志向性の間に、①〜④の四つを配置している。簡単に示せば、以下の通りである。

《X：本国の韓国人・朝鮮人》

→

【祖国志向タイプ】

【共生志向タイプ】

【個人志向タイプ】

【帰化志向タイプ】

←

《Y：日本人》

私はさきほど、「経験したことのない差異を経験するよう、押しつけられた、空っぽのカテゴリーに内容を詰め込むこと(A)」と「経験したことのない差異を否定するよう、「〜ではない」ではないと証明すること(B)」にグレゴール型被差別体験者が自分を救うためにとるであろう手だては収斂する、と述べた。福岡が示したアイデンティティ構築の分類は一応、私の主張を裏づける形になっている。《X》と《Y》はおそらくそのまま(A)と(B)に対応させて考えることができるだろうからである。

もちろん、私は（若い世代の）在日朝鮮人がすべてグレゴール型被差別体験者であるなどと主張したいわけでも、差別体験を被った場合、それは他ならぬグレゴール型であり、したがって、すべての在日が先ほど見た、それに特有の困難を抱えている、と主張したいわけではない。ここではともかくも、グレゴール型被差別体験というタイプが被差別体験の一つとしてあること、差別を論じるにあたって、その事情を考慮に入れておく必要があることを述べたいのである。

とはいえ、現実の認識という次元でも、いくつかのことは述べておきたい。福岡は同じ著書で、「日本社会の中で生育してきたとはいえ、必ず、なにがしか民族的なものを引き継いでいるという側面」がある（福岡 1997：80）と述べている。またその後に金明秀と共同でなされた調査では、在日朝鮮人の多くが朝鮮風の法事であるチェサや、朝鮮風の結婚式に参加した経験を持っていることが示されている。[6] が、今、仮に現実の認識という次元で考えても、同じ調査によって、朝鮮語の家庭内での使用は、ほとんどの場合、「日本語の会話の中に「母国語の単語」がいくつか混じり込むかたち」（福岡・金 1997：40）[7] であること（そうでしかないこと）が示されている。日常言語が「既成の類型と特性の宝庫」（CP I：14）で、その日常言語が日本語であれば、少なくとも、多くの在日朝鮮人は、むしろ「日本語」という刻印を帯びた思考で朝鮮的なるものを解釈しているのであって、その逆ではないと主張することは可能であろう。

この事情は、再びグレゴールの経験を持ち出すならば、彼は人間の言語で「毒虫」を解釈していたのであって、「毒虫」の言語で人間を解釈したのではないことに等しい。実際、まさに人間の言語で解釈していたからこそ、彼は明らかに人間の視点から指定される「毒虫（Ungeziefer：「害虫」とも訳せる）[8]」になったのだ。

5　「共生」の思想と被差別体験

互いの違いを認めたうえで、つき合っていくこと――グローバリゼーションということばが人口に膾炙するようになってきた頃から、そういう「スローガン」が力を増して来つつある。スローガンは、「同じ人間として」他者に接する、その接し方に落とし穴があることを言う。「現実はひとつである」ことを前提にするこの接し方は、黄金律（Golden rule）、つまり「自ら欲するところのことを他者になせ」と、その、いわば「裏バージョン」、「自らの欲せざるところのことを他者になすな」を行為の原則にする。黄金律を守る者は、「自分の立場に置き換えて」、sympathy(9)をもって他者を「理解」しようとする。が、このやり方はいつも通用するとは限らない。通用しない相手が現れることがある。するとたんに、通用しない相手を排除することになる。だから、重要なのは、むしろ他者を「違う人間」として見ることだ。あるいはそういう者として付き合う仕方を構想することだ。現実が多元的であること、自分（たち）の解釈枠組みが相対的なものであり、別の解釈枠組みがあることを理解することが重要である。――勢いをつけてきた「スローガン」は骨格だけをとれば、ほぼそのようにまとめられるように思われる。

このスローガンは差別の文脈においても、「共生」の思想として、しばしば唱えられている。しかし、どんなスローガンも常にそうであるように、何かを沈黙させる可能性がある。ここまでの流れにそって、在日朝鮮人との関連で考えてみよう。

すでに見たとおり、在日のある人たちは、自ら、違いを認め合う社会、共生社会を志向している。が、まず疑ったほうがいいように思われるのは、それが仮に苦悩と葛藤を経た末の結果の「昇華」であるとしても、それはただ勢いをつけてきたスローガンとの合致が見られればこそそう言いうることであるに過ぎないのではないか、ということである。それを自ら選んだとしても、選んだそのときには自分の何かを抑圧しているのではないか。共生の思想は、生き延びたグレゴールにとってほんとうに喜ばしいものか。共生社会を理想として語り、企画することに落とし穴はないか。

福岡は「〈共生〉とは、お互いの違いを認めあったうえで、差別なく、共に生きていくことだ」と述べたうえで、調査の結果から提起しうる課題として、「日本人による在日韓国・朝鮮人に対する差別をなくすこと。そして在日韓国・朝鮮人のエスニシティを活性化すること」（福岡 1996：36――強調は引用者）と述べている。

しかし、朝鮮というエスニシティが経験されたものでない者にとっては、この方針は、結局、経験したことのない差異を事実化しようとするものに他ならない。なるほど歴史をたどれば、日本で朝鮮人のエスニシティが「萎縮」したのは、もちろん「自然に」ではなく、「人為」によるものだ。差異がないのは、それが奪われたからだ。が、だからといって、それがすでに奪われ、失われてしまった地点から生が始まった者たちは、歴史の中に埋もれた「元来」の姿を取り戻さなくてはならないのだろうか。問題は、歴史の中の「元来」の姿に「私の過去と現在」を向かわせようとするとき、決意させることばさえ、歴史の中の「元来」のものではない「日本語」だということだ。

もちろん当事者以外の者が、当事者の決意に何か言うことはできない。が、もちろんマジョリティの「日本人」は――こちらこそ問題をつくった「当事者」なのだから――「望ましい」形を考えねばならない。

6　被差別体験のルサンチマン

私はここまであえて在日朝鮮人と「日本人」の「共通性」を強調してきた。しかし、両者の間に差異があることはもちろんだ。そこには生々しい差異がある。経験されたことのない差異が、欠如のロジックで押しあてられたという経験がある者と、ない者の差異である。

差別される体験などもちろんないほうがよい。だから、ことの順序としては、差別する者、あるいは差別を傍観することでその延命に手を貸す者、差別を差別として見えなくしている隠蔽装置、それらを暴いていくことが優先されねばならないことは、言うまでもない。が、マジョリティは、二つのエスニシティに同じ「資格」を与える共生社会を夢見る前に、被差別体験者とそれを持たない者の間の差異を無化しない態度を考える必要がある。今述べたような共生社会の理念は、そもそも自分のエスニシティの存在を前提に思惟しているという点で、序章で述べたフッサールの〈私〉の先与性を前提とする他我構成論と同形的である。フッサールの他者が究極的には〈もう一人の私〉でしかないという帰結が避けられず、そうである以上、そこから考えられる自他の交流が自己膨張的で予定調和的なものでしかないのと同様に、共生社会の理念もまた今述べたようなものでありかぎり、自己膨張的で予定調和的なものでしかない。自分の胸にぶらさげている「勲章」と同じ「勲章」を他者に与えればよいというものではない。

すでに述べたように、グレゴール型被差別体験者には「故郷」がない。が、そうであるからこそ、グレゴール型被差別体験を被った者の前には、その瞬間に、それまでにはなかった、ひとつの世界が開かれる。あるいはそれまでの世界が新しい色合いを帯びる。それは、うとましき世界という色合いだ。
『変身』の中のグレゴールに死を呼び寄せたもの、あるいは死の到来を怖れさせなかったのは、「安らかな瞑想状態」であった。「自分が消えてなくならねばならぬ」という「確信」であった。彼が、この「確信」から脱することができたとすれば、それは、一瞬にせよ、「世界が消えてなくならねばならない」という「確信」が去来したときではないだろうか。

「自分が消えてなくならねばならぬ」という確信は世界の側からの私の存在／生存の否定を肯定することである。そしてもしも、世界の側からの私の存在／生存の否定が完全であって、私にどんな別の解釈の余地もないように見えるとき、それでも生きる可能性があるとしたら、「世界が消えてなくならねばならない」という「確信」が生じたときなのではないか。その確信はしかし、世界の消滅が自己の消滅を意味せざるをえない生活の形態のグレゴールにとっては、結局は、願いつつも、ほんとうには実現されるべく行動を起こすことない願望でしかない。つまり、「行動上のそれが禁じられているので、単に想像上の復讐によってその埋め合わせをつけるような輩の《反感》」(Nietzsche 1887＝1987：37)、ルサンチマン／「恨み」でしかない。

私は今、ルサンチマンでしかないと述べた。問題はしかしここにこそある。つまり、ルサンチマンなるものを否定的なもの、消滅させることが望ましいものとして考えてしまう私たちの思考習慣こそが見直されなければならないのではないか。この思考習慣が、差別なき社会を構想する仕方に決定的な限定を加えてはいないだろうか。

グレゴールが生きる伸びるためには、ルサンチマンが「必要」である。家族はグレゴールの生を否定している。しかし、そうした家族を否定し、裁く上位の、もしくは外部の領域はグレゴールには見えない。グレゴールは密室におり、それだけが世界のように見える。その世界は私の存在を否定する空気に満ちている。それ以外に空気はない。そうした中にあって、世界の消滅を願う暗い情熱、ルサンチマンは、生の糧となるだろう。そうしたルサンチマンは、たしかに世界の存続のためには消滅させることが望ましい。が、それは『変身』においてであるならば、グレゴール家という「下位」の世界の存続のためになのであって、その家族を囲むより包括的な世界の存続のためにではない。

では、上位の、あるいは外部の領域が遮断された「密室」において苦境に陥っているとき、その人にとって生の糧となるだろう密室世界へのルサンチマンは、いったい、この語が持つニュアンスのとおり、過去に縛られている状態を示すのだろうか。実際にも、密室だけが世界であり、その外部が存在しないのであれば、それはそうであろう。仮にグレゴールがルサンチマンを生の糧として生きたとして、しかしその生について評価するのがグレゴール家の人間以外にないとすれば、その生は過去に縛られていると「全員」に言われるだろう。しかし、密室の外に世界があるのならば、それはそうではない。グレゴール家の人々の行為を批判する外部の視点があるとすれば、その視点はグレゴールのルサンチマンを過去に縛られたものとみなすだろうか。外部の視点からすれば、ルサンチマンは密室が開かれる日の到来を待つ祈りのごときものではないか。その意味では、ルサンチマンは過去に縛られている状態を示すのではない。むしろ、不可視の未来を、文字通り絶望的な状況の中で、それでも見続けている状態を示しているのであり、ルサンチマンとは不可視の未来のための祈り、すなわち、ロゴスになる前のことばなのではないか。それはそして外部の視点においてのみそうであるわけではなく、当人の経験においてもそうなのではないか。というのも、定義上、密室なるものが外部から遮断されている以上、密室の外の世界は、不可視であるほかないが、人は密室にいるとき、まさに自分を取り囲む壁の存在をとおして、外部の存在を感じとることができる。不可視の外部世界、今いる世界とは別の世界の存在の気配を感じることできる。密室の壁は外部を見せない。しかしまさにその外部を見せないための壁こそが、別の世界の〈気配〉を伝えてしまう。そうであれば、ルサンチマンは、その当人の経験においてすら、未来のための祈りであると考える余地がある。

ルサンチマンする者とは、別の世界の〈気配〉を察知した者ではないか。

ルサンチマンを否定的なものとして考える思考習慣があるかぎり、グレゴール型被差別体験者のルサンチマンを語ることは難しい。端的に言って、当事者自身、ルサンチマンを表明することには心理的な抵抗を覚えるだろうし、非当事者も、その人が「良心的」であればいっそう、ルサンチマンを当事者の心の中に探すことを、失礼で不遜なこととして、自ら禁じるだろうからである。[10] この両者の暗黙の約束のうえに、複数のエスニシティが独自性を維持しながらひとつの社会をつくる「共生社会」が夢見られている。

韓日共催のサッカーワールドカップが開催されている間、マスコミでは、韓国の勝利をわがことのように喜ぶ「日本人」や、逆に日本の勝利を我がことのように喜ぶ韓国人が、新しい日韓関係の到来の兆しであるかのように語られていた。しかし、たとえば、テレビの前で、密かに、日本が負けることを望んでいる在日がいるとき、日本の敗北を望むその人は、「共生社会」実現の邪魔者だろうか。こうしたルサンチマンは昇華させることが望ましいことなのだろうか。こうしたルサンチマンを抱く者は「共生社会」という、むしろ「現実的」な理想をさえ越えた、新たな社会の〈気配〉を察知した者ではないだろうか。

グレゴール型被差別体験者のルサンチマンはそれが強ければ強いほど、社会の中のマジョリティ、たとえば日本の中の「日本人」が——それに出会ったとき、多くの場合、驚かせるか、恐がらせるか、あるいは不気味がらせるだろう。問題は、この一瞬ではないか。驚き、恐がり、不気味がるマジョリティは、そのとき、ルサンチマンを持つ者の、自分がいる社会に対する感情的な再帰的な関係を見せつけられることによって、自分の感情的な再帰的な関係のありよう——誇りと愛着を核とする——を自らの中に見出さざるを得ない。その意味で、ルサンチマンは、マジョリティのマジョリティ性を、マジョリティが密室の支配者であることを暴露するのだ。マジョリティ性が暴露される、その瞬間は、元来の意味での〈他者〉との出会いであろう。なぜならここではもはやマジョリティの側が共同性を探そうとする行いそのものが、自分が属する社会との感情的な関係を維持しているかぎり、ルサンチマンという他者性の剝奪にほかならないからだ。ここでマジョリティの側が他者性を剝奪することのない関係をもとうとすれば、それはおそらく、〈他者〉のルサンチマンに応答すること、つまり、自分が属する社会との感情的な関係を断ち切ることであろう。要するに、密室を開くこと、すでに述べたように、〈内破する力〉に身を任すことなのだ。この場は、他者性の剝奪か、自己の放棄か、どちらかを選択するように求めるような場なのだ。

ここで〈内破する力〉に身を任すためには、ラディカルなempathyが要件となる。つまり、〈他者〉に応答して、自分が属する社会そのものを、ルサンチマンすること、ルサンチマンすべき根拠となる経験も見つけられないまま、ルサンチマンすることが求められる。

被差別体験はまさにそれが生まれた瞬間において、つまりは、回想的な眼差しの解釈枠組みによって捉えられる前において、その生まれいづるままの姿において、差別者に向かって声をあげる。「**独りで出て来い**」。その要求は、今や、自分の属する社会をルサンチマンせよ、という要求として考えねばならない。

ではこうした要求、ラディカルなempathyの要求は法外な要求だろうか。マジョリティの側に、そうした要求を受け容れる余地はほんとうにないのだろうか。それはマジョリティの、自分の意識の背後に隠された自分自身の要求でもないだろうか。マジョリティは、自分の意識の背後で、自分の属する社会に対するルサンチマンを持っているのではないだろうか。そのことが証明されれば、ルサンチマンせよ、という要求は、マジョリティは自らが持っているルサンチマンを自覚せよ、という要求を意味することになり、被差別体験者の要求は何ら法外なものではないということになる。マジョリティは、自分の意識の背後に、自分の属する社会に対するルサンチマンを抱えているのではないか。II部、III部を経て、結論においてその答えが示唆されるだろう。

第II部　差別行為の生成——そもそもなぜ差別をするのか

第Ⅰ部で差別とは何か、またそれは何を体験者にもたらすかを考察し、その考察に基づいて、「解放への指針」を示した。第Ⅱ部では、第Ⅰ部の考察を踏まえ、差別行為の根源的な動機を探る。ただし、ここで言う根源的動機とは、個別の、事実的な動機ではなく、むしろ哲学的人間学の観点から見た場合の動機である。根源的動機を探ることで、差別についての前提的了解を大きく変更することをも目論む。そして、同時に、マジョリティが自分の意識の背後に自分の属する社会に対するルサンチマンを抱えているという点を示唆する。

第4章　他者と社会の超越と差別行為(1)

本章は差別の問題について、その前提的基盤から解明を試みようとするものである。つまり、私たち人間が——個々人の負っている「個別社会的背景」や「個人史的背景」などにかかわらず——誰しも不可避的に負わされている条件（「人間的条件」）に遡って、人はどのようにして差別行為に促されるのかという問題を解明しようと試みるものである。

1　他者と社会の超越

ここでの問いをより明瞭に表現するならば、人間を差別へと誘引する人間的条件とは何か、である。この「人間学的」もしくは「哲学的」アプローチを、人間は誰しも差別をしてしまう可能性がある、という視角において試みたい。それはきわめて現実的・実践的理由からである。というのも、そもそも、アルベール・メンミが厳しくも告発しているように、「人種差別への誘惑は人々の心に一番、平等に分配されているもの」(Memmi 1982＝1996：124)であると思われるからだ。メンミの告発は、人種差別だけではなく、他の差別に関してもあてはまるように思われる。実際、差別への誘惑は平等に分配されて(しまって)いるのではないかという疑いは次のような経験的事実を想起するとき、いっそう大きくなるだろう。つまり、ある指標によって差別される経験を持ちその「苦痛」や「不条理」を身をもって知っていると考えられるような者が、また別の誰かを差別する、といった事態である。たとえば、朝鮮人差別にうちひしがれる男が家庭の中では妻を打ちつける、といった事態。[2] ある差別の解放の実践的活動の指導者や研究者が、別の差別に加担してしまうことがあるといった事態。時代を抜け出ようと思索する者が、「時代精神」そのものの差別性の体現者のごとくふるまうことがあるという事態。これらを想起するとき、差別への誘惑が平等に分配されているというメンミの告発は、「事実」の忠実な記述であるかどうかということを越えて、正面から受け止めねばならないものであろう。いかなる者も——もちろん私自身も——常に差別へ滑り込む可能性を持っているのだ。

そしてそうであるならば、人間を差別へと誘引する人間的条件とは何かを問おうとする「人間学的」もしくは「哲学的」アプローチは、——差別という経験的事実に依拠するよりは、その事実を生みだす契機(＝人間的条件)に思索を集中させることから生じるリスクや限界を勘案したとしてもなお——意義があると思われる。

以下では、右の問いに、シュッツの現象学的社会学の知見を借りながら、[3] 考察したい。

私たちは日常生活において他者と関わる際、他者について一定の了解を持って臨む。たとえば、〈私〉の前にいる他者を外見から人として認知すれば、その人は心と呼ばれるものを所有しているだろう、つまり、モノがそうするのではない仕方で、外部世界を「体験」しているだろう、などといった「想定」を持ち、かつまた他者もこちらに対してそういった「想定」をしているだろうといった「想定」を持っている。これらの想定はいくらでも疑いうるが、人の経験の順序として、想定が先であって、疑いは後であることは強調されなければならない。疑いは、この種の想定をもって他者と関わる経験をした末の疑いである。このことはまた社会なるものについても言える。私たちは社会なるもの（それが世間と呼ばれようが、世の中と呼ばれようが）についての何らかの想定をしている。これらの想定は、そして、〈私〉の中に沈殿しており、それ自体が意識の主題として取りざたされることは通常ないが、日常生活を送る際の前提となっている。

人間を差別へと誘引する人間的条件とは何かという問いに対し、ここでは、これら主題的に意識されないまま日常の中で想定されている他者と社会なるもののありようを検討していく過程で、答えを見出していきたいと思う。

ところで、何らかの意味で到達し得ないという事態を超越（transcendence）と呼ぶならば、〈私〉にとって他者と社会はさまざまな意味で超越をしている。まずはこの事態を『シンボル・現実・社会』を通して[4]、後論に必要な部分に関してのみ、確認しておきたい。

他者（の世界）の超越とその対処

他者の心理的生（psychological life）、または精神的自我（spiritual I）は〈私〉を超越している（CP I：314）。端的に言って、他者の心はそのものとして直に（シュッツがここで使用するフッサールの用語を用いるならば、根元的呈示の様相において《in originary presence》）、〈私〉の前に現れるということはない。

しかし、これら他者の精神的自我の超越は日常生活では実質的には乗り越えられている。いかにしてか。シュッツは、フッサールに依拠しつつ、説明する。「「他者の身体」という物理的対象と、この身体に生じる諸事象、および彼の身体の諸々の動きは、……他者の「精神的自我」を表現するものとして把握される」（CP I：314）ことによってである。このことはきわめて当然のことだ。〈私〉は「外的世界の諸事情」を参照することで（それを精神的自我を指示する「サイン」として理解することで）、コミュニケーション（意志の疎通）の道を開く。が、もちろん他者の心の具体的中身（当人によって経験されている中身）と、〈私〉によって「外的世界の諸事情」を介して見出されたそれとが一致する保証は原理的にはない。が、シュッツによれば、その原理的不可能性の問題は、ひとつには「パースペクティブの相互性の一般定立」（CP I：315）によって、日常生活を遂行するうえで支障がない程度には、回避されている。つまり、各々が（根元呈示の形において）経験している世界の相は常に異なるが、それでも、〈私〉と他者が場所を交換すれば、「〈私〉も〈私〉の仲間も共通な世界に関する同一の経験を類型的にもつであろうということを自明視し、そして〈私〉の仲間も同じことを自明視していると〈私〉は想定すること」（立場の相互性の一般定立）および、各々は各々の関心・関連性（relevance）の体系に応じて世界を独自の形式で経験しているにしても、そういった私的な関心の体系から生じる諸々の相違は、「当面の目的のためには無視できるということ、……「私たち」は……実践的な目的にとっては十分に同一の仕方で、……共通な諸々の対象、事実、事象を解釈している」と自明視すること（関心の体系の相応性の理念化）の二つによって、である。[6]

シュッツはまた同じ論文の中で、別の視角から他者の超越を論じている。つまり〈私〉の世界を他者の世界は超越していることを示している。つまり、「たとえば、他者と正対するとき、〈私〉は彼が見えないものを見、また彼は〈私〉が見えないものを見ている。同じことは、私たちの操作可能領域（身体もしくは道具を使用することによって物理的に操作が可能である領域——引用者）についても妥当する。私たちの間に置かれたこの石は、〈私〉の操作領域にはあるが、彼の操作領域にはない」（CP I：317）といった事態があるのであり、その意味で他者の世界は〈私〉の世界を超越している。つまり他者と共にいるときでさえ、他者の側には〈私〉が到達できない世界がある。が、これもまた立場の相互交換可能性の理念化によって乗り越えられている。

それでも他者の世界は〈私〉の世界を超越している。なるほど、他者と共にいるとき、〈私〉の内的時間と、他者のそれは、外的時間における事象を媒介に、共時的になりうる。が、依然として、他者の存在は〈私〉の存在を超越している。「私たちは私たちの生活史のほんのわずかな部分のみを共有しているに過ぎない」。「〈私〉の可能な経験を超越している他者の私的生という接近不可能な領域が残されている」（CP I：317）。だが、そうは言っても、日常生活においては、コミュニケーションを打ち立てることができ、他者と対処していくことができるといった程度には、解決されている（CP I：326）。このことが可能になるのは、前述語的領域、つまり言語的能動的思考以前の受動的領域においてさえ、すでに、私たちが何かに対してもつ経験があらかじめ間主観的に、もしくは社会的に類型化されているがためである。

社会的世界の超越とその対処

社会的世界もまた、他者の超越とは違う意味で、つまり、それが「日常生活の世界という限定的意味領域」を超越しているという意味で超越をしている（CP I：329）。社会的世界は「〈私〉より永く存在するであろう前もって組織化」されているし、そのことを〈私〉は知ってもいる。〈私〉はそれを〈私〉に「課せられたものとして経験する」が、「日常生活の常識的思考においては……社会が何らかの秩序を呈示していることを単に知っているだけであり、この秩序それ自体の本質は、私たちには知られていない。それは、類比的な把握によってイメージの中に立ち現れるだけである」（CP I：331）。シュッツによれば、私たちは、日常生活の現実を超越している社会的世界の秩序を、シンボルという記号を用いて、日常生活の現実内の事象と結びつけて、理解する、とされる。

2　超越についての知

以上、『シンボル・現実・社会』において、他者の心と世界および社会の超越に対する対処の仕方を概観してきたが、要点を整理したうえで、独自の問題に進もうと思う。

① 他者については、〈私〉は日常生活において、〈私〉を超越している他者の精神的自我を外部の諸事象を媒介に――自らは気づかないところで――いわば〈一気に〉摑んでいる。私たちの経験ははじめから一定の諸類型のもとで組織されているため、実践的なコミュニケーションができる程度には、各々の体験の「差異」の問題は解決されている。

② 社会については、それ自体、日常生活の現実という領域を超越した観念の領域に属しているが、シンボルを用いて日常生活の現実の事象と結びつけられ、把握される。

いささか強引な整理ではあるが、先に進みたい。考察したいのは次の点である。

① 各々が〈私的生〉を持っているという問題は実践的なコミュニケーションが可能である程度には解決されているとしても、自然的態度のうちにおいて、他者が〈私的生〉を持っていることを〈私〉が自明視していることもまた明らかである。〈私〉は他者の答えを求めて問いを発する。コミュニケーションの営み

は、それ自体、他者が〈私〉を超越している、つまり、〈私〉に到達できない〈私的生〉を所持しているということの知を前提にしている（この知がなければ、〈私〉は他者に問うこと自体、すまい）。その意味ではコミュニケーションの始まりは、他者が超越していることについての〈私〉の知に依存しているとも言いうる。では、いったいこの知は起源的にどこから到来したのか。またその知が持続的なものであるならば、いかにして保たれているのか。起源を探ることによって、その知——もちろん主題にされることなく低層において維持されているという形での知ではあるが——の内実を探りだすことができるだろうからである。

②〈私〉は社会的世界の本質を日常的でなじみの事象に結びつけて理解する。その際、シュッツにあっては、〈私〉は社会的世界の超越（〈私〉の中に社会的世界があるのではなくて、社会的世界の中に〈私〉はいる）を知っている、とされる。社会的世界のこの超越についての知は、どこから〈私〉に到来したのか、またいかにして保たれているのか。

3節において、独自の解答を呈示する。その中で、はじめに掲げた問題、すなわち、人間を差別へと誘引する人間的条件とは何かという問題の解答への端緒を見出しうると信ぜられるからである。

3 〈あなたたちの世界〉経験と他者の〈社会的運動〉

①の問題から考えたい。ありうる解答としては、二者のやりとりの経験から、というものであろう。実際のところ、ある意味で、私たちははじめから他者の超越を経験している。否、超越していることの経験それ自体が、

他者を「構成」するとさえ言っていい。

そのことは個体発生論的次元から考えるとき、明瞭であるように思われる。私たちは何かしらを必要としたときには、必要としていることを覚知する以前に、必要とされるものが与えられる環境、すなわち、胎内から必ず生じる。必要がその発生と共に充足させられる、この環境においては、他者以前に、他なるものの存在についての知自体が生じることはないであろう。

しかしこの世に生まれてくるや事情は一変する。必要なものはもはや胎内にいたときのような形の自動性においては与えられない。ミルクを得るには、まずもって、その供給者に何らかの「サイン」を送らなくてはならない。他の何でもなくミルクを欲していることを表す「サイン」を知らなければならない。より正確に言えば、供給者との間で相互に了解される「サイン」を見出さなければならない。が、供給者との間に「サイン」に関する合意ができたとしても、供給者が常にミルクを供給するとは限らない。供給者が「サイン」を誤解することもあろうし、「体調」や「気分」によって、供給しない、もしくは供給できないことがあるだろう。その意味で当人、つまり乳児の側からするとき、供給は〈不定性〉を帯びている。個体発生論的見地に立てば、他者なる存在についての知が生じるキッカケはこの〈不定性〉の経験だと考えられる。この経験によって、他であるところの〈モノ〉と、他者が分岐する。言い換えれば、そもそも、この経験がなければ、他であるところの〈モノ〉と、他であって、しかも〈モノ〉ではない者としての他者が分岐することはない。「乳児の欲求は常に満たされるとは限らない。実際、この体験を通じて乳児は自分の無力さと、「他者」の存在を知ることになる」（村田 1995：190）。外的世界に対する一定の働きかけに対して返ってくる反応の不定性。それを発見するとき、その対象物（供給者）に属していながら、その、いわば裏にあって、外的世界（物理的世界）のどこにも場所を持たない何かしらを発見する。心とは、物理的な場所を持たない何かしらに後から与えられた名前に相違あるまい。そういう意味では、他者とははじめから超越している者として〈私〉に現れる。このことは本章の問いの形式に則して言い直せば、他者とのやりとりの中から他者の超越についての知は生じる、ということになろう。

しかしながら、この答えは、じつのところ、個体発生論的見地からしても、つまり、乳児の経験の場に即して考えても、十分ではないように思われる。なぜなら、反応の不定性から見出される他者の超越は、もし仮に、そのやりとりが永遠に続いていているならば、〈今は達し得なくともいつかは達しうる何か〉として現れるだろうからである。文字どおりの到達不可能性としての超越は現れないのではないか。

もし、それが正しいなら、文字どおりの他者の超越は、まさに、やりとりが〈私〉の意図ではないところで、終了した瞬間に現れると考えられないだろうか。真の反応不定性、したがって真の他者の超越は、やりとりの終了を宣告されたまさにその瞬間、他者が〈私〉から離れるのを経験する(〈私〉が他者から離れるのではなく)、まさにその瞬間に現れるのだ、と。

では、他者が〈私〉から離れるのを経験するとは、いかなる経験か。それは空間上の移動ではない。空間上の移動は、〈私〉からどれほどの距離のそれであろうと、それだけでは、真に〈私〉から離れることを経験することはできない。それだけであれば、それは、やりとりの一時中断に過ぎない。依然、〈いつかは達しうる反応の不定性〉のひとつとしてしか現れないだろう。では、他者が真に〈私〉から離れるのを経験するのはいかなる局面においてか。それは、他者がまた別の他者とやりとりをする瞬間に遭遇するときではないだろうか。言い換えれば、〈私〉にのみ現れていた他者の反応不定性が、また別の他者との間においても現れていることを経験するまさにその瞬間ではないか。たとえば、ミルクを与えていた供給者(たとえば、母)が別の他者(たとえば、父)と何事かやりとりを始めるのを〈私〉が見るとき。供給者と別の他者のやりとりが、他者—モノではなく、他者—他者のそれとして経験されたとき、文字どおりの自己の無力感と共に、他者(供給者)の超越、しかも、永遠に到達できない超越が経験されるのではないか。一般化して言うならば、〈私〉が他者の超越を経験するのは、他者が別の他者とやりとりをする瞬間に遭遇するときではないのか。

さて、〈私〉とやりとりをしたことのある他者が、また別の他者（第二の他者）とやりとりをしている（と〈私〉には見られる）領域を今、仮に「あなたたちの世界」[7]と名づけておこう。具体的な状況としては、たとえば、〈私〉のクラスメートがその家族の誰かとやりとりをする領域や、〈私〉の夫が職場の誰かとやりとりをする領域などである。この場合、第二の他者が〈私〉と何らかのやりとりをしたことがあるかどうかということは問わないでおこう。つまり、〈私〉の父と〈私〉の母がやりとりをしている領域もこの中に含めよう。しかし、どちらかの他者が、たんに類型的存在としてのみやりとりをするという関係（たとえば、駅員と乗客の関係など）を越えたやりとりを経験していることを前提にしよう。

ここまでの考察は、この〈あなたたちの世界〉の経験こそが永遠に到達し得ないものとしての他者の超越を経験する場である可能性を示してきたのであった。

私はこの〈あなたたちの世界〉の経験がきわめて特殊な経験であることを強調したい。今、述べてきたように、二者関係において立ち現れてくる他者の超越は、仮にそれのみが〈私〉の他者経験であるならば、〈いつかは到達しうるもの〉として現れるであろう。が、この〈あなたたちの世界〉を経験するとき、〈私〉は絶対に到達不可能な他者の超越を経験するのだ。たとえば、通常の言語的なやりとりの場を考えるとき、〈私〉と他者は、あらかじめなんらかの意味の共有を前提としつつ、その場において、協同的に意味世界を作っていく。〈私〉の発話は相手の発話を含みつつなされる。相手の発話もまた〈私〉の発話を含みつつなされる。[8]が、〈あなたたちの世界〉経験においては、〈私〉は協同的な意味世界の構成過程を眺めやるばかりである。シュッツが強調するように、二者関係において、〈私〉は他者（相手）の発話を一歩一歩、複定立的に理解していく。が、この場合、過程自体は〈私〉の意識の対象にはならない。シュッツが「我々関係はそれ自体は、日常生活の現実という限定的意味領域とは別の限定的意味領域に属しており、シンボル化によってのみ捉えうるのみである」（CP Ⅰ：318）と述べるとき、それは、今、述べたことと関係しているように思われる。しかし、〈あなたたちの世界〉経験はこの点で、際だった対照を見せている。そこでは、相互複定立的構成〈過程自体〉が、その過程と同時的に経験されるからである。

そうであるならば、〈私〉における他者の超越は、もっとも基層においては、他者は、別の他者のところからやってきたし、同時にまた、別の他者のところへ行きうる存在であるという形で知られている、と言えないだろうか。言い換えれば、他者の超越についての知は、この〈あなたたちの世界〉経験によって形成され、その知の中核に常に保持されているのではないか。他者が別の他者のところからやってきたし、別の他者のところへ行きうるという事態を、ここでは〈社会的運動〉と名づけておこう。

私たちの前に他者は常にその物理性を越えて立ち現れる。それは常にモノ以上の何かだ。しかし以上の考察が正しければ、もはや、その何かとは、「心」（や「意識」や「精神」）であるという見方で満足すべきではない。「心」の「歴史」（「他者の私的生」）であるという答えにも満足すべきではない。およそいかなる場面においても、他者を他者として遇するとき――この言い方には何の道徳的な意味も含めてはいない――、つまり他者とことばを交わしたり、他者に微笑みかけたりするとき、それが意識的であるかどうかは別にして、社会的運動の「基体」として認めている、と考えられるのだ。実際、そうでなければ、ひとは他者に出会うたび、その生に関わることの重圧にすっかりくたびれてしまうか、その喜びに際限もなく酔いしれることになるだろう。その意味で、〈私〉と他者の関係のもっとも根底的な特徴は、その運命づけられた〈暫定性〉に見出しうるのである。

②の問いについても、すでに答えは与えられていると主張したい。つまり、社会的世界の超越についての知は、

この〈あなたたちの世界〉経験から生じたものである、と。おぎなえば、社会的世界が超越していることを直に、その中を生きるという形で経験するのは、この〈あなたたちの世界〉経験においてではないのか。〈私〉が生まれる前から、〈私〉の仲間たちが一定の形態で整序されていること、そのことがはじめて〈私〉に知らされたのも、（その知が手放されないように）繰り返し知らされたのも、この〈あなたたちの世界〉経験においてではないだろうか。そして、社会的世界の超越についての知は〈あなたたちの世界〉経験によって裏打ちされている、あるいは、定礎されている、と言うべきではないか。

そしてそうであれば、私たちは日常生活のさまざまな局面で社会を表象するが、それが仮に「我々の社会」や「我々の国」ということばでなされたとしても、常に、この〈あなたたちの世界〉経験の跡がそこに残されていることは考えられるだろう。つまり「我々の社会」という表象は、自らの基底において社会が〈あなたたちの世界〉としてあるという事態の否定の上にしかないのだ。社会が表象されるとき、私たちは常に社会における自己の存在の〈周縁性〉を経験しているのではないだろうか。

4 〈社会的運動〉の果たせない否認としての差別

たとえば、「朝鮮人のくせに……」などという具合に、ある他者を排撃する場合、それはもちろん差別者当人から「朝鮮人」という他者への力の行使である。しかし、それは差別者とその仲間と想定される者（この場合、他の「日本人」）との関係を、被差別者に想起させることによって、（被差別者にとって）差別行為となるという点を強調しておきたい。端的に言って、「仲間」との関係が想起させられないような排撃は、それがいくら激しいものであっても、「被差別者」当人にも、第三者的にも、差別としては見られない。差別は、「仲間」との関係を何らかの仕方で想起させることで成立する。もっとも現実の差別の場においては、その「仲間」との関係についての知があらかじめある程度、両者に共有されている場合がほとんどであろうが。もちろん現実の差別は、この「仲間」との関係に加えて、さまざまな観念が想起させることによってなされるであろう。多くの場合、「場」の観念が持ち出される。「ここ〜では（＝場の観念）我々が」というのが差別の「文法」の骨格であるように思われる。が、いずれにせよ、「仲間」との関係が最初に持ち出される条項だ。

そう考えた場合、差別の力が二つの方向に向けられていることは明らかであり、その点に最大限の注意が払われるべきであろう。そのひとつは、「被差別者」に対するそれであり、もうひとつは「仲間」に対するそれである。差別は、「仲間」を「仲間」として拘束すると同時に、「被差別者」を「仲間ならざるもの」という「役割」に拘束する。その拘束は具体的には何に向けられているのか。それは、いつも他者（「仲間」と「被差別者」）の社会的運動に向けられているのだ。したがって、差別行為とは、二重に他者の社会的運動を封じ込める行為であると言いうる。

ではしかし「封じ込め」は、それを行う者の経験に即して言えば、どういう事態であろうか。異他的なもの（＝超越）が魅力的なものであると同時に脅威を与えるものとして現れる（Waldenfels 2000：32）とするならば、それは差別者による、他者の超越、すなわち社会的運動に対する、表層においては意識されざる準位での、反応と言えるのではないだろうか。簡潔に言えば、他者が自己を離れて別の他者のところに行きうるし、そもそも別の他者のところから到来したのだという事態に対する否認ではないのか。

再三、強調してきたように、〈私〉において他者は常に社会的運動の基体として立ち現れる。他者は〈私〉から逃れ行く。それはしかも当の他者の時間の中にではなく、別の他者との時間の中に逃れ行く者としてある。

〈私〉と他者の関係は常に暫定性を刻印されている。永遠の「仲間」を〈私〉は見出すことはできない。同時に、「仲間ならざる者」も常に〈私〉の「仲間」の中に食い込む可能性を有している。また「仲間ならざる者」もまたその人の「仲間」との関係を有しうる。〈私〉は人間的世界にいるかぎり、いつも我知らず憔悴しているのだ。そうであれば、他者が社会的運動の基体として〈私〉に立ち現れる、という事態こそが、差別の人間的条件であり、この事態を否認しようとする願望が差別なのではないだろうか。

だがしかし、この否認が永遠に成功（の確信）には至らないことであることは強調しておかねばならない。いかなる人間も人生の初期から〈あなたたちの世界〉を経験してきたし、生きているかぎり常にその経験にさらされており、したがって、他者の社会的運動についての知が手放すことのできないかぎり、そうなのである。

5　差別における真摯さ

差別への誘惑を絶つためには、——したがって共生への道を開くためには——いかなる感性や理性を鍛えるべきなのだろうか。以上の考察は、差別への誘惑とは、他者の社会的運動に対する否認への「願望」であり、差別とは、他者の社会的運動に対する、挫折を余儀なくされている否認である、ということを示してきた。そうであるならば、右の問いにこう答えられるであろう。他者の社会的運動を受け入れる理性と感性を鍛えるべきである、と。

佐藤学は、『共生へのユートピアとその挫折』(9)において、「共生を求める実践は、……自分と同一化している「身内」を自立した「他者」として尊重し、自分とは無関係な「他人」を親密な「他者」として組み替える実践と言ってもよいだろう」（佐藤学 1996：200）と述べている。こうした佐藤の主張を本章は基本的に受け容れる。しかし、佐藤においては、自分と同一化している「身内」と、自分とは無関係な「他人」という類型が素朴に自明視されてしまっているように思われる。本章が示したのは、そういった類型自体がはじめから構築物であり、他者の最初の意味は社会的運動の基体であるという点である。

差別が、他者のカテゴリー化あるいは類型化的把握と深く関わっていることは言うまでもない。他者を、その「主観」を考慮に入れることなく一方的に類型化的に把握することに、差別の端緒があることはもちろんである。私たちはそして他者の主観を「尊重」するといった態度のうちに共生への可能性をイメージする。以上の考察は、尊重されるべきこの他者の「主観」に具体的な「質」を与えようとしたものであったと言ってもよい。

他者の「主観」は、それを精神的自我という意味で解するならば、原理的には永遠に到達不可能である。しかし、この原理に忠実であるとは、どういうことなのか。その答えの端緒が本章において見出されたと信じるものである。それは〈私〉と他者の関係の根元的な暫定性、社会における〈私〉の位置の根元的な周縁性をまるごと引き受けることである。他者の迎—接における真摯さは、他者の送—別における真摯さを欠いた場合、前章で述べたように、ナイーヴな良心であるに過ぎず、それ自体、暴力に転化しうるのである。

第5章　差別行為と世界のリアリティ(1)

ここでは前章において示した〈あなたたちの世界〉経験を、レヴィナスの他者論の地平から理解しようと試みる。そうすることで人間についてのより包括的な理解に基づいて、差別の根源的動機を明らかにする。

1　現象学的視座から差別問題を問うことの意義

福岡安則は「一九九〇年なかばのこんにち」における「差別問題研究の現状」について、「いまなお、個々の問題場面の把握・分析の成果を少しずつ蓄積している段階」にある（福岡 2001：246）と述べている。こういった状態は世紀の変わったこんにちにおいても大きな変化は見られないように思われる。ただし、現在の差別問題の研究は、より積極的な言い方をするならば、これまで社会学の文脈の中で「問題場面」として見なされていなかった事象を「問題場面」として浮き彫りにすることに力を注いでいる状態であると見ていいだろう。

そういった中で、山田富秋や好井裕明などの社会学の一学派であるエスノメソドロジーの流れを汲む研究者は、日常的実践の場（日常世界）に定位して、そこに働く権力作用を浮き彫りにすることに力を注いでいる（山田2000：山田・好井 1997）。エスノメソドロジーの創始者のガーフィンケルが批判するには、社会学はしばしば日常生活者を「欲求や社会構造に拘束され、それに従順に従う」者、すなわち「判断力喪失者」として描いてしまう（山田 2000：94）。それに対して重要なのは、「メンバーが絶えず、協同で産出しているにもかかわらず、それが自明であるために、「自然な社会」として転倒して構築され、その結果、メンバーに対して道徳的拘束力を及ぼす「権力」」（山田 2000：97）に目を向けること、言い換えれば、現場での「規範」の生成に目を向けることである。

こういったエスノメソドロジーの基本的な視線が差別論において特に重要な意義を持つのは、もしも、その人が生み込まれた世界のありようを最初の事実として据えて、その社会に流布、是認されている「規範」がその人に内面化されたからだという論じ方では、差別が必然化され正当化される回路を、日常世界の行為者自身にも、またそれを批判しようとする者にも、残してしまうことになるからである。高見から眺望する「上空飛翔的思考」（メルロ＝ポンティ）から離脱し、行為の現場に降り立ち思考する〈現場主義〉へ向かうことは、差別論においてはいわば「現実的」な要請でもあるのだ。

しかし、「記述する自己をも記述」しつつ、「日常性の中に埋もれている人々の社会学的実践を具体的に記述する」（好井裕明 2001：224）〈現場主義〉だけが唯一の現場主義と考える必要はないのではないだろうか。日常生活者が自分の暮らす世界をどのように経験しているか、その情動的側面に焦点を合わせることもできるのではないだろうか。そもそも差別を捉えるのに、もしもその「社会学的実践」という「外的な」技法にだけ目をこらすとすれば、それは、ガーフィンケルをもじって言えば、日常生活者を「情動喪失者」として描くようなものではないだろうか。以上のような観点から、本章では前章に引き続き、人がなぜ差別に誘惑されるのか、という問題について、その「情動的」な側面から探ろうとするものである。

　本論に入る前に、問いの方向性をもう少し明瞭にしておきたい。私たちが世界を生きているとき、私たちは言ってしまえば〈何者でもなく〉生きている。モノであれ人であれ、抽象的な観念であれ、自分の外部と何らかの形で交流するとき、私たちは外部にいわば「かまけて」、〈私〉自身を忘却し、「消去」している。その消去されていた〈私〉自身が、ふだんの生活の場で他者の視線やことばによって、にわかにむき出しにされることがある。肉体を自分の「一部」として使用するのと同じように、あることばを自分の「一部」として当然のように使用していた「方言使用者」が、そのことばを笑われ、好奇の眼差しを向けられる。あるいは、およそその存在を意識しないうちに使用していた〈私〉の身体が、奇異なるものとして見つめられていることに、突然、気づく。

　このように、世界に自らを開き〈何者でもなく〉生きていた〈私〉の存在が不意にむき出しにされたとき、〈私〉は世界へのそれまでの参入が一方的に断ち切られ、世界が〈私〉から剝奪されるのを覚えるだろう。割に合わないという意識を伴いつつ。[2] こういった〈不意打ち〉される感覚に被差別体験のもっとも萌芽的な契機を見出しうるように思われる。

　しかし今、被差別体験の端緒の経験として描いた〈不意打ち〉は、不意打ちを行う当人にはそういうものとしては実践されていないことがほとんどであろう。そこでは必ずしも「悪意」が随伴しているわけではない。不意打ちする者の経験に焦点を合わせるならば、それは〈一方的に〉ある他者の世界への参加を断ち切ることではない。それはむしろ、無自覚のうちに、〈当然のこととして〉、その世界の「正統な」代表者として、自分と仲間たちがいる世界の「正常な」ありようを表明することであろう。以下では、このように〈不意打ち〉を、それを行う者の経験に即して考える場合には、〈世界の囲い込み〉と呼んでおく。

では、人が〈世界の囲い込み〉を行うのはなぜか。異他的なるものとの出会いは、原理的には常に〈他者にとって異他的である私〉との出会いでもある。「奇異なことば」を話す者と出会うことは、その「奇異なことば」を話す者にとって、自分のことば、またはことばについての自分の感覚が「奇異」であることを知る機会でもある。しかし私たちはあまりにしばしば異他性の経験を、〈他者にとっての私の異他性〉ではなく、〈私にとっての他者の異他性〉の経験へと変換・収斂し、そういうものとして、自分に、または他者に向かって表象する。そして、自分が世界の正統な一員であることを呈示することで、変換を合法化する。つまり、右に述べた言い方をすれば、〈世界の囲い込み〉を行う。

そのように考えた場合、自分が自分の住む世界の正統な一員であることを呈示する〈世界の囲い込み〉は、自分が他にとって異他的なものとして浮かび上がってくることを食い止めようとする活動として考えることができるだろうし、同時に、それは、それに失敗したときに自分が異他なる者として立ち現れるかもしれないという不安なり怯えという情動に促されているのではないかと考えられるのではないだろうか。

以上のような見込みをもって、先に述べた本章の課題にアプローチしたい。したがって、課題をもう少し明瞭に述べるならば、人をして、しばしば被差別体験を他者に与えるところの〈世界の囲い込み〉を実践をさせるものは何なのか、それを情動的側面から探ることである。〈世界の囲い込み〉は言い換えれば、自分が自分の住む世界の正統な一員であることを呈示することである。そして実際私たちは絶えず、こういった呈示をし続けている。それはなぜか。それを探ることが課題である。

考察は次のような手順でなされる。つまり、他者と〈私〉の出会いが世界のリアリティの生成とどう関係しているのかという問題に関して、シュッツおよびレヴィナスの思索を検討する中で考察し（2節および3節）。そのうえで、私が〈あなたたちの世界〉経験と呼ぶ他者経験のある局面を考察する（4節）。そして最後に、この

〈あなたたちの世界〉経験という概念を中心に、〈世界の囲い込み〉がどんな情動に促されているのかを示したい（5節）。

2　シュッツにおける他者

すでに見たように、他者の超越（transcendence）について正面切って論じられている論文、『シンボル・現実・社会』でシュッツは、他者の心理的生（psychological life）、または精神的自我（spiritual I）が〈私〉を超越している（CP I：314）ことを指摘する。他者の心はそのものとして直接に（シュッツがここで使用するフッサールの用語を用いるならば、根源的呈示の様相において《in originary presence》）、〈私〉の前に現れるということはない。端的に言えば、誰も物体を知覚するような「直接性」で、他者の心を知覚するわけにはいかない。もっとも、この意味における他者の精神的自我の「超越」は、日常生活の実際の場面では問題にはならない。「「他者の身体」という物理的対象と、この身体に生じる諸事象、および彼の身体の諸々の動き」を、「他者の「精神的自我」を表現するものとして把握」（CP I：314）することによって問題は回避されているのである。

第4章1の「他者（の世界）の超越とその対処」で確認したように、他者の心の具体的中身と、〈私〉によって「外的世界の諸事情」を介して見出されたそれとが一致する保証は原理的にはない。が、シュッツによれば、その〈原理的不一致〉の問題は、「パースペクティブの相互性の一般定立」、および、「関心の体系の相応性の理念化」という、日常人の潜在的で受動的な「ドクサ」、つまり自然的態度にいるかぎりにおいては疑問視されることのない「思い込み」によって乗り越えられている。

このことは、シュッツがその初期から主張してきた対面的状況における自我―他我の持続の共時性という発想と関係している。他者と対面的状況にあるとき、〈私〉の内的時間と他者のそれはいわば噛み合っている（もちろん常にそうだというわけではない）。この「我々関係」において、そして（原則的に）この関係においてのみ、他者の経験が同時性において観察でき、また〈私〉の経験が他者に観察されている。言い換えれば、この関係においては双方共に、当人の経験が当人の意識にではなく、むしろ相手側の意識に直接に与えられているのだ。

シュッツの論考はそして、――李晟台（1998）の解釈によれば――、世界がリアルであるのは、この対面的状況、我々関係（の経験）に基づいてのことであることを示している。この関係の経験において、〈私〉は他者の中に〈私〉によって捉えきれない「過剰」を経験する。「捉えきれない〈全体性〉としての「他者」と、それを汲み取る我々の切り取りとしての他者構成との競り合いの持続」の経験が他者にリアリティを与える。具体的に言えば、対面的状況にあるとき、他者は〈私〉の思うような姿を見せるわけではない。他者の現前は〈捉えきれなさ〉を〈私〉に経験させる。そのようにして生じる他者のリアリティが、コミュニケーションによる世界構成が帯びるリアリティのプロトタイプなのである（李 1998：181）。

二、三、確認しておきたい。ひとつは、シュッツにおいて他者は――サルトルとは異なり――自己主観と他者主観が両立不可能ではなく、同時性において両立するものであったことである。その際、他者の「心」が超越しているという原理的な問題は、実践的なコミュニケーションの現場では日常人のドクサによって、問題としては回避されている。しかし一方でコミュニケーションは他者の超越（＝「捉えきれない〈全体性〉」）が現れる場でもある（他者の超越は問題として現れることなく経験される）。こうして得られる他者のリアリティが、世界のリアリティの源泉なのである。

あとで（3節）、再述するように、世界をリアルに経験するということのもっとも基底的な契機を、それを

〈私〉の主観を離れて「自存的」なものとして経験するということに認め、かつまた、その「自存性」を自明視する「素朴な実在論」と、「自存性」の根拠を超越論的主観性に求める「独我論」を共に拒否するのであれば、「自存性」の根拠として他者（経験）を置くシュッツの議論を認めるよりないように思われる。次にことの消息をレヴィナスの議論をたどる中で、もう少し明瞭にしたい。

3　レヴィナスにおける他者

レヴィナスは、人と世界との端緒の関わりとして〈享受〉という相を設定する（Levinas 1961＝1989：163-212）。享受は表象的活動にも実践的活動にも還元されず、またフッサールの意識による構成作用にも還元されない。享受は食物の摂取、つまり、何かを口の中に含んで味わうことがモデルである。味わことは幸福をもたらすものとしてそれ自体が目的になっている。またこの場合、それが何であるかという「物体性」よりも、いかなる味かという性質が問題になっている。このように経験される何かを何かの意味として認識するわけでも、実践的目的に役立てるのでもなく、それ自体の性質を味わう、ということが享受であると言っていい。したがって、世界との最初のふれあいを享受として設定するということは、端緒に経験されるのが「物（体）」以前に、性質（レヴィナスの表現ではエレメント＝元基）であるということを意味する。エレメントとはたとえば、湯に浸かっているときの湯の温かさであり、秋の空の青さといったものである。私たちは物を認識したり、利用したりする以前に、性質そのものを享受しているというのがレヴィナスの主張なのである（佐藤 2000：30-37）。

しかし、もちろん湯の温かさも空の青さもいつまでも続くわけではない。その意味では享受する者は常に不安

料金受取人払

本郷局承認

4035

差出有効期限
2007年12月
31日まで

郵便はがき

113-8790

377

〔受取人〕
東京都文京区本郷
2-5-12

新泉社

読者カード係　行

◆本書の発行を何でお知りになりましたか？
1. 新聞広告　2. 雑誌広告　3. 知人などの紹介
4. 小社の図書目録　5. 書評　6. 店頭で

◆本書に対するご批評・小社への企画のご希望など…

このカードをお送りくださったことは　ある　なし
★小社の図書目録を差上げますか　いる　いらない

本書名

購入書店名　　市区町村

ご購読の新聞雑誌名
新聞　　雑誌

あなたのご専門
または興味をお持ちの事柄

ご職業
または在校名　　年令　　才

〔郵便番号〕

ご住所

ご氏名
ふりがな

●このはがきをご利用になれば、より早く、より確実にご入手できると存じます。

購入申込書　お買いつけの小売書店名と　ご自宅の電話番号を必ずご記入下さい。
ご自宅〔TEL〕

〔書名〕　　〔部数〕　部

ご指定書店名	取次	この欄は書店又は当社で記入します。
住　所〔区・市・町・村名〕		

この申込書は**書店経由**用です。ご自宅への直送は**前金**で送料一回分310円です。

に戦いている。ここにおいて私たちはエレメントを我が物とすべく労働を開始する。レヴィナスによれば「物」とはこの労働の産物として（「諸性質のエレメントの基体」として）生じる――もしくは経験される――とされる。

こういったレヴィナスの主張は、強引に見えるかもしれないが、これはたとえば、いわば「朦朧と」自分の外部を享受をしているだけの存在者に物体性というものが経験されるか、またされないとすればいかなる契機が介在することによってか、と想像をしてみれば、あながち肯けないわけでもないであろう。

享受と労働およびその産物の所有、つまり、自らへの他の回収（同の展開）――レヴィナスが人の端緒の活動として設定するのはそれである。言い換えれば、レヴィナスが人の端緒の姿として設定するのは自己中心性に特徴づけられる存在者なのである。

しかし、他者との出会いによって事態は劇的に変化する。レヴィナスにおいては、他者は自己中心性を否定する者として現れる。

> 顔は私に語りかけ、それによって享受や認識を含む権能の遂行とは何の共通点もないある関係へと私を導くのである。（Levinas 1961＝1989：120）

> 他者の現前は自由の前批判的な正当性を審問するのではなかろうか。自由は自己への恥辱として自分自身に現れるのではなかろうか。（Levinas 1961＝1989：466）

他者の顔は、〈私〉が〈私〉のために他を吸収していく自己中心性の「前批判的自由」を批判し、「ある関係」、つまり倫理的関係へと〈私〉を導くわけである。では、どのようにして他者の顔はそんな力を持つのか。レヴィナスによれば、「抵抗力によってではなく、その反応の予見不可能性そのものによって」であり、「全体の一部分をなすかに見えるエネルギーではなく、この全体に対する他者の存在の超越そのもの」によってである。またこの超越は「他者の超越の無限に他ならない」(Levinas 1961＝1989：301)。

さて、顔の出現によって〈私〉はただ自己の自由を審問されるのを経験するというだけではない。無限としての他者の「倫理的抵抗」は「私の権能を麻痺させると共に、……無防備な眼の奥から顔の裸出性と悲惨のうちに立ち現れる」(Levinas 1961＝1989：302) ために、〈私〉は、たとえば、パンを与えることまで「要請」してくるのを経験する（佐藤 2000：47)。

レヴィナスの描く、自己中心性を否定する他者の現れは、具体的にはどのようなものだろうか。にわかには理解しがたい、この他者の現れをより具体的な局面で理解するために、ここでは、太宰治の『饗応婦人』のストーリーを追ってみたい。

この小説はひとりの「女中」(＝「私」) の視点から書かれている。その「私」が勤める家の「奥さま」は「お客に何かと世話を焼き、ごちそうをするのが好きな方でしたが」、奥さまの場合、「お客を好きというよりは、お客におびえているとでもいいたいぐらい」である。奥さまは元々、お金持ちの家で育ち、「ご主人」は「本郷の大学の先生」をしていたが、戦争で招集され、消息が不明になった。そんな「奥さま」はある日、偶然、「ご主人」の友人であった笹島先生と会う。この医師をしている笹島先生は、その日、家にやってくる。奥さまが「よせばいいのに、れいの持ち前の歓待癖を出して」連れてきたのである。訪問してきた笹島先生は「客間に大あぐらをかいて、ご自分のことばかり」話し続ける。しかし「女中」の「私」の目には乱暴な客に見えても、奥さまは決してぞんざいに扱うことができない。「逆上の饗応癖」で家の中を慌ただしく走り回るのだ。この日以降、笹島先生は頻繁に家を訪れるようになる。そのうち友人や看護婦まで連れてくる。仲間内で「ここは単なる宿屋さ」などと大声で話し合ったりもする。それを聞いた奥さまの眼にはさすがに涙が光る。しかし奥さんは、「ここは宿屋さ」と言った「今井先生」が風呂が好きだから、と言って、「女中」の「私」に、明日の朝は風呂をわかしてやってくれ、と命じる。そんなことが続いて、奥さまはとうとう血を吐いてしまう。「私」は奥さまの体を案じて、歓待癖を咎める。奥さまはいったんは、一度、「里」へ帰ると「私」に言い、事実、数日後には荷造りを終えて家を出ようとする。しかし、戸締まりを終えて玄関に出た、まさにそのとき、「南無三宝！　笹島先生、白昼から酔っぱらって看護婦らしい若い女を引き連れ、「や、これは、どこかへお出かけ？」」。すると「里」に帰ろうとしていたはずの奥さまは答えてしまう。「「いや、いいんですの、かまいません。……先生、おあがりになって……」」。こうして再び「接待の狂奔」が始まる。

レヴィナスは顔に始まる他者への応答責任が、果たすほどにより大きなものが求められる無限責任だと述べている。そういった事態をこの小説は描いている。すべてはたまたま笹島先生に会ったことから始まる。以降、客は増え、「要求」は増大し続ける。「要求」はそして奥さまのいわば「身体の保全」という自己の最後の「権利」まで放棄させるところまで膨らむ。

小説は奥さまの歓待癖を苦々しく思っていた「私」の「心境」の変化で終わる。笹島先生の突然の訪問のため、急遽、奥さまに買い物に行かされた「私」は、手渡された奥さまのカバンの中に、実家に帰るための切符が二つに裂かれていたのを見たのである。「笹島先生に会ったとたんに、奥さまが、そっと引き裂いたのに違いないと思ったら、奥さまの底知れぬ優しさに呆然となると共に、人間というものは、他の動物と何かまるでちがった貴いものを持っているという事を生まれてはじめて知らされたような気がして」、自分の持っていた切符もそっと引き裂いてしまうのである。

奥さまが引き裂いた切符、そして「私」もまた引き裂いてしまった切符は何だろうか。それこそがレヴィナス

の言う「享受や認識を含む権能」であり、「自由の前批判的な正当性」であろう。(3)

さて、レヴィナスの他者との出会いの記述は是認されるべきであろうか。他者と出会う前の世界、他者が存在しない世界というものを前段階的に想像してみた場合、是認するよりないと筆者は主張したい。もしもフロイトにならって「死への欲望」といったものを想定しないのであれば、レヴィナスが言うように、他者に面前する以前においてありうるのは享受と労働と所有という「自己中心性」のみであろう。なるほど、労働が我ならざる世界との交渉である限り、この他者なき世界でさえ、〈私〉の自己中心性に対して何らかの抵抗が押しつけられはするが、それはしかし、〈克服されるべき抵抗〉としてしか現れまい。〈私〉は米の味を味わうために、それをしかも安定的に味わうために、苗を植え、その収穫をもくろむ。そのとき、〈私〉はさまざまな困難に出会うだろう。世界は〈私〉に抵抗を押しつけるだろう。しかし、その抵抗は〈克服されるべき抵抗〉としてしか現れないであろう。言い換えれば、それこそが倫理の始まりと見るべきどころの〈克服が可能であるにもかかわらず、それをなすべきことではないという意識〉が生成する地点ではあり得ないのではないか。

さらに言えば、他者のない世界においては、「悲惨」ということばが有意義であるような現象も考えられない。他者のない世界においても、なるほど自己に関しては「悲惨」の覚知があり得るだろう。〈私〉が植えた苗が台風に倒されるとき、〈私〉は自分が「悲惨」だと覚知することはありうるだろう。しかし、苗そのものに悲しみや惨めさを見出すことは困難であろう。私たちが自己以外において悲惨を覚知しうるのは他者においてのみであって、物においてはあり得ないのだ。そのように考えるとき、顔に「倫理的抵抗」を見出すというレヴィナスの発想は引き受けられねばならないのではないか。「奥さん」はなるほど笹島先生が登場する以前にも、自分の生活の苦しさの自覚、つまり悲惨の覚知はあったかもしれない。しかしその際の、生活の原理はその苦しさの除去であって、その除去に後ろめたさなど覚えてはいないはずなのである。

もっとも自分以外の外部では、他者という「人格」においてしか「悲惨」さを感じられないという経験的事実はそれとして認めたとしても、それでもなお、そもそもなぜそう感じられるのかという問いは残ろう。それは、他者が内世界的な諸事象のひとつとしてではなく、それらを超越したものとして現れながら、なおその身が世界に曝されているという逆説のうちに読み解きうるように思われる。他者は世界の外部にありながらも、なおその身は世界の内部にある。他者は絶対的他性を持ちながらも、世界から解放された、姿を持たない「神」ではあり得ない。そういった逆説がゆえに、他者は悲惨さの「高貴さ」をもって〈私〉の自由を審問し、パンを与えるよう迫る（のを〈私〉は感じざるを得ない）のではないだろうか。

さて、ここで、シュッツの他者とレヴィナスの他者をつき合わせて考えてみよう。なるほど一見したところ、両者の思想の内実には大きな隔たりがあるように見える。というのは、①シュッツの我々関係における他者は共遂行する主観であり、自他は対称的関係に置かれているのに対して、レヴィナスの自他は非対称的関係に置かれている。事実、レヴィナスの他者の他者性は徹底しており、いかなる観念によっても包摂し得ないもの――「もの」という存在を示す言い方をさえデリダ（Derrida 1967＝1983）による批判以降のレヴィナスは拒否するが――、つまり〈無限〉としてである。レヴィナスは徹底的に他者を〈私〉の認識の範囲内に収めようとする考えを退けようとするわけである。また、②シュッツは、レヴィナスが享受という経験の相を端緒に設定することでそうしたようには他者と関係を結ぶ前段階の「主体」といったものは（表面的には）設定していないし、また、単独の生活をしている「主体」に徹底した自己中心性という性格を付与しているわけではない、という点にも違いは見出される。

しかし、②について言えば、シュッツが至高の現実（paramount reality）と呼ぶ労働の世界（world of working）における主体は実践的目的を持って生きる者として想定されており（CP I：227）、その意味ではシュッツにおける「主体」の営みもまた、――レヴィナスほどの徹底は見られないにせよ――自己中心性によって特徴づけられている、と言いうる。

レヴィナスはさらに他者の顔が自我の自由を審問するところから、理性が、そしてまた言語が生じると見ており、さらにはそこから世界の客観性が発生すると考えている（Levinas 1961＝1989：133-47）。その点でも、じつは、我々関係の経験が世界をリアルなものにするというシュッツの思考と基本線を同じくしている。世界をリアルなものとして捉えるということは、それが自分だけの世界ではなく、他者に開かれたもの、間主観的なもの、客観的なものとして捉えるということだからである。いわば〈対面的関係が主体の世界経験に果たす役割〉については両者は同じ見方をしていると言いうるのである。
①に関しても、両者の見解が見かけ上、どれほど対立していようとも、両者は結局のところ同じことを言っているのではないか。シュッツは、サルトルの他我と両立しない自我を批判しつつ、私たちは他者と向き合い対話をするとき、〈私〉の思惟を他者が理解するだろうと予想しつつ、また予想するからこそ語っているのだと述べ、両者が「互いを共遂行する主観（a co-performing subjectivity）として捉えあっている」[4]（CP I：203）と述べる一方で、すでに本章1節で見たように、〈私〉において捉えきれない余剰（超越）があることに目を向けているからである。
ここまでシュッツとレヴィナスにおける他者経験とそれが世界経験において果たす役割について検討してきた。そうする中で、両者が基幹的な思想の枠組みにおいては等しいこと、つまり、対面的関係において現れる他者の超越を、世界のリアリティの源泉と見なしている、という点を確認してきた。

次に、大澤真幸の「第三者の審級」について若干、触れたのち、〈あなたたちの世界〉経験という他者経験の一局面を考察したい。この考察によって、右に述べた論点に大きな修正が迫られることになるはずである。つまり、先取りをしておけば、世界のリアリティが他者の超越の迎接によって開かれるとしても、それは同時にひとつの「暴力」を働かせることによってであることが示されるだろう。

4　世界のリアリティと〈あなたたちの世界〉経験

ここまで漠然と述べてきた世界のリアリティということについて、もう少し明瞭にしておこう。この事態は、ある対象を、その都度の〈私〉に直接に与えられている様相を越えて、間主観的・客観的、もしくは「普遍的に」妥当するものとして捉えているときの、対象の現れ方の全体と定式化しておくことができる。したがって、前節までのシュッツおよびレヴィナスの議論は、他者の超越を迎接することによって、〈私〉のパースペクティブを越えた視点が〈私〉の中に導入されると言い換えることができる。

大澤真幸は、こういった〈私〉のパースペクティブを越えた視点、つまり、「妥当な判断の帰属点となる超越的他者」（大澤 2000：82）、を第三者の審級と呼ぶ。そして、自分の議論とレヴィナスの議論が「並行性がある」と述べている。「レヴィナスによれば、自己＝我と他者＝汝の閉じた愛の関係（自己と他者が直面する関係）が、さらに第三者＝彼に対する倫理的関係――規則に対する随順と背馳とが問題化する関係――を可能なものにする」（大澤 2000：96）。そのうえで、大澤はレヴィナスにおける「彼」が「第三者の審級」と概念上、重なると言う。しかし同時に、レヴィナス理論においてはなぜ通常の他者が超越的他者へと移るのか十分に答えていない、と批判をする。

ではこの問いに大澤はどう答えるのか。「この飛躍――他者から超越的他者への飛躍――は、媒介的な過程なのである。〈私〉は、この飛躍は、偶然にしか果たされない賭けのようなものだと考えている。というのも第三者の審級が投射しうるのは、他者……の実在感が、ある「閾値」を越えて大きい場合に限られるからである」(大澤 2000：96)。

「他者の実在感が閾値を越える」というのが具体的にどのようなときに起こるのかは、この著書(『意味と他者性』)には記述されていないが、『身体の比較社会学I』(大澤 1997)の方には若干、記されている。「感受されている志向作用(〈他者の身体〉)の数と強度が十分大きく、それらが個々の志向作用の側から捉えたときに一個の実在的な全体として現れる」(大澤 1997：63)ような場合である。つまりある志向作用(実践的または認識的な対象への関与)を特定の他者のそれへと分割させて、帰属させることが困難で、ひとまとまりと化した他者(たち)のそれへと帰属させてしまうような場合である。われわれはしばしばその場に居合わせた複数の人たちのふるまいなり、考えなりを個々の人のそれであるというよりは、ひとまとまりと化した「みんな」のそれとして一気に捉えることがある。具体的にはそういったケースが考えられているのだろう。

ここまでの議論を簡単にまとめておきたい。シュッツもレヴィナスも他者の現前に世界のリアリティの源泉を見出した。が、大澤の議論を参考にするとき、そこには、具体的な他者が超越的他者(「第三者の審級」)へと飛躍するいう過程が介在していると考えられる。

私としては、この飛躍について一点だけ加えておきたい。今、見たように、大澤は少なくとも『身体の比較社会学』においては、自分とは異なる志向性がひとまとまりと化した他者に帰属させられたとき、起こりうると考えているが、実際には、必ずしも現前する他者が複数である必要はない、ということである。現前する他者がひとりであっても、その他者から同じ志向性が〈反復〉されるとき、その志向性を時間的に一点の他者に帰属させなくなるであろう。そのときには、ある意味で、他者は「具体的な他者」であることをやめる。ここでは空間的に複数の他者が現前するのと同じ事態が生じうるのであって、そうであれば、そこから「第三者の審級」が生じることは考えられるのである。

さて、ここで、この第三者の審級が否定される脅威に不断にさらされているという点を強調したい。大澤は、第三者の審級は、通常、その具体的な身体にいわば「憑依」することで、その実在性を確保する」（大澤 1997：65）と述べている。この点を考えあわせれば、第三者の審級が憑依した身体は、それが具体的な人間であるかぎり、第三者の審級が常に動揺される可能性があると考えることができる。なぜなら、第三者の審級が常に動揺される可能性があると考えることができる。なぜなら、一定の志向性を常に反復するわけではないからである。殊に、〈私〉の側からの何らかの働きかけに応答する形の志向性に、期待されていた形が経験されないとき、第三者の審級は動揺させられることになるはずである。その意味で、第三者の審級は〈私〉をいわば、裏切る可能性を常に持っているのだ。もちろん〈裏切り〉は、その予想外の志向性が例外的事態として認知され、第三者の審級がそのまま保持されることもあれば、また、それを含み込んだ形の、いっそう高次の第三者の審級が確立されることもあるだろう。

しかしながら、重要な点は、常にそうであるとは限らないということである。憑依した身体がモノではなく、別の他者（〈私〉から見た場合、第三者的他者）と交流をしている場合、その交流が独自的なものとして感受される可能性はより高くなるだろう。前章において、そういった二人の他者の間に独自の交流が見られるとき、そこに感受される世界を〈あなたたちの世界〉と呼ぶことにした。具体的には、たとえば、第三者の審級が「憑依」した父が、別の他者、たとえば母と、子供の〈私〉には理解不可能な会話や微笑の交換を行っているようなケース。つまり、〈私〉の前で、二つの顔が向き合い、その間にひとつの独立した世界が感受されるような場合である。

大澤の議論を認めたことで、この〈あなたたちの世界〉経験がきわめて重要な意義を持つ経験であることを再確認できる。この経験において〈私〉は第三者の審級が憑依した身体が、〈私〉にとってのそれのみであるわけではないことを告げ知らされるからだ。重要な点は、別の他者は――もうひとつの志向性であるかぎり――モノには不可能な力を持っていることだ。つまり、別の他者は、〈私〉にとっての第三者の審級（が憑依した身体）をいつまでも捉えておく力を持っていることだ。ここでは、たとえば父は、圧倒的な彼岸へと移ってしまうのだ。あるいはそこで彼岸が開かれてしまうと言ってもよい。彼岸とは、右の例で言うならば、いわば「大人たちの世界」である。〈あなたたちの世界〉は、それまでの第三者の審級の崩壊と、加えて、〈私〉にとってではない、他者たちにとっての第三者の審級の存在を告げ知らせることがあるのである。

シュッツとレヴィナスを参考しつつ、私たちは世界のリアリティの源泉を、〈私〉と他者のやりとりの中に見出した。しかし、今や加えなくてはいけない。〈あなたたちの世界〉を経験するとき、そのリアリティは暫定性と偶然性を刻印されたものになるのだ、と。〈私〉はもはや自分が他者との直接的な交流の中で生みだしたリアリティを唯一絶対のそれとしては確信できなくなるのである。

そして、そうであるならば、〈私〉が世界のリアリティを唯一絶対のそれ――暫定性と偶然性の刻まれないそれ――として確信しているときは、〈私〉にとっての世界のリアリティと同位的にあり得る別の世界を意識の内部で「抑圧」するという作用が潜在的に随伴していると考えることができるのではないだろうか。

5 〈病〉としての差別

本章の冒頭で異他性の経験を、〈他者にとっての私の異他性〉ではなく、〈私にとっての他者の異他性〉の経験へと変換・収斂し、自分が世界の正統な一員であることを呈示することで、その変換を「合法化」する行為を、〈世界の囲い込み〉と名づけ、この〈世界の囲い込み〉に向かわせるのは何かを探ることを本章の課題とした。

では、今、どう答えられるだろうか。ここまで見てきたのは、他者とのコミュニケーションを通じてもたらされる世界のリアリティも、常に〈あなたたちの世界〉によって脅かされている、ということ、それでもあえて己のリアリティを唯一絶対のものとして確信しているときは、別のリアリティの存在を意識の内部で抑圧するという作用が潜在的に随伴していることを示してきた。(5) そうであるならば、異他性の経験から〈世界の囲い込み〉への「飛躍」は、己の前に、もうひとつのリアリティが開示される可能性を押さえ込もうとする営みとして考えられる。言い換えれば、他者に不意打ちをかけ、世界を剝奪するという、差別や排除にしばしば見られる現象は、自らが不意打ちされ、世界を剝奪されるかもしれないという〈根源的社会的不安〉に促されていると言えるのである。

もちろん、〈世界の囲い込み〉は差別現象にのみ見られる現象ではあるまい。差別に限らず、他者との関係において非対称性がある場合、そこにしばしば見出しうる現象であろう。その意味で、差別現象はむしろ〈世界の囲い込み〉が習慣化され、制度化された現象であると考えるほうが正確である。また、こうした習慣化や制度化においては諸々の言説やイデオロギーが重要な役割を果たすことは疑い得ない。具体的な差別の次元では、誰もその創始者であることはない。それはいわば〈吹き込まれる〉ものである。が、一方で、言説やイデオロギーは、それだけではひとを差別行為に向かわせるわけではないことは、端的に言って、所与の社会のすべての成員が差別行為を行うわけではない、という事実からも明らかである。差別行為は無動機的に生じるわけではない。では、「主体」に諸々の言説やイデオロギーを「活性化」させ、あるいは「受容」させる動機は何か。そのもっとも根源的な動機は何か。本研究が見出した答は、〈根源的社会的不安〉というものであった。

あまりにしばしば差別へと誘惑される私たちがその誘惑を自ら、そして根本から、つまりその可能性から拒むためには、私たちは、私たち自身のもっとも根元的な〈秘められた歴史〉に反省を加える必要がある。以上の論考は、その反省の結果、他者とまた別の他者との間に形成された世界を一個の独立した世界として受容することを拒否しようとする「心性」を探り出し、その「心性」を人が差別へと誘惑される基底的な契機として記述したのであった。

以上のような論考からは、これまでとは違う、脱差別への道を開くための道が考えられる。私たちの差別を考える視角は、多くの場合、〈罪〉の暴露であった。直接的な差別行為をする者の罪、それを放置しつつ差別という事態を放任している日常者の「無関心」という罪、また、それらの罪を罪ならざるものとして巧妙に表象していく罪――それらを暴くことであった。こうした方法は、差別者を自分の暴力性に気づかない暴力的存在であるとする考え方を基礎にし、またそうした考え方をするように促し、したがって、差別者に自分の（他者に対する）暴力性を自覚するように求める。しかし、差別者は、他者に対する暴力性を自覚しつつも、かつまた暴力を受けた者の傷の前で自己批判を行いつつも、その先に進まなければ、不十分である。

差別行為は、たんに諸々の言説に影響されて、それをするわけではない。差別行為には、現実の差別を実践させる諸々の言説を受け容れる「主体」の「個人的な」動機がある。それはしかも家庭環境であるとか、性格の問題には還元されない。人間についての徹底的な反省は、〈あなたたちの世界〉を経験せざるを得ないという変更不可能な人間の条件に対する〈根源的社会的不安〉に、差別へと人を誘惑する最初の動機を見出すのである。その意味では、差別は暴かれるべき〈罪〉ではなく、むしろ治癒されるべき〈病〉なのであり、差別者とは暴力的存在である以前に、不安におののく者なのである。

第6章　よそ者になることへの「不安」[1]

本章では、共生の思想・論理について、その問題点を再度、指摘したうえで、前2章の内容を再確認しつつ、差別の根源的動機である〈根源的社会的不安〉を〈よそ者になることへの不安〉として捉え返す。そうすることで、不安におののく者としての差別者像をより具体的に記述することを目的とする。

1　「相対的な自己」と「普遍的な自己」

「異なる者」と共にあることを標榜する「共生」の論理には、しばしば暴力的な希望や期待が滑り込んでいるのではないか。

「我が家」に彩りを与えるために花を運び入れようとするときに膨らませる〈私〉の期待。それはどういった期待だろう。それは、花が「我が家」を豊かにしてくれ、ひいては〈私（たち）〉の心を豊かにしてくれるだろうという期待だろう。

「共生」の論理にはしばしば、それと同型の期待が託されているように思われる。つまり、この論理の中で、マジョリティは、自らを「我が家における主人」のように、社会を「自らが主人としてあるところの我が家」のように、そしてマイノリティを「我が家における花」として表象していることがないだろうか。たとえば外国人と、あるいは「知的障害者」と共にあることは、むしろ「我々の社会」を豊かにすることだ。共生の論理はしばしば明示的・暗示的にそのような形態をとる。ここでは、たしかに、かつて否定的に他者化されてきた存在者の意味が肯定の方向へ反転されている。しかし、この論の中では、マイノリティをひとつの「意味」として捉えるという視線には変更がなく、逆に言えば、「意味」を「構成」する主体としては捉えてはいないのだ。〈「外国人」と共にあることは、むしろ「我々の社会」を豊かにすることだ〉という論理が差別的関係を超克した論理であるためには、つまりマジョリティとマイノリティの非対称性を超克した論理であるためには、〈(外国人が)「日本人」と共にあることは、むしろ「(両者にとっての)社会」を豊かにすることだ〉ということが想定されなければならないはずだが、果たしてそれが想定されているのだろうか。

〈我が家〉と〈その主人たる私〉と〈(家に置かれる)花〉の関係をもう少し考えてみたい。家の主人たる〈私〉にとって〈花〉は何だろうか。それは、見られ、嗅がれ、触れられ、鑑賞される存在としてのみ想定されていることだろう。逆に言えば、見、嗅ぎ、触れ、鑑賞する存在としては想定されていない。実際、〈私〉は家に持ち帰った花を鑑賞にふさわしい然るべき位置に置き、枯れないように気を配るであろうが、その一方で、〈私〉は花を見ているとき、あるいは花の前を通るとき、決して自分の姿勢や、容姿に気を配りはしないし、また、見るも見ないも〈私〉の「気分次第」ですることだろう。〈花〉を大事にしようと心がけることはあっても、自分が〈花〉に大事にされようと心がけることはついぞないし、それは「当然のこと」と見なされる。なぜなら、ここは〈私〉が「主人」であるところの「我が家」であって、ここでは、花のために〈私〉がいるわけではないからだ。

こういった〈私―「我が家」―花〉の関係性と共生の論理の中で考えられている〈マジョリティ―「社会（国家・地域社会）」―マイノリティ〉の関係性はある局面においてあまりにもしばしば（常にではないにせよ）同型であるように思われる。なるほど共生を標榜するとき、ちょうど〈我が家における花の「意味」〉について関心を寄せるように〈社会におけるマイノリティの「意味」〉については関心を寄せている。そこではなるほどマイノリティに対して否定的な意味をこめる（かつての）眼差しは越えられているかもしれない。しかし、その一方で、あたかも〈我が家における花にとっての私の意味〉についてははじめから関心を寄せないように〈社会におけるマイノリティにとってのマジョリティの「意味」〉については関心を寄せていないのではないか。

「異なる者」と共にあることを標榜する論理はまた、諸文化の独自の価値を尊重する「多元文化主義」が標榜するものでもあったが、この多元文化主義にもまた、しばしば右に見たような〈関心の不可逆性〉とも言うべきものが見られる。たとえば、計良光範によれば、「一九七〇年代、アイヌ自身による運動が模索され始めた時期」に、「主に研究集会などでアイヌをテーマにした分科会」がもたれるようになったが、そこに参加してくる（アイヌも含めた）多くの人は、しばしば「アイヌの人々は〜」、「アイヌの方々は〜」と繰り返した。それに対して（問われた側が）「私はひとりのアイヌとしてここに居ます。けれども、あなたは一体誰なのですか？」という問いかけがなされたが、当時その問いに答えられる人は少なかった、と指摘する（計良 1997：335-6）。ここには、他者にとっての自らの姿は顧慮することなく、――ちょうど我が家において花の前で自らの姿については何ら顧慮しないのと同じように――他者に一方的に関心を寄せる〈関心の不可逆性〉（に対する自明視）がある。

鄭暎恵は、多文化主義や共生の思想に含まれる危険を指摘しつつ、差別の問題をアイデンティティとの関連で次のように述べている。

〝他者を一方的に分類・規定する〟行為はまぎれもなく差別行為である。「誰でも自分自身のことに気が付く以前に「われ」ではないもの、他者がいるという根元的な体験をすでに持っている」とオルテガは言った。そして人は、他者と自己との「不連続」を知ることで、他者の「残余」としての自己を発見すると、社会学では教えられた。ところが、そこには差別的な権力関係が巣くう、大きなクレバスがあった。「他者」の反対は、単に「自己」なのではなく、「普遍」だったのである。（鄭 2001：15——強調の傍点は引用者）

引用文では差別という非対称的な権力関係が生成してくる端緒の事態が見定められている。他者と私の「不連続」を知ることで、自己——その相対的位置——を発見するという方向と、自己に普遍の位置を与える方向が分岐している地点。そこを、差別という関係が（それ以外の関係から分かたれ）生じる「端緒」の地点として、言い換えれば、差別関係が「制度化」されていく際の始点として見定めているのだ。

鄭暎惠は同じ論文で、「自己に普遍の位置を与えるためにこそ、次々に他者を生みだす、つまり〈他者化〉を再生産し続ける必要があった」（鄭 2001：15）と述べているが[2]、私がここで考えたいのは、この先だ。つまり、なぜ人は——鄭暎惠のことばを使うならば——自己に普遍という位置を与えようとするのか、である。

2　普遍的自己と〈世界の囲い込み〉

前節の最後に提出した課題、つまり「なぜ人は自己に普遍という位置を与えようとするのか」という問いに答える前に、〈自己に普遍という位置を与える〉という事態についてもう少し詳しく見ておきたい。

はじめに確認しておかなければならないのは、異他的なるものとの出会い――鄭暎恵のことばを使えば、自己と他者の不連続の経験――は、原理的には常に〈他者にとって異他的である私〉との出会いでもあることだ。たとえば、「奇異なことば」を経験することは、その「奇異なことば」を話す者にとって、〈私〉のことば、またはことばについての〈私〉の感覚が「奇異」であることを知る「機会」でもある。またたとえば、「奇異な身体」を経験することは、かれにとって、〈私〉の身体が、あるいは身体についての〈私〉の感覚が「奇異」であることを知る「機会」でもある。

そうでありながら、私たちはしばしば異他性の経験を、〈かれにとっての私の異他性〉ではなく、〈私にとってのかれの異他性〉の経験へと変換・収斂し、そういうものとして、自分に、または他者に向かって表象する。しかもその際、しばしば〈私にとってのかれの異他性〉の〈私にとって〉という視点は、「誰にとっても」という超越的な視点にすり替えられる。

この表象操作は、人があらゆる限定を取り払った、文字どおりの超越的視点、いわば神の視点に立つことができない以上、同時に、世界のうちに、〈我が家〉という領域を設営するという操作でもある。つまり、この操作は、「異なる者」の異他性がそこで計られるような場を世界の中に切り出し、自らの視点をその場全体に、いわば「拡散」させるという操作でもあるのだ。

その意味で、〈自己に普遍という位置を与える〉ということを、筆者としては、前章で用いた用語である〈世界の囲い込み〉という用語で呼びたい。この表現を使うことで注意を促したいことは、〈自己に普遍という位置を与える〉ということは、たんにすでにあらかじめある世界の中に普遍という位置を与えることではなく、そういう位置を持ちうる世界――我が家――を同時に「設営」することによってなされる、という点である。「日本人」が自分を日本における「正統な一員」、（あるいは「普遍的存在者」）として表象することは、「日本」という「意味世界」を区切り出すことによってなしうるのである。

では、〈世界の囲い込み〉を実践をさせるものは何であろうか。本章では、前二章の内容の再確認を含めて、その答えを、主にレヴィナスの思索を手がかりに、考えてみたい。手順としてはほぼ次のような順序でなされる。まず次の3節「世界の「不安定さ」について」で世界の「不安定さ」が人間にとって不可避的である点を示し、続く4節「「世界の囲い込み」と差別」で、世界の繰り返される不安定さに呼応する〈私〉の「不安」が世界の囲い込みを促していることを示す。

3　世界の「不安定さ」について

本節では、まず、人が世界を「不安定」なものとして経験する相を示し、ついで、その「不安定さ」を、他者とのコミュニケーションを媒介することで、「安定化」させることを示し、さらに、そのように安定化された世界も、他者とまた別の他者の間に〈私〉にとって異他的な世界が形成されていくのを経験することによって、再び、不安定なものに化してしまうことを示す。

世界の「不安定さ」の経験

人に対する世界の現れ方について、ハイデガーが世界はまず何より道具の連関として、その有意義性において現れるとしたのに対して、レヴィナスは異を唱える。かれによれば、世界は端緒においては「われわれの実存そのものを終極点とする有用性の指示連関の一体系を形作っているのではない」(Levinas 1961＝1989：197)のであって、むしろ〈私〉を活かす〈糧〉として現れる。すでに述べたように、糧とは食物の摂取、つまり、何かを口の中に含んで味わうことがモデルであるところの〈享受〉において現れる姿である。[3] 表象的活動にも実践的活動にも還元されず、また意識の構成作用にも還元されない享受において現れる世界、認識の対象として何かの意味として現れるのでも、実践的目的の系列の中に現れるのでもない世界の姿。具体的にはたとえば、湯に浸かっているときの湯の温かさや、秋の空の青さといったもの。私たちは物を認識したり、利用したりする以前に、性質そのもの(＝元基)を享受しているというのがレヴィナスの主張である(佐藤 2000：30-37；熊野 1999：99-102)。

こういった議論を受け容れるならば、レヴィナスに従って、我々が経験する世界が端緒においては移ろいやすいものであると認めなければならない。なぜならば、享受される元基は「予見不可能な未来」(Levinas 1961＝1989：239)を擁した「制御し得ないざわめき」(Levinas 1961＝1989：241)だからである。

元基を享受する者はしたがって、常に不安におののいている。ここにおいて主体は元基を我が物とすべく労働を開始する。レヴィナスによれば存在はこの労働の産物として(「元基の基体」として)生じる――もしくは経験される――とされる。

享受と労働およびその産物の所有、つまり、〈自らのために〉他なるものを吸収していくこと、レヴィナスの表現を借りれば、「自らへの他の回収」または「同の展開」――レヴィナスが端緒の人間の活動として設定するのはそれである。

コミュニケーションによる世界の「安定化」

しかし、このような事態は、他者との出会いによって劇的に変化する。他者の顔が、「他者の超越の無限」(Levinas 1961＝1989：301)によって、「他者の眼の無防備なまったき裸出性」のために、〈私〉が〈私〉のために他を吸収していく自己中心性の「前批判的自由」を批判し、「ある関係」、つまり「倫理的関係」へと〈私〉を導く。

この論点を再確認しておくと、言われていることは、私たちが日常的に経験しつつも、いわば知の目録に登録されていないような事象である。たとえば、〈私〉は日々、「食事」をしている。この営みはもちろんたやすくなされるものではない。食べるものが自動的に口の中に入ってくることがない以上、〈私〉は何らかの形で〈私〉の力を使わざるを得ない。貨幣の流通が一般化した社会であるならば、食べ物を手に入れるためには、たとえば「購買力」を得なければなるまい。貨幣の流通が一般化していないような社会であっても、つまり、食べ物と〈私〉が直接的な関係に置かれているような社会であっても、食べ物を得るためには、たとえば魚を捕るという身体の能動的な働きかけが必要となるであろう。これらの働きかけは、もちろんしばしば失敗に終わるだろう。魚は逃げ、木の実は見つけにくく、購買力は容易には上がらない。〈私〉は常に何がしかの「抵抗」に出会うのである。しかし、通常、これらの抵抗は、他者に出会う前においては、むしろ、〈もしもそれが可能であれば克服されるべき抵抗〉として現れるであろう。言い換えれば、それは〈克服が可能であるにもかかわらず、なすべきことではない〉という形を持つ「抵抗」としては現れないであろう。

しかし、他者に出会うとき、〈克服が可能であるにもかかわらず、なすべきことではない〉という形を持つ「抵抗」を経験する、というのがレヴィナスの言わんとするところなのだろう。たとえば〈私〉が食事をしているときに、他者の顔が現れる。そのとき、たとえそれが「合法的な」食事であるにしても、つまりたとえば窃盗によって得た何かを食べているのでないとしても、〈私〉は、食事をしている自分にある種の「後ろめたさ」を感じるようなことがあるだろう。重要な点は次のことだ。後ろめたさは、殊に飢えた者が〈私〉の視界に入ったときに、感じるだろうということだ。ここにはひとつの逆説がある。つまり、他者に「弱さ」を見出したとき、その他者が逆にひとつの力として〈私〉に現れる、ということだ。このとき、〈私〉は〈私〉が〈私〉を原点として周囲に発してきた（発しつつある）力そのものが、審問されるのを経験する。もちろん〈私〉はいくらでも「後ろめたさ」に「鈍感」でありうるし、「後ろめたさ」を感じる必要はない、と正当化することもできる。しかし、「後ろめたさ」に根拠がないと主張し得ても、その根拠のない後ろめたさを感じてしまう「感性」が人間にあることを否定することはできないのではないだろうか。

〈私〉は常に〈私〉の力を四散させている。〈私のために〉空気や食物を摂取し、また摂取を安定的になすべく世界を加工しようと試み続けている。が、他者の顔が現れるとき、――あるいは他者に、己の悲惨さを訴えかける「無防備なまったき裸出性」としての顔を見出すとき――〈私〉はその力の行使を審問される。他者に社会的な権力や身体的な力などの世界内的な意味での力を持たないと感じられるときに、〈私〉の人格の最奥部において、〈私〉は、自ら行使してきた（しつつある）力を放棄せよ、という声を聞いてしまう。

もちろん私たちは、出会った他人を通常、類型的に把握し、その把握のうえでやりとりをしている。たとえば「教師」として、「駅員」として他人を類型化している。また、その場合には、同時に、他人が〈私〉をいかに類型化しているかを予測的に把握していることだろう。私たちの通常の他人とのやりとりは、これらの相互に対する類型化のうえでなされている。こういった相互に対する類型化のうえでなされる他人との関係の中では、自分の力の行使に放棄を迫る声を聞くことはないであろう。この関係の内部では、飢えた者は、たとえば「こじき」という社会内に流通している人間類型に還元されてしまう。そしてそのような還元がなされてしまえば、もはや、その顔に、〈私〉の力の行使に廃棄を迫る声を聞き取ることはできなくなるだろう。そこでは、「全体の一部分をなすかに見えるエネルギーではなく、この全体に対する他者の存在の超越そのもの」、「他者の超越の無限」(Levinas 1961＝1989：301)を見出すことができない。そこで出会われるのは、〈私(たち)〉によって構成された意味に過ぎないのである。

しかしながら、重要な点は、こういった類型を軸にした他人との関係も、それが間主観的な世界内のやりとりである限り、そもそも、自らの力の行使の廃棄を迫る声を聞き入れたとき、つまり類型化され得ない「他者の超越の無限」を〈迎接〉したときに始まる、ということだ。飢えた者を、たとえば「こじき」として類型化し、その超越の無限を縮減したとき、〈私〉はすでに「こじき」なる類型を〈私〉に伝えた何者かを受け容れている。類型以前の何者かの〈迎接〉が先行している。類型以前の何者かの〈迎接〉があってはじめて、類型の受容は起こりうる。この文脈でレヴィナスは次のように述べる。

> 対象性は、……世界を差し出す対話ならびに対話によって維持される間のうちに措定される。(Levinas 1961＝1989：137)

ここでレヴィナスは、〈私〉が〈私〉のために他を吸収していく自己中心性の「前批判的自由」を批判する他者との出会いが、世界を対象的に眺めることを可能にすると述べている。レヴィナスに従えば、逆説的にも、意味の彼方としての他者、「他者の超越の無限」を受け容れたとき、四囲の人やモノは、「構成された意味」と化すのである。つまり、顔により〈私〉は享受と労働の主観的世界関係から離脱し、間主観的世界への加入が迫られ、世界を対象的に眺めることができるというわけである(佐藤 2000：96)。本来的な意味での他者、つまり無限を擁した他者を経験することが、世界を対象的に眺めること、したがって世界をリアルに感受することを可能にするのである。

これらのレヴィナスの所説を補強するために、ここでは再び、シュッツの他者論を解釈した李晟台の議論を見ておきたい。あらかじめ述べておけば、他者とコミュニケーションの関係に入る際の仕方を受動性において理解しようとするという点、つまり〈私〉の能動性によってではなく、「顔」なる外部の到来そのものから理解しようとする点を除けば、右に述べた、レヴィナスから読みとれる「他者経験と世界のリアリティについての関係」と基幹的な構えは同形的である。

李晟台のシュッツ解釈によれば、「世界のリアリティの源泉」は、対面的状況の他者経験に求められる。この経験において、〈私〉は他者の中に〈私〉によって捉えきれない「過剰」を経験する。この「捉えきれない〈全体性〉としての「他者」と、それを汲み取る我々の切り取りとしての他者構成との競り合いの持続」の経験が他者にリアリティを与える、という（李晟台 1998）。

> 類型化されるものは、類型化によって捉えきれない何かを指し示すのであり、その意味で類型化とは〈知られる〉の産出であるが、つねに〈知られざる〉に促され＝否定されるような産出である。そして、類型化に伴うこのような〈否定の契機〉が当の類型化の境界を浮き彫りにし、まさにその点において、産出された類型にリアリティを与える。つまるところ、他者を「他者」たらしめ、他者というリアリティを産み出す「他者性」という〈否定の契機〉を媒介にして成り立つ〈他者〉というリアリティこそ、コミュニケーションによる世界構成が帯びるリアリティのプロトタイプである。（李晟台 1998：181-2）

以上、シュッツとレヴィナスと共に、コミュニケーションによって、世界が安定的なものとして秩序づけられるという理路を確認して、次に進みたい。

〈あなたたちの世界〉による世界の「再不安定化」

前章で、第三者の審級が憑依した身体が、殊に、憑依した身体がモノではなく、別の他者と交流をしている場合、〈私〉がそこに、独自の世界を感受することになるだろうことを確認した。そして、たとえば、(第三者の審級が憑依した)父が、〈私〉にとってもうひとりの他者である母と、あるいは(第三者の審級が憑依した)教師が、別の教師と、〈私〉にとって理解不可能な会話や微笑の交換を行っているようなケース、こちらからは見えているが、あちらからは「こちら」が見えていないような状態、あるいは向き合う二つの横顔が見えている場面を〈あなたたちの世界〉と呼んだ。

この経験において〈私〉は、大澤の言う第三者の審級が憑依した身体が、〈私〉にとってのそれのみであるわけではないことを告げ知らされうる。注意すべきは、(第三者の審級が憑依した)父がたとえば仕事に熱中して、人ではない、なんらかのモノと交流している場合と、その父が人と交流している場合とでは、それを眺める〈私〉にはまるで違う様相に映るはずだという点であった。なぜなら、もう一人の他者(上述の例で言えば、母や、別の教師)は、モノには不可能な力を持っているからだ。というのは、もう一人の他者は、〈私〉にとっての第三者の審級(が憑依した身体)をいつまでも捉えておく力を持っているからである。交流の相手がモノであれば、〈私〉は、その身体が己の意向によって〈私〉のほうに回帰する見込みを持ちうるであろう。モノとの交流はそれがどれほど濃密であろうと、当人こそが、究極的にはそれを終了させる「自由」を持っていると〈私〉には見られるだろうからである。しかし、相手が人である場合、〈私〉は当人が交流を終了させる「自由」を持っていると見込むことが困難になるであろう。その意味で、向き合うふたつの横顔を覗く、〈あなたたちの世界〉経験は、しばしば〈私〉が何者かに貼り付けた第三者の審級という位格がそこから剝がれ落ちる経験になるだろうし、加えて〈私〉にもっとも近しい領域においてすら、もうひとつの第三者の審級があることを告げ知らせる経験になるのである。

先に確認したように、他者とのコミュニケーションは世界を安定化させる。一方、第I部で見たように、〈私〉は常に日常生活の諸局面でその都度、その都度、負課的に〈アクティヴな我々関係〉に巻き込まれる存在であり、言い換えれば、共同性を受動的に与えられる存在である。こうした論点との関連で言えば、他者との具体的なコミュニケーションは、それ自体としては受動的に与えられるに過ぎない共同性を「保証」する、と言える。ここではこのように共同性が「保証」された世界をhomeと呼んでおこう。重要な点は、しかし、右に述べた〈あなたたちの世界〉を経験するとき、そのhomeは、暫定的で偶然的なものでしかないと告げ知らされる、という点である。

homeは元より、対面した他者が第三者の審級という位格を得たときに、生成する。あるいは第三者の審級に、いわば保護されてのみ、homeはhomeとして存立しうる。しかし、第三者の審級はあまりにも「移り気」なのである。それは〈私〉の目の前で、もうひとつのhome、つまり（私から言えば）〈あなたたちの世界〉を作ってしまう。homeのただ中に、異郷を作ってしまう。その意味では、異郷はhomeの外にあるのではない。homeは常にそれ自体が異郷へと裏返る可能性を擁しており、したがって、〈私〉は常にhomeのただ中でよそ者（stranger）に裏返る可能性を擁しているのだ。

そして、そうであるにもかかわらず、世界の安定性を確信しているとすれば、homeを永遠のhomeとして確信しているとすれば、それは自らがstrangerに裏返る可能性（があることを知っていること）を「抑圧」するという操作が随伴していると考えることができるはずである。

4　〈世界の囲い込み〉と差別

本章のはじめの方で、自己が世界の正統な代表者であることを、——他者を産出することを通して——自分と他者に呈示するという〈世界の囲い込み〉が差別の端緒であるとことを確認し、それは何に促されているのか、という問いを立てた。

では、今、どう答えられるだろうか。ここまで見てきたのは、他者とのコミュニケーションを通じて結実する世界の安定性も、他者がまた別の他者とコミュニケーションをとることで産み出す〈あなたたちの世界〉によって脅かされている、ということだった。homeは常に異郷にめくれ返る可能性を擁し、しかも〈私〉はそれを知っている。それでもあえてhomeをhomeとして確信するとすれば、それは、〈あなたたちの世界〉経験によって告げ知らされる、別の世界が立ち上がってくる可能性の潜在的な否定、自ら知っていることから目をそむけること、したがって、「己への詐欺」によって達成されるものであろうことを示してきた。

そうであるならば、〈世界の囲い込み〉は、己への詐欺を隠蔽するためのひとつの形態として考えられる。あるいは己がstrangerになることへの〈不安〉=〈根源的社会的不安〉の隠蔽であり、その意味で、〈根源的社会的不安〉に促されている、と。

第II部では、差別という事象を、人間のもっとも基底的な体験に遡り、そこから差別に人が誘引される動機を探ろうとしてきた。そして見出したものは、〈根源的社会的不安〉であった。それは差別をある種の「病」として捉えようとするものである。

このように捉えることは重要な意義がある。差別を論じるのに、単純に「悪意」を設定すると、かえって問題の根深さを隠してしまうというのは、今日、差別を論じる者に共通する認識ではないかと思われるし、私もそのように考える。しかしながら、だからといって動機遡及的な問いを捨てて、その巧妙な手口を暴き、罪を露呈させることに仕事を限定してしまうとすれば、解放は結局、人間の「良心」に任せる、ということになってしまう。そうであるならば、動機遡及的に問いを進め、差別を治癒されるべき病として呈示することは有効なのである。差別者に向かい、あなたは苦しんでいるのだ、と語ること。重要なのは、差別者に向かってこう教えてやることなのだ。あなたは、〈根源的社会的不安〉からの、挫折を余儀なくされている逃走を企てている存在なのだ、と。〈よそ者〉になることへの〈根源的社会的不安〉におののく者こそが、〈よそ者〉の産出に駆り立てられる。そうであれば差別者とは、永遠で絶対の home がない、という人間に課せられた条件から遁走しようとし続ける人間である。あるいはサルトルが反ユダヤ主義者について言ったように、差別者とは「人間の条件に対する恐怖」(Sartre 1946b=1986:62)[4] に囚われた人間であり、すでに述べたように、差別とは、道徳的に非難されるべき罪である以前に、治癒されるべき病、ただあまりに広範囲にわたって浸透しているがゆえに見過ごされてきた病なのだ。

第I部の最後（第3章6節）で、マジョリティは自分の意識の背後で、自分の属する社会に対するルサンチマンを持っているのではないだろうか、という問いを出した。今やこの問いに対して、よそ者の産出（という差別行為）を通して自分のマジョリティ性を確認しようとするマジョリティについては、根源的なルサンチマンを持っている、と答えることができる。〈あなたたちの世界〉を経験せざるを得ないということ。それは、第5章で述べたように、変更不可能な人間の条件である。それは、おそらく、シュッツが言うように〈私〉が「既に組織化された社会の中に生み込まれる（born into preorganized social world）」（CP I：329）存在であり、その言明が的確に示しているように、〈私〉が世界に参入したときに出会うのはひとりの他者でないかぎり、言い換えれば〈私〉は二人以上の他者がすでに存在している世界（組織化された社会）に参入するかぎり、そうなのである。その意味では、〈私〉は「世界内存在（In-der-Welt-sein）」（Heidegger 1935＝1987）であるの同時に、言うなれば〈社会―外―存在〉（out-of-social-world-being）でもある。差別への誘惑を断ち得ない〈私〉とは、根源的な〈疎外〉を経験する〈社会―外―存在〉としての〈私〉を受け容れることができない者である。根源的な〈疎外〉はいかなる行動によっても、変更はできない。その意味では、差別者とは、「行動上のそれが禁じられているので、単に想像上の復讐によってその埋め合わせをつけるような輩」（Nietzsche 1887＝1987：37）である。〈私〉とはまさに「自分の属する社会」において、根源的な意味での〈社会―外―存在〉である。そうした〈私〉の条件を忘却するために、彼／彼女もまた〈社会―外―存在〉であるところの他者と〈社会―外―存在〉同士のつき合きをするのではなく、一方的に他者を〈社会―外―存在〉として表象すること（ニーチェの言う「想像上の復讐」）によって、自分の社会における「所属性」を権利づけようとする不可能な願望が、差別の根源的な動機なのであり、その意味で、差別とは深いルサンチマンに基づいているのである。

このように差別を捉えるのならば、第I部で述べた「同一性に基づくナイーヴな良心」による解放のための実践は、それが結局のところ仲間探しでしかない以上、被差別体験者の求めるものではないというだけではなく、差別者の、その深い病の再演（再発）に過ぎず、その意味では差別者にとってさえ決して解放などではないと考えなくてはならない。そして、マイノリティを解放する〈内破運動〉は同時にマジョリティ自身の深い病を治癒することでもあると考えなければならない。

被差別体験者は差別者に向かって、「独りで出て来い」と抗議する。差別者がこの抗議に「諾」と応答し、独りで出て行くとき、差別者の深い病は治癒されるのである。

しかし、「独りで出て来い」と「抗議」する「声」は、それがただ「内的な声」であって、差別者に実際に突きつける「表現」でないかぎり、現実の変革は起こりようがない。差別者は深い病の中にい続け、現実の差別的関係は維持されるであろう。では、「内的な声」はいかにして「現実の表現」になりうるのか。被差別者が常にそうするようにそのかされているところの〈「声」を内部に押し殺しながら、マジョリティの中に紛れ込む生〉からいかにして脱出することができるのだろうか。第III部ではこの問いに答えていきたい。

第III部　責任としての抵抗（1）——差別に立ち向かうとはどういうことか

第Ⅰ部において、被差別体験は差別者に向かって、「独りで出て来い」と「抗議」する、と述べた。そして、第Ⅱ部において、差別者がこの抗議に「諾」と応答し、独りで出て行くとき、差別者の深い病は治癒される、と述べた。しかし、「独りで出て来い」と「抗議」する「声」は、それがただ「内的な声」であって、差別者に実際に突きつける「表現」でないかぎり、現実の変革は起こりようがない。では、「内的な声」はいかにして「現実の表現」になりうるのか。いかにして「内的な声」を現実に表現する〈抵抗する主体〉は生成するのか。

第Ⅲ部では、この問いに対して、経験の構造に即して思考していくという本研究の基本路線を踏襲し、被差別体験の構造そのものの中に、こうした〈抵抗する主体〉へと被差別体験者を促す契機を探ろうと試みる。ここでは、その際、ポストコロニアル研究の成果を利用しつつ、主にレヴィナスを通したファノン解釈を行い、〈抵抗する主体〉がいかに生成するかを、在日の経験を例にして、理解しようと試みる。周知のとおり、レヴィナスとファノンは共に暴力を主題としてきたが、これまでのところレヴィナスは主に現象学という学の内部に、ファノンは主にポストコロニアル研究という学の内部において主に語られてきたためであろう、両者を本格的に接合するような理論的な考察は、管見の及ぶところでは見あたらない。そうした中で、第Ⅲ部は、両者を照らし合わせることによって、暴力について、また、〈抵抗する主体〉について、私たちが〈考え忘れていたこと〉を考えようと試みる。

第7章　差別の〈今、ここ〉[1]——「北朝鮮」と在日朝鮮人

本章では、〈抵抗する主体〉を在日を例にして考えるための前提作業として、現在の日本のメディアによる「北朝鮮」表象を例として取り上げて、在日朝鮮人がその表象に暴力の到来を予感し、恐怖する、その構造を示す。

1　共犯化への誘惑

家の中に穿たれた穴。壁の内側にある窓。——テレビや新聞という〈窓〉＝メディア。その〈窓〉の向こう側に「世界」を眺めていると感じている者たち。しかも互いに同じひとつの「世界」を眺めていると信じている者たち。

一方で、その同じ〈窓〉に自分が眺められているのを感じる者たちがいる。窓そのものが自分を眺める他者の

目であるように感じる者たち、家の中で他者の目に曝されているのを感じる者たちがいる。

日本のメディアがアメリカによるイラク攻撃とそれによってもたらされた無数の苦痛をふつう「イラク問題」と呼び、「アメリカ問題」とは呼ばず、沖縄に留まり続ける米軍基地の問題を、これもやはり「アメリカ問題」と呼ばない一方で、「北朝鮮」(2)による日本人拉致事件と核開発疑惑を一括して「北朝鮮問題」と呼んでいる現在、またその「北朝鮮問題」という命名(naming/designation)が自明視されている現在、かつて朝鮮半島からやってきた者たちやその子孫、在日朝鮮人(以下、在日と略記)は、メディアという窓によって自分が眺められているのを経験しないではいられない。嫌悪感や憎悪をたっぷり含んだ北朝鮮への〈まなざし〉がその勢いのままに方向を変え、手近なところにいる自分のほうに向けられるのではないか、という「不安」から自由であることは難しい(3)。なにしろ、今では「嫌悪感や憎悪をたっぷり含んだ北朝鮮への〈まなざし〉」という表現自体が意味のある表現として受け取られるのか怪しい。私がこの表現で述べようとしている事態は、多くの日本人にとって、日本の安全を守るための当然の警戒心であり、また日本の誇りを守るための当然の批判として考えられているのではないだろうか。そのように考えられているときに、私の表現は意味のある表現として受け取られるのだろうか。

しかし、在日をめぐる事態を正確に摑もうとするならば、むしろ後者の表現で考えるべきかもしれない。日本にあっては――繰り返し喩えを使わせてもらうならば、日本というこの巨大な密室においては――北朝鮮は当然のこととして警戒され、正当のこととして批判されている、と。こうした中にあって、密室の中にいる在日が、「当然の警戒心」と、「当然の批判」に曝されるのではないかという「不安」から自由であることは難しいのだ。密室の外から流れ込んでくることばである、北朝鮮の国内放送は、まっさきに嘲笑の対象とされており、そのメッセージの信憑性ははじめから剝ぎ取られている。こうして在日は自らの苦境を記述するのに、密室の支配者のことばへの依存度を高めざるを得ず、警戒されることを正当なこととして考えがちになる。

そして在日は安全なアイデンティティへと誘惑される。現実の暴力を受けてはおらず、不安が不安という、いくら切迫していたとしても架空のことがらに方向づけられた「心」の問題であるかぎり、打つ手が残されているからだ。自分に対して、自分と「北朝鮮」を結びつけることは間違いであることを納得させるという手で、それから目をそむけることができるからだ。

たとえば現在の自分の国籍が韓国であり、先祖の出生地が現在の韓国にあるという「事実」を強調することで――かつてはそれが「北朝鮮」を含む「朝鮮」というひとつの国であったことを意識の背後に押しやり――選び取られた「事実」に立脚して、自分は韓国人だと自分に、そして自分の中にある〈日本人のまなざし〉に言う。あるいは、現在の自分の国籍が日本であるという「事実」を意識の前に立てることで――その国籍を取得する以前の自分、または親や祖父母がまぎれもなく「朝鮮人」と称されていたということを意識の背後に押しやり――ここでもやはり、選び取られた「事実」に立脚して、自分は「日本人」だと自分に、そして自分の中にある〈日本人のまなざし〉に言う。あるいはまた、一切の問題は政治の問題であり、自分とは関係がない、自分は自分だと自分に言い聞かせ、もしくは「地球市民」だと言い聞かせる。

しかし、こんな手だて――心の中の法廷で〈日本人のまなざし〉という〈裁判官〉の前で北朝鮮と自分との無関係性を立証するために有利な「事実」を選択的に集めるという試み――によって果たせるのは、不安から一時的に目をそむけることにすぎない。ひとたび不安が生じてしまったとすれば、自分と「北朝鮮」を結びつけることは「間違い」であると自分に納得させることが可能だとしても、心の外部にいる「日本人」が自分の思うように納得するものだと信じきることなどできはしない。そこでできることはただ「期待」に過ぎない。あるいはそれを自覚した瞬間には、当然の自尊心の損傷を経験しないではいられないような「祈り」に近いものになる。

「どうか私を北朝鮮と結びつけませんように」。

だが、この文章は在日にのみ向かって語ることはできない。在日はことばを奪われた。過去において奪われたということのみではない。「異質性アレルギー」にかかっている「日本人」は電車の中で朝鮮語を聞くだけで耳をそばだてる。私は電車の中で韓国から来た私の友人と朝鮮語で話すとき、そうした耳に襲われる。異質性アレルギーは今もことばを殲滅しようとしている。いや、ことばというのは正確ではない。在日が互いにコミュニケーションをする機会を奪い取り、奪い取ろうとし続けているのだ。朝鮮語によって語る者たちがいる場、朝鮮学校に対する嫌悪がそれを象徴している。こうして在日に日本語を押しつけることで、在日同士のコミュニケーションを「日本人」が聞くことができるようにしてきたのだ。こうして在日同士の交流は何かしらよそよそしいものになる。私は会話が監視されているのを感じる。ともかく、在日同士のコミュニケーションはほとんど常に「日本人」が聞き取り、「日本人」が割り込んでいくことができる体制の中でしかなしえなくなっている。

この文章は在日に向かってのみ語ることはできない。日本語で書かれている以上、「日本人」が割り込んでくる可能性がある体制の中でしか書くことはできない。だとすれば盗聴されている者たちがやるやり方をまねるしかしない。盗聴器に聞かれていることを予想した上で話すことだ。それはそしてこの文章の義務であろう。そうであれば、在日に向かって愚かで、醜悪な祈りをすることをやめるよう訴えるために語った二段落前の文を書き換えなければならない。先の訴えは「日本人」にも聞き取られる。そして聞き取った「日本人」に優越心を隠し持った同情心を喚起させかねないからだ。

今、この、盗聴器を組み込まれた日本語による語りの空間で、それでも在日に向けて語るのであれば、こう言わねばならない。ここで起こっていることは何か。それは脅迫なのだ、と。日本による北朝鮮表象は在日に日本が指定する安全なアイデンティティへと誘導し、北朝鮮の他者化に共犯するよう脅迫しているのだ、と。しかし、さらにはっきりと言わねばならない。

なるほど、我々の目の前にはいくつもの、自由に選びうるアイデンティティの選択肢がある。「韓国人」、「日本人」、「コスモポリタン」など。この種の「大きな物語」の中の社会的アイデンティティをいっさい拒否するという方法もあるだろう。だが、最後のものまで含めていっさいは結局、日本の帝国主義――日本をアジアの盟主として考える傲慢で奇抜なイデオロギー――を生かすものだ。拉致事件発覚以降、我々はそれら選択肢を前にしながら、しかし同時に、背後に、自分を脅迫してくる〈日本人のまなざし〉を感じている。「我々、日本人」が用意した選択肢のうちのどれかを選べ。北朝鮮へと回路が開かれているアイデンティティを選ぶならば、「我々、日本人」は〈ここ、我が国〉での安全は保証しない――。脅迫するまなざしは、そして「日本人」が指定する安全地帯に我々を誘っている。

コンテキストのいっさいを欠いて、唐突に向けられた「朝鮮」または「朝鮮人」という名称は我々がもっとも怖れるものだった。異様な事態だった。思い出せるかぎり、その語をはじめて聞いた、その瞬間から、その響きに心臓を摑まれるような気になった。響きには心臓を止めるような毒があった。だからこそ、その語で自らを語ろうとした者がいた。たしかに我々の中にそういう者たちがいた。己の身体でその語が持つ響きを吸収しきろうとした。この毒を我が身で食おうとしたのだ。それは、この語によって圧倒された我々の同胞、殺されさえした同胞への責任だった。そして、この語によって圧倒されるかもしれない未来の同胞への責任だった。その語の響きを反転させようとしたのだ。

今では「朝鮮（人）」という語は「北朝鮮」を即座に想起させるようになった。そしてその「北朝鮮」が今のような形で表象され続けているかぎり、毒に毒がもられた格好だ。それでもなお、己の責任として朝鮮（人）という語を用いて自分を表象しようとしている者たち、そうした者たちはどこかにいるだろう。が、今、この国では、彼ら、同胞への責任を果たそうとする者たちは語ることのできない被抑圧者＝サバルタンになっている。「朝鮮人として、ひとこと言おう」そう語る者の声には我々でさえ警戒心を持つのである。何に警戒しているのか。そう、日本語で語った以上、必ずそのことばを聞き取ることができる「日本人」の盗聴器に、だ。そのあとに語られることばを聞けば、仲間だと、盗聴する「日本人」に認識されることを怖れるからだ。そして怖れるかぎり、我々は「日本人」との共犯関係にある。同胞への責任を果たそうとする者たちをサバルタンにするという犯罪の。

それにしても不思議なことがある。盗聴機能付き言語を我々に押しつけた「日本人」は、自分たちのことばこそがいつも聞かれているということを忘れていることだ。

2　北朝鮮表象の分裂と帝国主義的意識

北朝鮮表象は分裂してしまっている。ひとつのテレビの番組の中でさえ、戦争時でもないかぎり、両立しうるはずのない二つの表象が交互に現れる。何をしでかすかわからない、恐るべき国家という表象。そして、取るに足らない、嘲笑にこそ値する国家という表象。「核兵器を持っているか、製造計画中の全体主義国家」や「秘密工作員」の恐ろしさが強調されたその直後に、「金正日マンセー」と集団的に絶叫する「人民」や、「キップンチョ（喜び組）」を組織して悦に浸っている金正日」の幼稚さが強調される。

ところで、そういった語りはいったい、「恐ろしさ」を訴えたいのか、「幼稚さ」を訴えたいのか。常軌を逸した異質性嫌悪が語る者を錯乱させ、語りを分裂させている。というのも、「恐ろしさ」が、そのことばで普通、理解しているとおり、自分には統御できない、手に負えない存在に対する謂いであり、〈幼稚さ〉がやはり普通に理解するとおり、何をしたところで脅威をもたらすことのない存在への謂いであるとするならば、二つの表象は元来、両立可能なものではない。

表象は自ら文字どおり、表象に過ぎないこと、「現実の認識」などではないことを露呈している。〈現実に、客観的に〉「北朝鮮」が何をするかわからない恐るべき存在であり、また、そのように認識しているというのならば、その「認識主体」からその同じ対象を取るに足らない者として嘲笑するなどという態度がどのようにして生じるのか、誰も理解できない。

恐ろしさと幼稚さは共に訴えてしまえば、一方が他方を相殺してしまい、何も訴えられなくなってしまう。メディアという窓の向こうにある北朝鮮は、「子供という大人」、「丸い四角」のような現実には存在し得ず、表象としてしか「存在」し得ない。分裂した表象は、そのために何も訴えられなくなってしまうリスクを持っている。それは表象すればするほど何も表象できなくなる、という奇怪な表象である。

そんな奇怪な、分裂した表象を実践し続けることが可能なのは何であり、またその実践を通して得られるものは何かと問えば、結局のところ、北朝鮮について表象する力を持つのは「我々」「日本人」であるという意識だと答えるしかない。北朝鮮をめぐる分裂した表象が示すのは、北朝鮮を表象する主体というポジショナリティへの「日本人」の執着である。

執着は「北朝鮮」という名称の固執によって露呈している。その名前で呼ばれている国、つまり朝鮮民主主義人民共和国はこの名称の使用をやめるよう主張しているが、[4] 殊に拉致事件発覚以降、メディアは「朝鮮民主主義人民共和国（北朝鮮）」という妥協的な表記法すらせずに、はじめから「北朝鮮」という名称を用いることにしている。のみならず、メディアは「キタ」とのみ称する「日本人」を、「我々日本人」のもっとも心の深奥に秘められた「思い」を語ることのできる〈悲劇の主人公〉にして〈危機の中の勇者〉としてたいへん重宝している。しかし、そう称する者の顔から我々が読み取るのは、朝鮮民主主義人民共和国を自分たちの作った名称の中（＝「我々日本人」の表象の中）に永遠に閉じこめ、「我々」が語ることばを越えてはものを言わせまい、という執拗な意志、否、「言わせてはならないのだ、みんなわかっているだろう」と仲間を求めるヒステリックな不安である。

北朝鮮について表象することができるのは「日本人」であるという意識は、言い換えれば、北朝鮮を〈独立した他者〉——自分について表象する力を保持する「主体」、また一方的に与えられた表象に対してクレームを言い、拒否する力を保持する「主体」としての〈独立した他者〉——として承認していない・できない意識に他ならない。それが創氏改名によって朝鮮人が独自の名前を使うことを否認した植民地時代の日本の帝国主義からどれほども隔たってはいないこと、そうであれば日本の帝国主義的意識は朝鮮の独立後も終わってはいないのだということに在日が気づくことは何も難しいことではない。そこにはたったひとつの困難があるだけだ。それを言うことの困難さ、それだけである。

原爆投下による大量殺人を犯したアメリカに対して、それを批判するために、その幼稚さを強調したり、アメリカが承認しない国名を考案し、メディアで日本中に広めたという事実を私は聞いたことがない。どうやら、アメリカを批判するために仮に「アメ」だのという呼称を使ってメディアにのせたところで何も得るところがないことは「日本人」がいちばんよく知っているからだ。アメリカの犯罪に対する批判は、それをする場合でも、一定の「節度」を守るのが日本の流儀である。ひるがえって、拉致事件に対する批判に関しては見事なまでに「節度」と呼べるものが見あたらないのは、拉致事件に対する批判は、その批判の仕方について言及する他者をはじめから想定してはいないということを露呈している。その意味で、批判はナルシストの批判であり、分裂した北朝鮮表象の大量生産は日本というナルシストの逆上である。拉致事件に対する批判は北朝鮮の幼稚さの強調へと横滑りしていく。その過程には、本人たちが気づいていない、日本の朝鮮に対する帝国主義的意識が介在しているのだ。

3　北朝鮮表象と韓国表象

信じてみたい誘惑に駆られる、甘く、不気味な風が吹いている。北朝鮮に対する分裂した表象の大量生産と見事に歩調をあわせて、「韓国ブーム」が到来している。韓国に対しては、「北朝鮮」に向けるのとは逆向きの肯定的な価値付与が、北朝鮮に対するのと同じ異様なほどの熱心さでなされている。

韓国の食文化が日本の飲食店やスーパーに続々と並べられる。「臭い」と「朝鮮人」をイメージの中で連結させる役割を果たし続けてきた「キムチ」はいつの間にか通常の食べ物、ときには健康食の仲間入りをさせられたが、その「本場」として「日本人」が仰ぐのは、あたかも悠久の過去からその名前で、そしてその場所において存在し続けてきたかのような「韓国」だ。「キムチ」の市民権獲得は「朝鮮」とのイメージ上の繫がりを断ち、それを「韓国」に排他的に帰属させることによって成立している。私としては、きっとあの金正日も、秘密工作員たちもキムチを好んで食べている、と言いたくなる。韓国に関してはまた情報技術の先進性がしばしば紹介され、映画やドラマが次々に輸入される。

ここで、日本で公開される韓国映画の多くにマチズムや家父長的世界観が見られることに着目すると、北朝鮮と韓国への見方が共に現実の認識などではなく、表象に過ぎないことにいやがおうでも気づかされる。たとえば

『JSA』（二〇〇〇年公開）で軍事境界線の南北で直接、向き合った北朝鮮と韓国の兵士が国家の法を破って交流し「平和」を築いたとき、その感動的な思想の越境を可能にしたのは、逆説的にも、「封建的」と言われるひとつの秩序、年長者を「ヒョン（ニム）」、つまり「兄貴・兄さん」と呼び、そうしてできあがる擬似的兄弟関係の中で割り当てられる一定の役割を守らせる家父長制的習慣であった。象徴的なのは、この映画で南北の兵士たちが女性のポルノ雑誌を共に見ること（女性を他者化すること）で一気に「仲間意識」を持つ（互いの差異を消去する）シーンである。この映画には韓国に深く根を張っているイデオロギーの痕跡が見える。もっとも今は、そのことを問題にしているのではない。そうではなく、「ポルノ雑誌を見ることで仲間意識を持つ兵士たち」と「キップンチョを組織して悦に入っている金正日」はどうやら共に家父長的習慣や女性の他者化の現れ、もしくは同じイデオロギーの痕跡[5]として容易に解釈しうる[6]ということ、二つは同じ何かしらの現れだということ、そうであるにもかかわらず、「ポルノ雑誌を見ることで仲間意識を持つ兵士たち」からはよもや韓国映画の「本質」を見ない一方で、「キップンチョを組織して悦に入っている金正日」からは北朝鮮政府の「本質」を読みとろうとする視線があるということだ。ここにあるのは、韓国映画に関してはむしろ映画が表現しようと意図するものに目を向け、意図しないものには目を向けない一方で、北朝鮮政府に関してはそれが表現しようと意図しているものには目を向けず、意図してはいない側面に目を向け続けるという視線だ。

　同じ現象はいたるところで見られる。要するに、韓国から届けられた声はことばとして受け取り、北朝鮮から届けられた声についてはその背後にあるものを探る。日本にあって北朝鮮はそこにいる者たちが気づいていないものこそが正体である。「北朝鮮人」には見ることができず「我々日本人」だけが見ることのできるものこそが、北朝鮮の「真実」なのである。北朝鮮について報道するとなると、なぜあれほど「潜入ルポ」という語句を見出しにつけたがるのか。「北朝鮮の真実」と「潜入ルポ」のセットがほぼ恒常的になっているのは、偶然か。

北朝鮮に関してはそれが意図しない（あるいは決して同意しないと見込まれる）、否定的な相を探り出し、その本質を示すものとして表象し、韓国に関してはそれが意図している（あるいは同意すると見込まれる）、肯定的な相をその本質を示すものとして表象するという実践。ここにあるのは、ポストコロニアル研究で言うところのマニ教的善悪二元論の変種である。朝鮮半島の南半分を、「中心」としての日本の「仲間」に加え、その結果、半分に縮小された「周辺」（＝北朝鮮）にはより濃厚な否定性が付与されているのである。

韓国礼賛は、我々を誘惑する。日本は今ではもう朝鮮を植民地としていた時代の帝国主義の遺制の中にいるわけではないのだという認識に誘う。日本はもう過去とは手を切っているはずだ。中にはあいもかわらず、日本の近代化の過程の中で作り出されたアジアの盟主＝日本という、それによってアジア各国に与えた被害を考えるとき、どれほど批判されても足りない認識、帝国主義的認識を持ち続けている人もいるだろう。だが、それも少数であり、「昔の人」に過ぎない。時代は変わったのだ。その証拠に、「北朝鮮」に対してそうしているようには、韓国を怖れても嘲笑してもいないではないか——。そういう認識への誘惑に乗ったとき、「朝鮮人として語る」者をサバルタン化する「日本人」の共犯者になる。自国をアジアの盟主として考える帝国主義的意識からもうすでに手を切ったのだと錯誤するとき、悪意と憎悪を含んだ北朝鮮へのまなざしをまた、その本来の姿を見誤り、当然の警戒心であり、正当な批判であると錯誤することになる。

「北朝鮮」と韓国に対する見方の極端な落差が誘惑するのは、南北の切断の実践に留まらない。もうひとつの切断、つまり現在と過去の切断を実践するよう誘う。圧倒的な帝国主義的な情報に曝された在日が、その体制の中で「心の平安」を求めたとしたら、その瞬間に、二つの二項のうちの前者、つまり南と現在に、わけても、その二つが交差する「韓国の現在」に関心を固定させる方法をとってしまう。そして意識の手前で自縛する。——関心をその外に滑らせてはならない。過去に目を向けて、南北の分断などなかった時代を想起すれば、とたんに、自分と「北朝鮮」が結びつく可能性がある。韓国と北朝鮮の間に分断線がなかったときのことに思いを馳せないほうが得策だ。「時代」は変わった。今さら、思い出さなくてもいい「古いこと」を思い出し、ひとつであったことを示す「朝鮮人」などということばで自分をアイデンティファイしないことだ。ましてやそんなふうに他人には言わないことだ。そんなことをしたら、「北朝鮮」の仲間扱いをされかねない、と。

4　〈そこの暴力〉

帝国主義の共犯者になるように脅迫され、誘惑されている在日。それは金嬉老事件について考える、一人の在日（寿永）の内面を描いた金鶴泳の小説のシーンを思い出させる。以下の寿永にとっての「金嬉老」は、今の我々にとっての「北朝鮮」だ。小説中の「金嬉老」を「北朝鮮」として読み替えて見よう。

あの事件のあと数日間ほど、ひしひしとあのまなざしを感じさせられたことはなかった、と当時のことを思い返しながら、寿永は考えた。あのときほど、あのまなざしが日本全国に湧き上がり、一つの場所、一人の人間の上に注がれたことはかつてなかった。注がれたのは金嬉老であったのに、寿永は、その余波が、自分の上にも降りかかってくるのを感じたものだった。寿永は、最初、金嬉老が蜂の巣をつついたような気がした。あるいは、常に自分の中の暗部でひっそりと舐め癒していた傷口が、無遠慮にひっぺかえされるような思いがした。そうでなくてもあのまなざしに苦しめられているのだ、なんだってまたそれを煽り立てるようなことをするのか、いい迷惑じゃないか。（金鶴泳 1970：294 ——強調の傍点は引用者。左も同じ）

寿永は、あの事件の最中、それと同じような声（「差別がいやなら自分の国にお帰りになったらよいのです」という投書を指す。――引用者）を、何度となくきいた。「太え野郎だ！」「早く金嬉老を射殺しろ！」「警察は何をやってるんだ！」等々……。そして、それらの声の中の「金嬉老」は、寿永にとって、「朝鮮人」と同意語だった。寿永はそこに、関東大震災時に数千人の朝鮮人を虐殺した、あのまなざしが、今日の日本人の中にも脈々と生き続けているのを感じ、思わず戦慄するような気持ちだった――。（金鶴泳 1970：298）

我々が、金鶴泳が三〇年以上前に描いた、寿永の「戦慄するような気持ち」から無縁でいることは難しい。ここで寿永は、金嬉老へ向けている「日本人のまなざし」の底に「朝鮮人」という、〈私〉が無縁ではいられない類型へ向けるまなざし――関東大震災時には数千人の朝鮮人を虐殺した――を読み取り、金嬉老への「憎悪」が朝鮮人である自分にも転回してくるのではないかと戦慄している。同じように、我々が、「日本人」が北朝鮮（＝寿永にとっての金嬉老）へ向けているまなざしの底に「朝鮮人」という類型へ向けるまなざしを読みとったとすれば、北朝鮮へ向けているはずの「憎悪」が自分にも転回してくるのではないかと恐怖しないではいられない。日本の帝国主義は「恐怖」を通して誘惑する。南―北、現在―過去の切断または後者の切り落としを実践するように。そして、「北朝鮮」政府への批判は、「植民地的無意識」（小森陽一 2001）によって、自らが在日に植え付けた「恐怖」を素通りして、「植民地主義的意識」（小森 2001）に促されて、「北朝鮮」そのものを恐怖と嘲笑の対象として表象する「欲望」を分泌し、それを保証・正当化していく。

私はときにもっとも日常的な公共空間である電車の車両の中でさえ「恐怖」する。「『負け犬』国家北朝鮮一〇の遠吠え」[7]そんな中吊り広告を見て、それを見ている他の乗客のまなざしを探りながら、自分が「負け犬」と言われているのをとっさに感じ、それと私は関係ないと自らに納得させようとする。
テレビの「潜入ルポ」、中吊り広告の北朝鮮を嘲笑するメッセージ、金嬉老――それらは〈私〉の身体の在処(「ここ」)から離れたところ(「そこ」)にある。そういった「そこ」がふるう暴力〈そこの暴力〉ととりあえず、呼んでおく)。それはファノンが記す体験そのものである。「映画館では彼のニグロとしての本質、ニグロ的《本性》をあいもかわらず映し出す、/いつもサーヴィス満点/いつも愛想よくニコニコ/私、決して盗みはしない/嘘つかない/いつまでもおいしいバナニアがあるよ。」(Fanon 1952＝1998：200-201)
我々を帝国主義の共犯者になるように脅迫し、誘惑し続ける〈そこの暴力〉。それは、いつも不意に襲いかかってくる。夕食をとり終え、テレビをつけたその瞬間や、出勤時の電車の中で、不意に襲いかかり、〈私〉の生の持続を断ち切る。〈そこの暴力〉が〈今、ここ〉に不意に訪れる。
その暴力はいかなる暴力なのだろうか。また、どこに綻びがあり、抵抗への意志はいかにして、いかなるものとして生成するのだろうか。第II部から引き継いだこの問いについて、次章において答えていきたい。

第8章　責任としての〈抵抗〉——〈対決〉へ促す「声」

本章では前章の在日の議論を踏まえ、差別に対する抵抗の意志の生成とその初源の姿を明らかにしたい。その際、まずは前章において述べた〈そこの暴力〉がその中に含まれる〈命名の暴力〉を経験に即して分析し、ついでF・ファノンの「身体」についての議論を、レヴィナスの〈顔〉と〈責任〉の概念を援用しつつ、解釈する。

1　「傷」を見つめること

前章の最後の引用文のすぐあとでファノンはこう述べる。「われわれは黒い衣装に縞模様をつけている傷のすべてを指で触れてみることを必要としている」(Fanon 1952＝1998：201)。

自分の傷を見つめること。否、触れることで、もう一度、傷を痛むこと。それは傷を与えた者たち（植民者）がいつも加害し続ける一方で傷を受けた者たち（被植民者）を共犯者のほうへと誘惑している以上、必要な作業だ。なにしろ傷は、傷を受けた者が傷を与えた者の中に入り込み、「擬態（mimic）」するよう誘うからである。

なるほど「擬態」は単純ではない。バーバによればそれは植民地主義言説を攪乱させる可能性がある（bhabha 1994：85-92）。が、すでに多くの論者が批判するように、擬態そのものはむしろ「支配的文化が平衡を維持する」方向で回収されてしまうものだ（周蕾 1993＝1998：63）[1]。たしかに、在日の誰かが「帰化」という方法をとって擬態するとき、その人を私自身が否定することはできない。私というポジショナリティ、つまり一定の教育歴や男性性によって得られているポジショナリティの一定の優位性が「帰化」しないことを可能にしている側面は否定できない。

しかし、いずれにせよ「傷」という文脈で考えるならば、擬態は——もしもそうであることだけが生きる戦術で、たとえば日本名を名のりながら朝鮮人だと主張するなどハイブリッド性を呈示する（戴 1999：36）という戦術をともなわないのならば——むしろ傷を「トラウマ」にさせることにならざるを得ないと思われる。一般に「現在の文脈のなかで十全に意味づけられる」ことがなく、「過ぎ去った過去のなかに取り残される」体験、つまり現在において語ることのできない体験は、「傷痕」として繰り返し回帰することとなるだろうからである（熊野 2003：133）[2]。擬態という方法によって再び傷を受けることを避けようとし、「現在の分脈のなかに位置づけること」を放棄したとき、すでに受けた植民地主義による傷もまたトラウマとなってしまうよりほかにないのではないだろうか[3]。

ではファノン自身はどのように傷を見つめただろうか。それによってどのような地平に立ったのだろうか。まずその点を確認し、ついで〈命名〉の暴力という視点から、植民地主義によって受ける傷を現象学的に——つまり、傷を受けた「私」という〈視点〉に見える「現れ（Erscheinung）」[4]を分析することを通して——考えみよう。

だが、あらかじめ断っておきたいが、ここで現象学的に分析することの主旨は、「客観的存在」を否定することではない（よもや「暴力」を、それを受けた者にとっての主観的存在であるなどと主張することではない）。そうではなく「客観的存在」を〈いったん〉「括弧入れ（bracket）」することで、それまでは見えなかった意味を回復させることが主旨である。本書の文脈で言うのならば、支配者、命名する者には見えず、被支配者、命名される者には見えているもの、見えていて、しかし語られていないもの、あるいは経験されていて意識されてはいないものを析出することである。本章はこの分析を通して、〈応答＝責任（responsabilité）としての抵抗〉という概念にたどり着く。それはそして〈朝鮮人として語ること〉の意味の理解につながるはずである。

2　命名の暴力

命名とほぼ重なる概念として類型化（typification）を考えることができる。この類型化はシュッツの現象学的社会学では、経験それ自体を可能にし、間主観的世界を成立させるものである。シュッツにあっては、「諸事物ははじめから類型によって経験される」（CP III：97）のである。[5]「〜として」把握する、という把握の仕方を介さないで何かに接することはできない。

そして、日常的世界にあって、私たちの経験は常にこの類型化（＝〜として把握すること）に媒介され、そうであるからこそ端的には社会生活が可能になる。たとえば〈私〉が駅のホームにいるとき、一定の服装や装備をもった人を駅員として把握する場合、――〈私〉は他の捉え方が常に可能であるにもかかわらず、難なく、しかも意識せずにそれを行うだろう――その類型化は通常は何ら問題がない。またこの種の把握がなければ、社会生活が成立しないことは容易に想像できるだろう。駅員が笛を吹いたとき、その人を駅員として把握していなければ、

〈私〉はその行為の意味がわからず、ただ戸惑ってしまうに違いない。また電車を電車として把握しなければ、それは長大な鉄の塊の襲来に過ぎないものになってしまい、〈私〉は決してそれに乗ることはできない。

が、この社会生活を成立させる類型化は一方で他者に対する暴力になる。まず、命名の文脈に再び置き直して、それがいかなる行為か確認しておく。レイ・チョウは「命名は、根本的には偶発的な行為でありながら、同一性を遡及的に構築すること（retroactive constitution of identity）」であり、「完全に恣意的で偶発的でありながら、同一性を安定化させ、構築」することであると述べている。また「対象が名前を捉える（catching）するのではなく、名前こそがその対象をひとつの対象にする」（Rey Chow 1998：45）。命名は、名づけられた存在の変化や流動性を消去し、それを過去に遡って（backward in time）その名前に同一化する。

こういった命名が他者に対する暴力になる場面がファノンの『黒人の生体験』には冒頭から示されている。「「ニグロ野郎！」あるいは単に、「ほらニグロだ！」」（Fanon 1952＝1998：129）。命名が当人によって把握された状況の彼方から一方的に唐突に実践される瞬間である。そのとき〈私〉は二重の意味で〈私〉が否定されるのを経験しないではいられない。他者との差異と、〈私〉の中の時間（〈私〉に独自の過去、〈私〉に独自の未来）が共に否定されるのを経験する。

ファノンは、この一方的な命名が自己の「身体図式」を構成するのを困難にすると述べる。ここで身体図式とはメルロ＝ポンティのそれを想起させるもので[6]、「空間的・時間的世界のなかでの身体としての私の自我のゆっくりした構築」、「自我と世界の決定的な構造づけ」（Fanon 1952＝1998：131）である。命名はこうした身体図式を崩壊させてしまう。それは言い換えれば、自我と世界とのもっとも原初的な連関が崩壊することだろう。

そして崩壊したあとには（白人たちの作った）「人種的皮膚図式」がとって代わる（Fanon 1952＝1998：132）。身体図式という世界を己にとっての〈環境〉に変換する「媒体」が否定され、身体は他者——白人たち——の〈環境〉の中の「意味」に陥れられる。意味を構成する者ではなく、構成された意味に陥れる「人種的皮膚図式」、それの発動としての命名。それは命名される者に「非在感」（Fanon 1952＝1998：131）をさえ押しつける。モノのひとつに貶められるのを経験する。

　では、ファノンは「傷」からどこへ行ったのか。冨山一郎の簡明な要約があるので、少し長いが、記す。「この「みかけ」に過ぎない「人種的皮膚図式」は身体に固着して離れようとしない。この「人種的皮膚図式」をはらいのけ、黒人としての身体を獲得しようとして、ファノンは最初は理性に出口を求めていくが、「世界は人種差別の名において私を拒絶した」。理性＝ロゴスはファノンにおいては破棄されねばならなかったのである。次にファノンは黒人の文化・伝統の独自性を主張し、その価値を積極的に評価しようとする立場、つまりネグリチュードに出口を求めるが、それさえも、サルトルの「ネグリチュードは己を破壊する性質のものであり、経過であって到達点ではなく、手段であって最終目的ではない」という声にかき消されてしまう。そして最後にファノンは、「それはあるのだ」と言い切るのである」（冨山一郎 1996：99）。

　冨山一郎はそして、「「それはあるのだ」としか言いようのない不定形な身体」に「ファノンは今、ある社会を解体し、新たな社会性を開く力動源としての暴力を見いだすのだ」（冨山一郎 1996：100）と述べる。この闘争の起点としての「不定形な身体」は、野村浩也においてより具体的な文脈において記述されている。「現実との闘いである以上、現実をあいまいにし、実践的にはまったく無意味な「戦略的本質主義」を私は拒否する。なぜなら、日本人による本質化が沖縄人を構築するということは、沖縄人なるものは虚構であってそもそも存在しないという意味ではないからだ。ファノンが喝破したように「それはあるのだ」」（野村 2001：179）。

　支配者たちが押しつける「図式」（ファノンにあっては「人種的皮膚図式」）、その図式の中に被植民者たちを記名する命名の暴力。その暴力をいかに解体させるか。野村がはっきりさせているのは、それは、その図式の構築性を暴くこと、虚構性を暴くこと、いわゆる脱構築によってではない、ということであるように思われる。そもそも脱構築は両刃の刃である。支配者たちが作り上げた図式の構築性を暴くとき、黒人／沖縄人／在日……は虚構となる。しかしそれは右で述べた「非在感」の既成事実化にもなりかねない。そのとき、傷はどこに行くのか。脱構築は新たな傷を作らないことには寄与するかもしれない。暴力をふるわせる、いわば認識図を解体するものだからだ。が、そのとき、すでに受けさせられた傷はどうなるのか。傷と傷を受けさせられた〈私〉との、それが傷であるかぎり、断たれるはずのない関係はどうなるのか。脱構築はそれがいかに倫理的意識のもとで、緻密に、そして深いところにまで遡って、なされたにしても、すでに傷を受けさせられた者にとっては、むしろ傷の忘却への呼びかけとして働くのではないか。

確認しておくが、ファノンにあって、「それはあるのだ」という、その身体、冨山一郎のことばを使うならば、「不定形の身体」は、世界を構造化する原初の「身体図式」ではない。ファノンは同書で「私は自分を開放の絶対的緊張と定義する」（Fanon 1952＝1998：163）と述べている。「私は自分を捉えている以上、「不定形の身体」は、「人種的皮膚図式」に襲われる以前の身体ではない。「絶対的緊張」として自分を捉えている以上、「身体図式」と外から押しつけられた「人種的皮膚図式」との緊張関係だ。そうであるから、野村が「それはあるのだ」ということばで沖縄人があることを言ったことに示されているように、ファノンにあって、この身体は「黒人の身体」なのであって、「個人」としての〈私〉の身体でもなければ、社会的存在以前の、前人称的な「ヒト」としての身体でもない。傷と傷を受けさせられた者との関係を断ったところにある身体ではない。

ファノンはそして新たな傷を受けることを避けようとはしない。いやもっと言えば、傷を受ける危険に曝されるという過程そのものに解放の道筋を見る。「非植民化とは文字通り新たな人間の創造だ。……植民地化されて「物」となった原住民が、自らを解放する過程そのものにおいて人間になる」のであり、それは「生命を賭けた決定的な対決の結果」なのであり、「その手段の中には、暴力も含まれる」(Fanon 1961＝1996：37)。

ファノンが解放が暴力手段も含んだ対決——そこでは傷を受ける危険に曝されないではいられない——の結果だと言うとき、そこから何が読みとられるべきか。〈対決〉を通しての解放という思想は、たとえばマチズムとして早々に退けられるべきものか。たとえば、レイ・チョウは、「「羨望」は「暴力」のもうひとつの側面として、ファノンがネイティブの構築の基本条件に挙げたものでもある。一方は他者が持っているものを所有したいと欲すること、他方は他者に代わってその位置を占めるために他者を破壊しようとすることだが、どちらも父権的なイデオロギーの産物であるに変わりはな」いとファノンを批判している(周蕾 1993＝1998：58)。〈対決〉の思想を促すものは何か。それは、マチズムや復讐主義、「父権的イデオロギー」といった「イデオロギー」が外から滑り込んできた結果として生じたもの、言い換えれば、さまざまにありうる解放の方法のためのひとつ、偶有的なものに過ぎないのだろうか。

以下において私は、そうではなくて、〈対決〉の思想は、命名による暴力がもたらした傷のありようそのものから導かれるものであり、そうであれば〈対決〉の思想は、仮に〈対決〉の現実的な様相がさまざまであるとしても、傷を受けた者がその経験それ自体によって導かれうるものであるということを、右に述べたような意味での現象学的分析を通して——つまり暴力を受けた者のパースペクティブに定位した分析を通して——示したい。

3 〈倒されない私〉と〈恐怖する分身としての私〉

命名の暴力は、現実の発動の形を考慮するとき、それを暴力として受け取る者の観点から、三つに分類できるように思われる。この分類を足がかりにその暴力と〈対決〉の関連を考えていきたい（したがって分類そのものは目的ではない）。

① 命名する者が命名される者と対面している状況で命名する場合。『黒人の生体験』でファノンが冒頭にあげた例がこれに当たる。〈私〉が一方的に誰かによって命名される場面。〈あなたの暴力〉とここでは名づけておく。

② 命名する者が不在の状況で、命名する場合。すでに述べた〈そこの暴力〉。

③ 命名する者が〈私〉ではない誰かに向かって命名する場合。つまり誰かが命名の暴力に曝されているのを見ている場合。〈彼／彼女の暴力〉

はじめに、②の〈そこの暴力〉経験を考えてみよう。そこでは〈私〉はそのことばを発する者の顔が見えない。それは同時にその暴力が具体性を持った〈私〉そのものへ向けられている訳ではないということでもある。〈私〉そのものはここでは狙われていない。が、〈そこ〉を暴力として経験している以上、つまり、〈私〉に恐怖が引き起こされるかぎり、それは狙われている「何者か」を〈私〉に感受させることにならざるを得ない。「何者か」とはその命名の対象、つまりたとえば、「朝鮮人なるもの」である。理念としての恐怖する主体と言ってもよい。が、ここで理念とは知覚不可能な存在であるという意味であって、リアリティがないという意味ではない。この理念としての「朝鮮人なるもの」は〈私〉の恐怖から生みだされたものであって、その意味で、〈私〉の身体の分身、〈私〉の肉を分け持つ存在と言ってもいい。〈そこの暴力〉が〈私〉そのものを狙っているわけではない、という事実はその裏面として、〈私〉ではない狙われている何者かを分泌してしまうのである。〈そこの暴力〉は

〈私〉が狙われているわけではないという「事実」を「事実」として強調しても、それによって安心を得ようとしても、一方で狙われる何者か、〈私〉の肉を分け持った、恐怖する主体を感受させる。しかも、この〈恐怖する分身主体〉は、〈そこ〉から〈私〉が直接・現実には狙われていないがゆえに、〈私〉の肩代わりとして存在せざるを得ない。〈私〉にあっては、その場における〈私〉の安全は〈私〉の〈恐怖する分身主体〉の肩代わりによって成立しているのである。

この〈私〉の〈恐怖する分身主体〉の発生は、③の〈彼女／彼の暴力〉においても同じである。命名を暴力として経験しているかぎり、〈私〉は次の瞬間には自分が狙われる可能性を感じないではいられない。そうした感受の仕方は、実際に曝されている他者を〈私〉と無関係の他者として認めることを不可能にする。ここでも〈私〉にあっては、実際に狙われている他者は〈私〉の〈恐怖する分身主体〉である他ない。

しかも重要なのはこの事態が①の〈あなたの暴力〉においても同じだ、ということである。ここで、はっきりさせておかねばならないのは、命名の暴力ははじめから綻んでいる、ということだ。〈私〉は、ファノンが言ったように、「身体図式」を持っている。その身体図式を媒介した世界の構造化は、しかもメルロ＝ポンティ的に理解していけば明らかなように、〈私〉が生まれた、という一事によって生じる。「人種的皮膚図式」とこの身体図式の生成の順序は、後者が先行する。それは気づいたときには成立している。そうであるかぎり、命名の暴力は、〈私〉に直接、向けられた場合であっても、そのときこそ、異質なもの、意外なものだ。〈私〉はどうしても知っているのである。命名されている〈私〉は、命名者にとっての対象でしかないこと、彼らの象徴体系の中の意味でしかないこと、〈私〉にとっての〈私〉でないことを。(7) それでもその場で狙われているのが〈私〉である以上、〈私〉にとっての〈私〉でないもの、彼らの象徴体系の中の意味を〈私〉の外部に見出すことはできない。その場にいるのは〈私〉だけだからだ。命名者にとっての対象を〈私〉は外部に放逐できない。そして、どこかに存在しなくてはいけないそれは、〈私〉の〈恐怖する分身主体〉と呼ぶしかないような位置に納まらざるをえないだろう。

①②③それぞれを見てきたが、ここで重要なのは、命名の暴力は、〈私〉そのものを倒すことはできない、ということである。そこには倒されない〈私〉が常にある。暴力の彼方、余剰がある。この〈倒されない私〉は現象学の用語を用いて超越論的主観と呼んでもよいかもしれない。[8] ともかく、〈倒されない私〉がある一方で、暴力を暴力として経験しているかぎり――恐怖がざわめくかぎり――その暴力の受け取り手――恐怖の担い手――をどこかに見出さざるを得ない。その意味で〈倒されない私〉の成立は恐怖の担い手を同時に生みだす。〈倒されない私〉、安全な〈私〉の傍らに恐怖する者がいる、という構造を命名の暴力は生みださざるを得ない。まさに命名の暴力が、命名者たちの象徴体系、自分たちが作りだした図式の押しつけであって、〈私〉そのものに呼びかけてはおらず、〈私〉そのものに到達しない語りだからである。

なるほど命名の暴力に曝されるとき、〈私〉は一個の物、ひとつの対象に貶められる。それはサルトルが「まなざしの理論」で描いた状態だ。が、彼の他者論にはもっとも重要な側面が見落とされている。そこで、ここではサルトルの他者論を迂回しよう。

サルトルは、人は、他者のまなざしに捉えられることによって、その主観（サルトルの中ではそれは自由とほぼ同義になっている）を失いたんなる対象と化す、という側面、かつ、その自分を捉える他者をこちらが再び捉えることによって、自己の主観（自由）を回復し、同時に他者の主観が対象に転落する、という側面を他者関係の基本と見なす（Sartre 1943＝1999：457–477）。ここでサルトルは主観の同時成立の不可能性を述べていたのだが、これに対するシュッツの批判を見ておくことは有益である。「サルトルは、鍵穴から中を覗いている間に他の人に捕捉されるひとりの嫉妬にかられた愛人の状況を詳細に分析している。愛人は、他者のまなざしのもとで自らの下品な諸可能性から成る自由を喪失する。愛人は、他者が彼であると見きわめるものに転落する。ただし、愛人がそうしたものに転落するのは「気づかれずに捕捉される」場合ではなく、捕捉されることに気づく（not caught unawares, but becomes aware that he is caught）場合のみである」（CP I：202 ——傍点は引用者）。まなざしを受けることに〈私〉は気づくことによってまなざしの力は発揮される。〈まなざしを経験している私〉がそこにはいる。この〈まなざしを経験している私〉そのものは——〈まなざされている私〉が「対象」であっても——「対象」にはならない。また〈まなざし〉に気づいたあとも、〈まなざしを経験している私〉が文字どおりに消失するわけではない。文字どおりに消失したとすれば、それは端的に言って死を意味するよりないだろう。〈まなざし〉によって対象化されるとき、そこにはすでに常に〈まなざしを受けている私を経験している私〉がいる。

命名の暴力の文脈の中に置き直して考えよう。命名の暴力は——まなざしの力がそうであるように——〈私を物にしてしまう〉ではなくて、〈私が物にされるのを経験する〉と記述されなければならない。前者のように事態を第三者的に観察者視点から記述するとき、その暴力性を浮き彫りにすることを可能にするというメリットの代償として、抵抗の可能性を想像する間隙を消滅させてしまう。命名の暴力は絶対に到達できない外部を持っている。〈まなざしを経験している私〉には命名の暴力は到達しない。そこには〈倒されない私〉がいる。

事態はこれに尽きない。〈倒されない私〉が常にある一方で、命名を暴力として経験している以上、一方で、〈恐怖の担い手〉を感じ続けないわけにはいかない。しかもそれは〈私〉の肉を授かったものである。〈恐怖の担い手〉の〈恐怖〉は〈私〉の身体そのものの〈恐怖〉の裏面である。そうであるがゆえに、〈倒されない私〉は、倒されないことによって耳を閉ざすことができない。〈倒されない私〉は、恐怖の担い手＝〈恐怖する分身主体〉の声を聞き続けなくてはならないのである。

この構造の中にあるかぎり、〈私〉が解放されることは解放ではない。〈私〉ひとりの解放は経験の構造上、あり得ない。外部にいる誰かがそう言っているわけではない。〈私〉の中にいる、〈恐怖する分身主体〉が、〈私〉の中でそう言うのである。

〈恐怖する分身主体〉のその恐怖の声に〈倒されない私〉は〈私〉を責める声を聞かないではいられない。聞く、聞かないという自由はここにはない。理念ではあるが、〈私〉の恐怖の相関者。肉を持った、しかし理念としての恐怖主体。〈恐怖する分身主体〉。〈倒されない私〉は、この〈恐怖する分身主体〉が〈私〉の恐怖の肩代わりをしていることの結果としてしか〈倒されない私〉ではいられない。そうであれば、〈倒されない私〉は己に気づいたときには、自分を責める声を聞かないではいられないだろう。〈倒されない私〉はその意味で、〈恐怖する分身主体〉への責め（responsabilité）を負い続けねばならないのである。ちょうどレヴィナスの「私」が〈顔〉に責めを負うのと同じ意味で。

> 他者の現前は自由の前批判的な正当性を審問するのではなかろうか。自由は自己への恥辱として自分自身に現れるのではなかろうか。(Levinas 1961＝1989：466)

レヴィナスは対面する他者、そこに現れる悲惨＝〈顔〉に、自らを振り返ることを知らない「私」が責めを負うことを繰り返し述べる。しかし命名者は元来、〈顔〉を持たない。名前＝類型によって「私」がかけがえのない「私」であることを消去する命名者は、自分もまたかけがえのない自分であることを消去するよりない。名前＝類型を形成している象徴体系の中に己を陥没させないではいられない。もっと言えば、陥没させることでしか、命名の暴力はふるえない。先に挙げた金鶴泳の小説の題名が示唆しているように、命名の暴力者は、〈まなざしの壁〉としてしかあり得ない。命名の暴力にあっては、その発現点に〈顔〉がない。そしてあたかもそのことの結果であるかのように、〈私〉は、〈恐怖する分身主体〉という〈顔〉に出会い、その〈顔〉に責められる。暴力を強く感受すればするほど強く責められるのだ。

〈倒されない私〉は常に責め続けられる。この責め、responsabilitéは〈倒されない私〉によって聞き取られるものであるかぎり、永遠に終わらない。いや、こう言わねばならない。responsabilitéを果たし続けているかぎり、それは終わらないのだ、と。それは再びレヴィナスのことばを使えば、無限責任なのである。なぜならば、responsabilitéを果たしていられるかぎり、〈倒されない私〉は〈恐怖する分身主体〉ではなく、この裂け目は埋まらないからだ。ここには越境不可能な絶対的差異がある。

> 責任の無限性はその現実の無辺広大さを表しているのではなく、引き受けられるに応じて責任が増大していくことを表している。……自分の義務を果たせば果たすほど、私の権利は縮小する。義人たればたるほど、私はより多く罪を背負う。(Levinas 1961＝1989：379)

この無限責任、それこそが、ファノンの言う「絶対的緊張」ではないか。

命名の暴力は、〈恐怖する分身主体〉への無限責任を生みだす。そしてその責任は、〈恐怖する分身主体〉、理念としての、しかし〈私〉の肉を分け持った被命名者の恐怖への応答である以上、〈私〉が恐怖の中に赴こうとする運動の中でしか果たせないだろう。〈恐怖する分身主体〉は〈私〉に恐怖の中で暴力に抗うように常に責める。恐怖のないところではなく、恐怖のさなかで暴力に抗うこと、つまり〈対決〉の場にいるように責める。

そのような責めに促される抵抗を、私は〈責任としての抵抗〉と呼びたい。私の主張はそして、この〈責任としての抵抗〉、そしてそのときの主体は命名の暴力によって生みだされる経験の構造から生じるということである。この主体の生成そのものにはイデオロギーは何ら介在していない。仮に〈責任としての抵抗〉によって生みだされた運動がたとえば民族主義運動と呼ばれるものに結実化し、ひとつのイデオロギーとして扱われ、運動の具体相において批判されるべきものが見つかろうが、それは原理的には事後的なことである。繰り返し、言おう。朝鮮人という語で自らを語ろうとした者たち、己の身体でその語が持つ響きを吸収しきろうとした者たちは、この語によって圧倒された同胞、殺されさえした同胞への責任、そして、この語によって圧倒されるかもしれない未来の同胞への責任に呼びかけられた者たちのことなのだ。

〈責任としての抵抗〉の主体は、断じて、アルチュセールが言うような、イデオロギーからの呼びかけ(9)によって生じるものではない。

〈責任としての抵抗〉とは〈対決〉であり、そのことが意味するのは、決して支配者たちに回収されない形で抵抗する、ということである。だから、北朝鮮表象と韓国表象がすでに述べたようである現在における在日に関して言えば、たとえば自分の国籍が韓国であるという事情を利用して、韓国人であると「日本人」や同胞に向かって言ったり、戦後五〇年が経過したという歴史を意識の中で強調し、利用して、過去との差異を強調することではない。むしろ自分と北朝鮮との関係を強調すること。北朝鮮を想起させる朝鮮人ということばで自らを語る。自分の親類に朝鮮総連の活動員がいることを語る。そういうやり方をとるとき、私は恐怖しないではいられないだろう。だが、そのように恐怖の中で抵抗をすること、つまり〈対決〉は、経験の構造が求めるものなのである。己の表層的意識がそれを否定しようとも、意識されていないところでそれは求められている。〈対決〉はあえて言えば、無意識の求めである。そんなことをどう証明するのか?——だが、そう尋ねるのは誰なのだろうか。盗聴器の向こうの「日本人」、あるいは我々のうちの盗聴器を怖れている者であろう。それ以外は誰も尋ねない。

なぜなら、それが我々のもっとも根底にある求めであることは自分自身、いちばんよく知っているからだ。それでもなお証明を求めるならば、こう言おう。北朝鮮との関係を否定するとき、そうしなければならないという強迫観念が随伴してはいないか。否定するとき、何かを裏切っているような感覚、疚しさは随伴しないか。それが微かにでも感じとられるのならば、それはどこから招来するのか。我々にあっては、恐怖の中での抵抗、〈対決〉だけがいっさいの疚しさから無縁でいられる唯一の方法なのだ。

そしてこの〈対決〉へと不可避的に促される在日の姿こそ、一九九二年に三七歳で夭逝した李良枝の作品から読みとらねばならないものではないだろうか。

第9章　〈ハン（恨）〉と共に——李良枝の小説から

ここでは李良枝の小説をポストコロニアル文学のひとつとして位置づけて、そこにすでに見た〈責任としての抵抗〉を読みとり、在日の語られることのない経験を可視化する。その際、李良枝の小説ふたつを分析することで、最終的には〈恐怖する分身主体〉に対する責任を〈ハン（恨）〉として読み替え、〈ハン〉という自らの自由意志や意識を越えた力によって、前章で述べた意味での〈対決〉の場へと促される在日の根元的な「身体」のありよう、つまり意識以前的な生のありようを示す。

1　『由熙』の作家への切り詰め

一九八二年に小説『ナビ・タリョン』を文芸雑誌「群像」に発表して以来、芥川受賞作となる『由熙』を発表するまで、八作の小説を書き、遺稿となった『石の聲』を執筆中に三七歳で逝去した李良枝（一九五五〜一九九二）は、在日文学の系列においては第三世代の作家のひとりであるが、[1]彼女の「新しさ」が、韓国に「留学」した在日の葛藤という、従来、書かれることのなかったモチーフを書いたことにあったこと、またそのモチーフによって一般に注目を浴びたことは、間違いない。自分の帰属場所を求めて「祖国」に「帰る」が、自分の体に染みついた「日本」はいっこうに消えることがない。ウリマル（私たちのことば）であるはずの韓国語は意味が聞きとられる以前に、自分を襲う音としてしか聞こえない。韓国は観念としては祖国であっても、身体はその中に溶け込むことができない――。あえて単純化すれば、こういった葛藤が、李良枝の小説に現れる主要なモチーフであり、そのモチーフで注目をされたのである。[2]

李良枝がいわゆる純文学作家として「ナビ・タリョン」で登場したとき、そのテーマの新しさには時代を感じさせるものがあった。それまでの在日朝鮮人作家たちは、朝鮮を舞台にしてその社会情勢や革命運動とその周辺を描く（金達寿「玄界灘」「朴達の裁判」、金石範「鴉の死」「火山島」、李恢成「見果てぬ夢」等）か、在日の煩悶と日本社会の不当性を表現したもの（金泰生「骨片」「私の人間地図」、金石範「祭司なき祭り」、金鶴泳「凍える口」等）であった。それが李良枝の場合は、在日朝鮮人二世の若い女性が韓国で受けるカルチャーショックを背景とした初めての小説であったからである。在日朝鮮人二世の韓国での煩悶と葛藤を李良枝は書き続けた。（林 1991：55）

一方、李良枝について竹田青嗣は「私は、李氏を〝女性〟作家と思うほどには〝在日〟作家とは感じていないようである」と述べる。というのは、「私の考えでは、〈在日〉とは、自分が〈在日〉であるがゆえに不幸なのだという感受が、世界のむこうがわからやってきて〈私〉をとらえ、〈私〉はもはや決してこの観念から目をそらすことができなくなってしまうという状況」（竹田 1995：295）であり、「この観念の囲いから抜けだそうとして〈私〉は、あるいは〈在日〉であることを否認したり、あるいは逆に徹底的に〝朝鮮人・韓国人〟たろうとするが、決してそれに成功しないという状況」（竹田 1995：296）だからである。それに反して、「政治的な世界の展望が喪失されたあとの場所に立っている」（竹田 1995：308）李良枝に書く衝動を与えているのは、「過敏な自意識のありよう」に対する「距離の不安定さ」であり、この不安定さが「〈在日〉という悩みを呼び寄せている」のであって、「〈在日性〉はむこうからやってきて作家をとらえ、その問題の中にねじふせられているという形で現れているのではない」（竹田 1995：298）。

こうした指摘は、しかしどの程度、妥当なのだろうか。なるほど歴史的事実として、日本社会の圧倒的な差別的状況とそれによって「内面化」させられた否定的民族観のゆえに、〈在日〉であることを「不幸」として感受しないではいられなかった――竹田青嗣が好むことばを使えば、在日であることに〈不遇感〉を覚えないではいられなかった――先行する世代の感覚が捉えた時代状況から隔たった状況に李良枝が立っていたことは認めねばなるまい。しかし、あらかじめ述べておけば、自意識の不安定さが「〈在日〉という悩みを呼び寄せている」という解釈はおそらく妥当ではない。あえて言えば、それは李良枝の「切り詰め」であるように思われる。竹田青嗣は以上のような解釈をするのに、共に韓国における葛藤を描いた『刻』と『由熙』をテキストにしている。そして竹田青嗣による李良枝の「切り詰め」はテキストをそのように限定してしまったところに端を発していると私は主張したい。李良枝には日本を舞台にした小説があるが、以下で見ていくように、それらの小説からはそれまで焦点を当てられることのあまりなかった在日の経験のある相を見出すことができるのだし、またそれは竹田青嗣の李良枝解釈を棄却させせるに足るものであるように思われる。

2 「不遇感」と「不条理感」——『ナビ・タリョン』から

小説『ナビ・タリョン』は、前半部分が日本を、後半が韓国を舞台にしている。主人公は「私」（愛子）であるが、家族には両親、哲ちゃん（長兄）、和男（次男）、道子（妹）がいる。家族は引き裂かれている。両親は離婚裁判を起こし、長兄と次男は日本へ帰化した父のほうに、「私」と妹は母のほうについている。「小さな自尊心や自己主張が、せめぎ合う磁力」から逃れるように「私」は京都の旅館に住み込みで働く。「私」はそこで、朝鮮人であることが知られるのを怯え続ける。東京に戻ったあとも裁判は続く。妻子のある男との恋愛と別れ。哲ちゃんの死。それらを経て、「私」は韓国に旅発つ——。

前節で述べたような理由から、ここでは日本を舞台にしている前半部分を中心に見ていきたい。前半部分には広い意味での「差別行為」がいくつも出てくる。

たとえば、旅館で仕事をするようになる前、父と母の離婚裁判の関係で地裁に行くと、父方の弁護士Yが父に向かって、「社長、おたくの国の女性というのは、ああやって人前でもすごい剣幕で泣きわめくのですな、あれでは男性には耐えられませんな」（『ナビ・タリョン』22）[3]と話しているのが耳に入る。旅館に住み込みで働いているときには、番頭の山田が別の従業員について「お千加のアホ、あいつチョーセンとちがうか」と「口癖のように吐き捨」てる（『ナビ・タリョン』23）のを聞いている。さらに、ひとりの従業員、桂が「昼の休憩時間になるとアルバイトの学生相手に棒を振り回し、人間の首の切り方を教えてい」る（『ナビ・タリョン』34）のを「私」は見る。

列挙した広義の「差別行為」はすでに述べた分類上、〈彼／彼女の暴力〉であり、主人公の「私」ではない何者かがそこでは狙われている。「私」は常にこうした〈彼女／彼の暴力〉に曝され続けており、だから間断なく「ばれたらどうしよう」（『ナビ・タリョン』22）と怯え続ける。

在日にとっては身近であるはずの、そしてそうでなくてもさほどの困難を覚えることなく理解できるだろう、この「ばれたらどうしよう」という怯えは、しかし、それが何に対するものかはっきりさせておく必要がある。もちろんそれは差別行為の実践者である特定の人物に対してではない。Y弁護士や番頭の山田や桂そのものに対して「ばれたらどうしよう」と怯えるわけではない。彼らは日常生活において当たり前に生活しており、しかも当たり前に――つまり誰にも咎められず――差別行為をしており、もっといえば、それを誰にも咎められないだろうという「仲間への信頼」の下でなしている。端的に言えば、彼らは「群」の中にいるのであり、「日本人」の中に身を陥没させ匿名的に「壁」として差別をしている。そうである（ことを「私」が覚知した）以上、「私」の怯えは「日本人」という「群」に対するもの、したがって全方位的なものにならざるを得ない。

もちろん、実際に差別をしたのは、特定の人物であり、集団的にしたわけではない。しかし、差別を可能にしたものが「仲間への信頼」であり、しかも「仲間への信頼」がその信頼を否定する「仲間」の不在という事実によって裏打ちされているとすれば、差別行為の主体を特定の個人に認めることはできないはずであろう。

ところで〈私〉に直接向けてくる〈あなたの暴力〉は、戦後の民主主義教育によってある時期から徐々に減り、主流が〈彼／彼女の暴力〉に移ってきた、と考えることはできるかもしれない。が、仮にそうであったとしても、それは誰によっても歓迎されるべきことではない。命名の暴力を中核とする他者化の暴力は、そもそも自分が傷つかないという状況を確保したうえでなすのが常であろう。そして〈あなたの暴力〉は、それが対面状況であるものである以上、常に対抗暴力によって暴力主体を危険にさらす可能性がある。それに対して、自分が傷つく可能性を排除できるという意味で、〈彼女／彼の暴力〉は暴力主体からすれば、むしろ「効果的」であるし、あえて言えば、むしろ原型的なものである。[4] そうであれば、仮に他者化の暴力の主流が〈彼／彼女の暴力〉に移ってきたとしても、そのことから読みとらねばならないのは、この暴力、我々の文脈では帝国主義／植民地主義の暴力がいっそう狡猾になってきたということであろう。

だが、帝国主義／植民地主義の暴力の主形態の移行があったとして、誰によっても歓迎されるべきではない、というのは、ただそれだけの意味においてではない。ほんとうを言えば、帝国主義者、あるいはその日常生活内での代行者たち――Y弁護士や山田や桂――も歓迎しないほうがいい。すでに述べたように、「日本人」の中に身を陥没させて〈彼女／彼の暴力〉をふるうとき、ふるわれた側は、まさにその事実のために、「誰か」ではなく、「日本人」そのものに怯え、怖れる。が、〈怯え〉はすでに述べたように、怯えそのものであることは不可能であり、常に経験されるものであって、つまりは経験する主体という余剰、〈倒されない私〉を残す。ファノンはくっきりとその事態を述べる。

　彼は支配されている。が、飼い慣らされてはいない。劣等とされている。が、己の劣性を納得してはいない。コロンが警戒をゆるめたならば直ちにとびかかるべく、辛抱強く彼は待ち受けている。その筋肉は常に待機の状態にある。彼が不安でびくびくしていると言うことはできない。……社会の象徴――憲兵、兵営に鳴りひびくラッパ、軍隊の行進、高くはためく旗など――は、抑制に役立つと同時に刺激剤ともなる。それは「動くな」という意味であるどころか、「うまくねらえよ」という意味になる。（Fanon 1961＝1996：54）

安全地帯から〈彼／彼女の暴力〉をふるったとしても、そのことの結果は、むしろ危険地帯の拡散である。安全地帯からの暴力は、日本そのものが標的にされるという結果を招く。筆者の考察によれば、すでに述べたように、〈倒されない私〉は一方で〈恐怖する分身主体〉に責められる。そして〈私〉は〈対決〉へと駆り立てられる。

小説の中で、「私」は突然、「日本人に殺される」という「妄想」に囚われる。その日、「私」は母の生活費の問題で、哲ちゃんと共にY弁護士の事務所を訪れようとする。二人は電車に乗る。目の前には、老婆が座り、一人おいて老爺が座っている。二人は夫婦らしく、人ひとり挟んで、互いに話をし合っている。それまで間に座って居眠りをしていた会社員風の男が、目を覚まし、両側の気配に気づいて、老爺と席を入れ替わる。ありふれた日常の、むしろ微笑ましいはずの光景――。だが、「私」には何ら微笑ましいものではない。

> 私はぼんやりとその光景を見ていた。吐き気がする。光線が容赦なく足もとに照りつける。殺せ、殺せ、殺したかったら私を殺せ――。私は呟いた。気づくと、涙が溜まっていた。おろおろとした。左の乳房の下がやはり痛む。涙が止まらず嗚咽を始めた。自分で一体何をしているんだろうと思った。(『ナビ・タリョン』33)

日常性の中に埋没し、安全地帯からふるった「日本人」の暴力があるかぎり、そもそも「私」が日常性を日常性として受けとらねばならない理由はない。桂、山田、Y弁護士が日常のさなかで暴力をふるった以上、この日常の中の「発作」は、一見、対象を取り違えてしまったように見えて、実際には捉えるべき対象を正確に捉えているのであって、その意味では、その暴力の「必然的結果」だと言ってもよい。

そして注意すべきは、「私」の殺意の感受の仕方だ。「私」は殺意を「殺さないでくれ」ではなく、「殺すなら殺せ」という仕方で受けとっている。「私」はここで恐怖の現場に赴け、という声を聞き取っている。それは「私」が生きていること、〈倒されない私〉であることを責める〈恐怖する分身主体〉の声ではないだろうか。

「殺せ、殺せ……殺したかったら……」

鼻汁がつまり頭が重い。苦い汁がごぼごぼと音をたてて口から噴きこぼれそうになる。唇を噛む。ドアが開いた。私と哲ちゃんは押し出されるようにしてホームに降りた。脇腹にナイフが刺さっている。脇腹に手を触れてみた。ナイフはなかった。何の傷痕もなかった。(『ナビ・タリョン』33-34)

とびきり重要なのはこのあとだ。「私」は〈対決〉する主体、ファノンの言う「社会の象徴」を狙う主体に変貌する。その日以来、——

私のジーパンの中にはいつも小石が数個入っていた。交番の前を通る時、巡査とすれ違う時、ポケットの中の石ころは汗ばんだ。私の頭の中には「日本に対するオトシマエ」という一語しかなくなっていた。(『ナビ・タリョン』35)

そして「私」はある意味でファノン以上にファノンである。否、「私」を作った李良枝がそうなのだろう。「私」/李良枝は〈対決〉すべき相手が「日本人」だけでないことを知っている。家父長制度の中で女を他者化しつつ「主人」の座に居座り続け、帝国主義と共犯してきた男も〈対決〉すべき相手である。以下の「私」の言葉づかいに注意すれば、父への抵抗が、決して支配者たちに回収されない形でする抵抗としての〈対決〉であることは明瞭であろう。

「オヤジ、何で帰化なんかしたんだよお」

呂律が回らないまま、私は声を張り上げた。

「愛子、女がなんて言葉づかいするんだ」

「冗談じゃないよ。女ことばが何だい女ことばが。すましてんじゃないよ。オヤジ一体、何で日本人なんかに帰化したんだよお」

……

「オヤジ、そんなに日本が好きか、日本のオンナが好きか、日本のオンナが好きだから帰化したのか」

(『ナビ・タリョン』35)

ここまで『ナビ・タリョン』における、日本を舞台にした前半部を見てきた。ここで、今一度、竹田青嗣の李良枝評を思い出すとき、やはりそれは「切り詰め」だったと考えねばならなくなるのではないだろうか。なるほど竹田青嗣が言うように、李良枝／「私」は「政治的展望を失った地点」にいる。「私」はこのあとも、何らかの政治活動、あるいは民族運動に関与するわけではない。(5) そういった活動を通して、状況を打開するという方向はとらない。その意味では、「政治的展望を失った地点」にいる在日の状況を反映していると言ってもいいはずである。また、右に見た李良枝／「私」の「激しさ」からは、それ以前の世代が感じ、そして戦わなければならなかった〈不遇感〉も見ることができない。しかし、同時にここには「自我の不安定さ」といったものは見受けられないように思われる。その〈対決〉への衝動から見出されるのは、むしろ自分に対する確固たる自信を基盤に、外部の状況を不条理として捉える感覚、〈不遇感〉ならざる〈不条理感〉である。そうであるならば、李良枝は在日のイメージについて、ひとつの書き換え、つまり、〈不条理感を抱える存在〉としての在日という書き換えを行った、あるいは行おうとしたと考えることができる。それは単純な書き換えでありながら、重要な意義を持つ。なぜならば、在日が〈不条理感を抱える存在〉であるならば、それは「日本人」の在日に対する同情や、自分たちこそが彼ら在日を見ているのだ、という「日本人」の感覚、要するに在日を自分たちの掌中に収めているのだという帝国主義的感覚を動揺させる可能性を含むからである。

最後に、『ナビ・タリョン』のあとに発表された小説『かずきめ』[6]を見ていこう。

3 〈ハン〉と共に生きる身体──『かずきめ』から

これから見ていくように、おそらく、この作品は、今も生きながらえている、日本のかつての植民地（出身者）に対する宗主国意識、それを保護し正当化するためのさまざまな言説やイデオロギーを暴き、動揺させ、分解するという意図が明瞭に現れているという意味で、彼女の小説の中でももっともポストコロニアル文学と呼ぶにふさわしい。戦後直後から始まる在日朝鮮人による文学は、時代状況や世代の交代といった事情のために各々の作品が合わせる焦点が異なっており、したがってそれを内部的に区分することができることは言うまでもない。しかし、一方でそれは、少なくとも己の出自については隠蔽または沈黙する作家の作品を除けば、常に植民地支配から始まる支配・被支配の関係に対峙してきたわけであり、その意味では、李良枝に限らず、一般に在日朝鮮人文学と言われる一群の作品は「朝鮮発のポストコロニアル文学」と言っていいはずである。[7]在日朝鮮人文学は、世界の他のポストコロニアル文学と直接的・持続的に交流することはなかったが、一方でそれらといわば共鳴しあっている、と見なすことができる。あるいは、世界のポストコロニアル文学、もっと言えば、世界中の被植民者たちとコミュニケーションすることなく連帯しあっている、と言ってもよいかもしれない。集合することがなくとも、孤立してはいないのであって、ここでは、序章1節で述べた「独立した連帯」が結ばれているのだ。

そういった事情を踏まえて私が李良枝の『かずきめ』にポストコロニアル文学性を強く見出すのは、何よりもその戦闘的・非妥協的性質のためである。その点を以下で見ていくが、それに先だって再度、指摘しておきたいことがある。というのはまず――すでに若干述べたことだが――李良枝は「韓国での葛藤」を描くことで日本で注目を浴びた（その問題を主題にして描いた小説、『由煕』で芥川賞を与えたことにそれは象徴されている）が、その一方で、『かずきめ』を含む日本を舞台にした他の小説には多くの場合、ほとんど注目されていない、という不均衡である。

李良枝を扱った評論や論文は、日本舞台の小説を無視するか、あるいは韓国舞台の小説読解のための補助線として扱っている。(8) そこには〈李良枝＝由煕の作家〉といった暗黙の了解があるように思われる。こういった了解は、しかしその意図がどうであれ、効果においては、李良枝の中に含まれている、日本の植民地主義批判という側面を削除していくことにならざるを得ないだろう。そうであれば、李良枝の日本の受容は、むしろ植民地主義的消費に傾斜していると言わざるを得ない。

李良枝が両国を経験することで、そこに共通する〈共同体の暴力〉、あるいは国家そのものの暴力を見出したことは間違いない。が、「在日韓国人」の彼女は己が受けた二重の傷から〈共同体の暴力〉批判に赴いたのであって、したがって、その批判は在日のひとつの財産、世界を批判的に眺めるための認識地図にはなりえても、もしも「日本人」が自分のふるった暴力に対する自己批判を行い、傷を受けた者への応答責任を果たす用意がないのであれば、その「日本人」にとって〈共同体の暴力〉批判はひとつの玩具でしかない。そもそも〈共同体の暴力〉批判によって問題が人間共通の問題とされたとき、その暴力性が不可避的であるかのような表象を呼び出しやすく、そういった表象のもとで目前の日本の植民地主義の暴力が覆われてしまう可能性がある。だから、私の主張は単純で、現実的である。自分のふるった暴力に対する自己批判を行い、傷を受けた者への応答責任を果たす用意がない「日本人」について言えば、その日本人は〈共同体の暴力〉批判に参加する資格を持っていない、ということである。

さて、『かずきめ』の登場人物は前節で見た『ナビ・タリョン』と同形的であり、あるいは反転図的である。作中において名前がいっさい出てこず、「彼女」とのみ記されているのが主人公である。その「彼女」の母は「彼女」が小さい頃に父と離婚している（母と父、「彼女」は朝鮮人）。その後、母は「日本人」の男と再婚。その男には長男、敏彦と次男、敏行、その下に娘の景子がいる。主人公の「彼女」の立場から整理しておくと、朝鮮人の（生）母、「日本人」の（継）父、長兄の敏彦と次兄の敏行、妹の景子という家族構成になっている。

小説はきわめて複雑な構成をしている。冒頭に現れるのは、「彼女」が小学校のとき、朝鮮に関する授業が来るのに怯え、ついには授業の前に熱を出して、そのまま帰宅、数日、床についていたが、家出を試みる、というシーンである。

社会科の教科書のあのページには、〈朝鮮〉という文字がいくつも印刷され、朝鮮半島の略図までが載っていた。書かれている内容以上にチョーセンという響きが彼女をすでに怯えさせていた。

（中略）

彼女にとって級友たちの方がかえって怖ろしい存在だった。彼らの不意打ちやしっぺ返し、陰口や妬みの意外さを彼女はどうしても読みとれなかった。月曜日の四限に自分は坂井（担任の教師——引用者）と級友たちに板挟みにされる……彼女は震えながらその日の自分のことを思い描いた。（『かずきめ』64）

このあと場面は急転する。二〇歳になった景子がアパートで自殺した姉（＝「彼女」）の部屋の整理をするシーンが現れる（ここからすぐに見て取れることだが、「彼女」に名前が与えられていないのは、「名もなく死んでいった存在」、サバルタンであることを強調するためだろう）。この場面のあとからは、景子が姉＝「彼女」が自殺した原因を、「彼女」の友だちに会って尋ね、その友だちに語ってもらうという流れが一方にあり、同時にその合間合間に、「彼女」の視点から自殺に至るまでのその生の跡が点描されるという流れがある。したがって、小説は、景子の視点、「彼女」の視点、そして、彼女の友人の視点の三つから構成されている。

「彼女」の視点から描かれた経験は時間的順序の通りにはなっていない。が、いずれにせよ、読み進めていくうちに、「彼女」がどのようにして自殺に至ったのかが明らかにされていく仕組みになっている。

ただし、この点についてはは指摘するにとどまらざる得ないが、友人が語る話を通してのみであって、その意味では「本当の理由」——当人である「彼女」の視点から見た「理由」という意味で——は最後まで景子にはわからない。しかも重要なのは、景子が「本当の理由」がわかっていないという点が、小説の中で意図的に強調されていることだ。

「彼女」は自殺する日、小学校で朝鮮に関する授業が来るのを怖れ、家出をしたときに履いていた靴と同じ柄の靴を買っている。「彼女」はアパートでその靴を眺めながら、「あの幼い日の一日の出来事に、すべて暗示されていたのではないか」と心の中で呟く。彼女はそしてその靴をテーブルの上に置いたまま、アパートの浴室で自殺する。靴はその意味で自殺（その小説内部における意味については後述する）の「本当の理由」（＝植民地主義の暴力〉を象徴するものである。のちにアパートの整理のために訪れた妹の景子は、小説の最後でその靴のことを思い出す。しかし、「姉はあの靴をどこかの子供にあげようとしていたのかもしれない」(『かずきめ』95)と見当外れな推測、しかも、靴から「本当の理由」へ至る回路がはじめから景子に断たれている以上、〈当然の見当外れの推測〉をするのである。

ポストコロニアル研究の視点からすると、作者が「本当の理由」が妹にわかっていないことを強調することで示そうとした意味に興味がわく。「彼女」はサバルタンとして描かれている。そうであれば、すぐに「サバルタンは語ることができるのか」というスピヴァックの問い(Spivak 1988)を想起し、自殺の理由を探ろうとしながらも靴の意味を「誤読」する景子、もっと言えば、「誤読」せざるを得ない景子を描くことで、李良枝が、朝鮮人で女であることの状況、つまり、沈黙を強制する、「日本人」と男による「二重の抑圧」を可視化しようとしたのだという解読をしたくなる。が、本研究の文脈からは離れるので、そういった解読の妥当性の吟味には立ち入ることはできない。

李良枝は小説の終盤当たりにレイプ事件を描く。

> 彼女が窓を閉めようとして縁に手をかけた時だった。……男は着ていた雨合羽を部屋の中にほうり込み、身軽な動きで彼女の部屋に飛び降りた。予期していたのは敏行だった。まさか敏彦が窓を叩いていたとは思いも寄らなかった。全身から力が抜け落ち、彼女はずるずると背中をこすりつけて座りこんだ。窓は閉められ、雨音が遠のくと、それを追いかけるように気を失った。敏彦は敏行よりも乱暴に彼女の両脚を押し拡げた。
>
> 敏彦は雨合羽をかかえて窓の外に消えて行った。彼女には敏彦が軽蔑しきった表情で吐き捨てていった言

葉がよく聞き取れなかった。だが何を言ったのか、彼女にはわかっていた。(『かずきめ』83)

ここで、長兄の敏彦が軽蔑しきった表情で言ったことばは小説の展開上、「朝鮮人」ということばであることは間違いない。またこの場面から彼女がこのレイプ以前に次兄の敏行にレイプされていたことがわかる。「彼女」は結局、妊娠をする。母に問いつめられ、「妊娠の相手」が次兄の敏行であることを告げる。そのあとには次のような場面が描かれる。


数分後、居間の方から母と継父の言い争う声を聞いて彼女は我に返った。敏行の金切り声が何かにぶち当たって、うぐっとひしゃげた。彼女は畳が急に陥没し始め、身体がずんずん沈んでいくのを感じた。いつの間にか敏彦が立っていた。敏彦は彼女の前に座り込み、両肩を強く揺さぶった。

〈おい、絶対に俺のことはしゃべるなよ、いいか、絶対だぞ〉

(中略)

頷きもせず、黙ったままの彼女が不安になったのか、敏彦は両手をこすり合わせ始めた。

〈な、頼むよ、この通りだ〉

体臭に耐えきれずにやっと頷いた彼女を見て、敏彦は部屋を出ていった。彼女は立ち上がり、居間の襖の陰にそっと歩いて言った。

〈この野郎、恥をしれ恥を、身内に何てことしやがったんだ〉

敏彦の声に重なって、うっと唸る敏行の声が聞こえた。敏行は泣き出した。

(中略)

鼻汁をすすり、しゃくり上げながら敏行は叫んだ。
〈なんだ、なんだ、なんでそんなに朝鮮人の肩をもつんだよ……オヤジ、……オフクロが死ぬのを待ってたみたいに、こんな親子を連れてきて……臭いんだよ。俺、こんな臭い家、出てってやる……〉
敏彦も継父も、そして母も黙っていた。(『かずきめ』85)

この場面から読みとらねばならないのは、女を自分の欲望の対象とする男の暴力という、あえて言ってしまえば、もっとも〈わかりやすい〉暴力のおぞましさやその被害者の悲痛だけではない。暴力に対する「怒り」や被害者に対する「同情」や「憐憫の情」を覚醒するためだけであるならば、そもそも兄弟によるレイプという場面設定は余剰を含んでいる。また、この小説は基幹的な設定についてはすべてが虚構で、しかもその構成が相当に手の込んだものになっていることから考えても、李良枝がここで示そうとしているのが、そういったものの先にあったと考えるほうが自然だろう。ではこの場面から何が読みとられるべきなのか。

まずはじめに確認しておきたいのは、「彼女」の視点からはここでは登場する全員が共犯者だということである。というのも、ここでは長兄の敏彦の罪(=レイプ)が隠蔽されてしまっているが、長兄の罪を暴露することのできる当事者である「彼女」にいっさい語る機会を与えていないからである。右の場面では一見、母には罪がないように見えるが、その意味では同罪である。ここで母について付言しておくと、母は、「日本人」の男と再婚してからは、自分の朝鮮人性を消去し、家父長主義的家庭にあって「母」に与えられた役割を自ら演じ続ける(「常に和服を着、まるで家政婦のようだった」(『かずきめ』69))人物として描かれている。

言い換えれば、ここでは喧嘩をしているようで、「彼女」の視点からすれば、長兄の敏彦の罪を隠蔽するよう全員が共働しているのであって、その意味では「彼女」の目にはむしろ「茶番劇」として現れざる得ない、ということである。

次に着目したいのは次兄の敏行だ。彼の兄は、〈この野郎、恥をしれ恥を、身内に何てことしやがったんだ〉と――「彼女」の目からすれば盗人猛々しいとしか思われないような――「道徳」を持ち出しているが、敏行自身は、兄が自分の罪を隠すためにそうしているのだという「魂胆」に気づいていない。

この茶番劇で、次兄の敏行は自分の罪を正当化するのに〈なんだ、なんだ、なんでそんなに朝鮮人の肩をもつんだよ〉と「朝鮮人」を持ち出す。逆に言えば、自分を「日本人」として類型化・特権化することで、罪を正当化しようとする。しかし、すでに確認したように、まったく同じやり口を長兄もしていたのである（レイプのあと、吐き捨てたことばは文脈上、明らかに「朝鮮人」だった）。

つまり、この兄弟は罪を正当化する――「罪を罪ならざるものに変換する」というべきか――のに共に「日本人」という同じひとつの共同体に身を陥没させることによってなそうとしているのだが、実際にはその共同体には不均衡の〈亀裂〉が入っているのである。兄は弟を利用し、弟はそのことに気づいていない。

重要なのはそして以上のいっさいを知っているのは――読者以外には――ただひとり、名前がなく、そして語る機会を奪われている彼女だということである。たしかに長兄は〈おい、絶対に俺のことはしゃべるなよ、いいか、絶対だぞ〉と彼女に脅した本人であり、その脅しによる彼女の沈黙によって彼は「彼女」以外の家族に自分の罪を隠しおおすことができている。が、彼女に沈黙させたあと、彼自身が自分の魂胆、つまり、罪を弟に一方的になすりつけることで自分への非難をかわそうとする魂胆を彼女に気づかれていることに気づいていることは難しいであろう。というのは、そのように彼女の目を意識したとたん、彼は秘密であるべき魂胆がすでにばれていることを自覚するという緊張状態におかれるはずだからである。しかもそういった長兄のジレンマさえ彼女が見出すことはきわめて容易であろう。

「彼女」は沈黙を強制されている。しかし、「彼女」はまさに強制されたがゆえに、強制されたことを知っており、一方の長兄は、強制したがゆえに、強制したことに気づきながら気づかないふりをするという緊張状態か、それよりももっとありそうなことには、強制をしたという事実を意識から抹消しなければならないという位置に置かれる（緊張か忘却か）。共同体を声高に叫びつつも、その共同体の内部の者に利用されている（ことに気づいていない）次兄、共同体の内部の者を利用しつつも、緊張か忘却の位置にいざるを得ない長兄。そしてそれらについて何も知らない共同体の主人としての父とその共同体とは別である出自（朝鮮人性）を覆い隠し続ける母。――李良枝がここで見せるのは、言うなれば〈帝国主義的社会関係〉の縮図である。しかし、この縮図はただ読者にのみ見えるのではない。それらいっさいを見ることのできる位置に「彼女」がいる。その意味では、彼女は認識論的に優位な位置に立っている。

「彼女」は現実の在日の、そして在日の女性の位置でもあるほかないであろう。在日は「日本人」が「日本人」という共同体の中にいくら陥没させようとしても、あるいは共同性を強調しようとも、そこに亀裂があることが見える位置にいるのであり、在日の女は、朝鮮人という共同体内部に身を沈めようとする朝鮮人の男の間に亀裂があることが見える位置にいる。もちろん、在日のこうした位置は、帝国主義者にとって、もっとも恐るべきものであり、そうであるがゆえに、在日のこうした位置を察知した帝国主義者は、在日と「日本人」の間の境界を強調する活動、在日を他者化し、沈黙を強制する活動にいっそう駆り立てられるだろう。そういった活動はしかし原理的には、沈黙を強制する長兄、敏彦の再演に過ぎないのであって、つまりどうあがいても、緊張か忘却かという位置からは抜け出せないのであり、したがって「彼女」、在日、在日の女の認識論的優位の位置は変わらない。

しかし、言説の内部では語る位置を奪われている被支配者が認識論的には逆に優位に立っているという、観察者視点から得られる、「客観的」位置関係はそれ自体としては何ら実践的な意味を持たない。が、同時に、その位置から見ることができるものを、実際に見た場合、抵抗への意志が生じないではいられないことも事実だろう。そして実際に見るための必要な条件は整っている。なぜなら、ここにもやはり〈倒されない私〉がいるからである。そもそも「彼女」への沈黙の強制は、命名の暴力である。沈黙を強制するロジック(というよりむしろレトリック)は、「朝鮮人で女だ。だから黙っていろ」である。なるほど長兄の敏彦はそのように言ってはいない。が「絶対、しゃべるなよ」と言ったとき、その命令が命令としての「権威」を得るとすれば、その「権威」の供給源は、このレトリックを彼女が(行間に)読みとること、つまり命名の暴力に曝されること以外にないだろう。そうであれば、すでに述べたようにこの経験から〈倒されない私〉が生じないわけにはいかない。そして、実際に見るために必要な条件となる〈倒されない私〉がそして実際にその位置から見えるもの、その茶番劇、その帝国主義的社会関係を見ぬいたとき、〈倒されない私〉は、そのからくりを一望することで、むしろ〈嘲笑する私〉になるだろう。が、〈倒されない私〉は同時に〈恐怖する分身としての主体〉の声を聞き、それに責められる。しかも今や〈嘲笑する私〉へと高まった分、〈恐怖する分身としての主体〉の責めはいっそう激しいものにならざるを得ない。その、いっそう激しく責める声を私は我々のことばを用いて〈ハン(恨)〉と呼ぼう。命名の暴力に倒されず、そのうえ帝国主義の醜悪で滑稽な茶番劇を見てしまった〈私〉は、そうであるがゆえに、〈ハン〉に曝される。在日は〈ハン〉と共に生きる存在になる。

小説の中で以上のような変貌が起こっていたか。——起こっていた。

「彼女」は恋人に言う。

〈いっちゃん、また関東大震災のような大きな地震が起こったら、朝鮮人は虐殺されるのかしら。一円五十銭、十円五十銭と言わされて竹槍で突つかれるかしら。……それでね、その包丁で胸のところと手首を切りつけてみたの。痛かった。……いえ、でも今度は虐殺なんてされません。でもそれでは困る、私を殺してくれなくちゃあ〉(『かずきめ』82-3)

「彼女」は虐殺の恐怖を我が身に知らせるために包丁で手首を切る。あらゆる恐怖の中で最大の恐怖を我が身に知らせる。そして言うのだ、〈私を殺してくれなくちゃあ〉。それは何の声なのか。──〈ハン〉ではないか。〈ハン〉──責める声。何を？　〈倒されない私〉として生きていられ、しかも圧迫する者たちを嘲笑し、そうすることで心の中で彼らを倒しさえすることができる〈私〉、かけがえのない生を切り開いていくことができる〈私〉、その〈私〉をそうであるがゆえに責める声。〈私〉に〈できること〉が〈できること〉であるかぎり許さぬと責める声、権能 pouvoir を審問する声なのである。

では、自殺は何なのか。──私は李良枝から遠く離れていったのだろうか。そうではない。李良枝は自殺によって在日の根元的な身体のありようがハンと共にある身体であることを示そうとしたのではないか。〈できること〉を許さない声、〈できること〉が〈私〉にあることを責める声、「私の生」があることを責める声としてのハン。「私の生」を求める身体がハンという「私の生」を責める声と共にあるより他はない、という在日の根元的な身体の逆説。その根元的な身体を抑圧することなく、その逆説の中でなお生き続けるとすれば、それは、「私の生」を責める声＝ハンを生んだ、恐怖を与える暴力に〈立ち─向かう〉という場にい続けるよりないだろう。そしてそれは、朝鮮人に向けられた暴力の究極の形が虐殺であった以上、原理的には、殺害の暴力に〈立ち─向かう〉という場にい続ける、ということを意味するだろう。ハンは〈私〉に、〈私〉の生が円滑に営まれる世界、日常生活の場としての世界の内部にいることを責める。李良枝は、そう責めるハンを「彼女」の自殺を通して、浮き上がらせようとしたのではなかったろうか。

4　内破運動への合流

右に見た李良枝の二つの小説はもしもそこから直接的に模倣できるような抵抗の戦略や戦術を見出そうとして読めば、むしろ失望をもたらすだろう。しかし、そういった読みではなくて、言語化されていない在日の経験の相を可視化しようとしたものとして読むのならば、多くのことが得られる。

前二章において、私は命名の暴力に関する分析をファノンとレヴィナスを援用しながら行うことで、その暴力を受ける経験の構造から〈倒されない私〉と〈恐怖する分身としての身体〉が生成分化することを示した。また、〈恐怖する分身としての身体〉に〈倒されない私〉が責めを負っていること、その責めは〈私〉を抵抗へと促すことを示し、そうした抵抗を〈責任としての抵抗〉という概念で表した。これらの概念を用いて、李良枝の小説ふたつを分析することで、最終的には〈恐怖する分身としての身体〉からの責めを〈ハン〉として読み替え、〈ハン〉によって暴力に〈立ち―向かう〉という場＝対決へと促されるのが在日の根元的な身体であるという考えを示した。

冒頭で示したように、在日は植民地主義に共犯するよう常に誘惑されている。特に拉致事件発覚以降の北朝鮮表象は在日を現在と韓国に自分を同一化するよう働いているため、帝国主義への抵抗はいっそう難しくなっている。そういう中で、抵抗について考えるのならば、抵抗の戦略や戦術を具体的に構想することと同時に抵抗という行為が在日にとって持つ意味を考えることは緊急な課題だと思われる。そのような問題意識から、本書第Ⅲ部は出発している。

在日にとって抵抗は根元的あるいは原初的には、言い換えれば、言語によって表される以前の最初の〈現れ〉としては——〈生まれいづるままに〉捉えるならば——決してそれを実践するもしないも自由であるというような形のもの、つまり選択肢から自由に選ぶことが可能なものとしてあるのではなく、かといってもちろん刺激に対する反応のような選択性のまったくないもの、物体が摩擦に対して示すような「抵抗」としてあるのでもない。それはレヴィナスの言う〈顔〉に対する〈責め〉としての責任として現れる。帝国主義の命名の暴力によって、〈私〉は〈私〉が〈倒されない私〉であることに対して、〈私〉ではないが、〈私〉の肉体を分かち持っているような何者か、〈恐怖する分身としての身体〉に責められる。ゆえなく責められる。暴力に〈対決〉という形の抵抗をするように駆り立てられる。そういう意味で、抵抗は原初的には〈責任としての抵抗〉である、というのが本論の主張である。抵抗は原初的には自由でもなく、反応でもなく、責任なのである。

事象の、類型化され、言語的世界に登記される以前の、〈私〉への〈現れ〉を追求すること。事象を生まれいづるままに捉えること。経験の中に深く分け入ること。それが常に現象学の追求する課題だった。以上の論考で、私はそういった性格を持っている現象学をポストコロニアル研究の中に持ち込もうと企てたのである（したがって私としては、以上の論考を現象学的ポストコロニアル論と呼びたい）。

ここで示した抵抗は一見、冒険主義的で英雄主義的であるかのような印象を与えるかもしれない。この点については、それは印象ではないとむしろ言いたい。帝国主義の暴力が、被植民者に一方的に無差別に加える暴力であるかぎり、そこから生じてくる抵抗は——右で述べたような原初的次元においては——冒険主義的で英雄主義的にならざるを得ない。バクチ的要素を含んだ抵抗で、しかも半ば自ら何者か（＝〈恐怖する分身主体〉）を背負った抵抗にならざるを得ないのである。

我々は〈不遇感〉ではなく、〈不条理感〉を抱えている。ファノンが言ったように、我々は「飼い慣らされてはいない」。北朝鮮表象を見るかぎり、帝国主義が終焉に向かっている気配はない。だが、帝国主義が終わらないかぎり、我々が終わることはない。帝国主義が終わらないかぎり、不条理感が失われ、抵抗への呼びかけが聞こえなくなることはないだろう。

最後にこの文章が日本語で書かれている以上、「日本人」に言わねばならない。——もしもあなたが不条理の世界の住人であることを拒むのならば、自分の仲間に抗うことだ。自分自身が帝国主義に唱和しないことは、不条理の世界の住人であることの否定にはならない。生活のあらゆる場で、帝国主義的言説が現れた、その都度に、それに抗うこと。仲間に抗うこと。しかも、自分のほうに暴力が向かってくるかもしれないという恐怖の中で抗うこと。在日が促される形の抵抗をなぞること。それでも倒れないとき、そのときだけ、在日は自らの身体の経験を裏切ることなく、「日本人」を不条理の世界の住人ではない者として、そしてもしかすると、友としてさえ認めることができるだろう。

被差別体験は「独りで出て来い」という「内的な声」を生みだす。そしてそれは、〈恐怖する分身主体〉に促されて、現実の表現となる。それを言い、それを示せば、攻撃の的となるような表現を、そうなるような場において、なすように、つまり〈対決〉するように促される。こうして〈私〉は恐怖の中で「独りで出て来い」という声を差別者に突きつける。仲間に刃向かうことを求めるのである。

終章　差別と抵抗の〈ひそやかな関係〉——「救済」としての抵抗

ここまでシュッツとレヴィナスの他者論を主に参照にしつつ、差別をめぐる諸経験を当事者との〈ひそやかな関係〉に定位して記述してきた。たしかに、シュッツとレヴィナス(1)にとって差別問題が主要なテーマであったわけでない。また、差別研究の観点から両者の思考をたどり直したり、あるいは彼らの思考を適用しつつ差別を問うという研究もほとんど蓄積がないのが現状である。しかし、差別が、ともかくも類型によって他者の生の具体性を抹消する暴力であるかぎり、諸々の具体的な差別問題に通底する問題に接近しようとするとき、二人の思想が有益であることは明らかである。

シュッツはたしかに、ほとんどの類型が社会的に配分されること、類型は日常生活では実践的に有用であるかぎり、保持され続けること、またあらゆるひとの経験は類型的になされることを強調した。つまりシュッツにあって類型は暴力以前にまず日常生活を成立させる条件だったのである。しかしシュッツは同時にこうした類型を媒介として成立する世界経験も、対面状況における具体的な他者経験を基礎にしていること、言い換えれば、類型媒介的世界経験は具体的な他者経験において類型を越え、否定する他者の具体性を経験することに基づけられることを強調していた。その意味では世界は他者の贈り物なのである。そして、類型を越えた他者の具体性が世界経験全体において基盤として構造的に連関していることをシュッツから読みとるとき、シュッツとレヴィナスの思想の間に密接な類縁性を見出すことができる。レヴィナスにあって他者は、〈私〉のいかなる観念にも包摂されず、還元されない超越であり、「無限」であり、仮に〈私〉が何らかの歴史を帯びざるをえないとしても、他者、もしくは「顔」は歴史の彼方に現れるのである。しかもレヴィナスにとっても、観念や類型に包摂できず、それらを否定する他者の具体性は、世界経験において構造的基盤として考えられていた。レヴィナスはそれをなそうとする意志に先んじて迎接してしまう他者の「無限」に言語の始まり、また客観的世界の始まりを見出すのである。

　このように類型とそれに包摂されない他者の具体性の意味を人間の生の全体の中で捉えようとしてきた両者の思索は、差別を原理的な次元で考えようとするとき、有効な導きの糸になるのである。そして実際、本書を通して私は両者の思考をたどりながら、差別をめぐる諸経験を当事者との〈ひそやかな関係〉を中心に記述してきた。レヴィナスは自分の研究をかつて「社会性の現象学」と呼んでいた。そうした「社会性の現象学」は社会学内部ではシュッツの現象学的社会学と領域的に大きく重なり合っている。したがって、両者の思索と共に進めてきた本書は現象学的社会学の、差別問題への応用研究として位置づけることができる。

　ただし、この点についてはシュッツと袂を分かつことになるが、本研究はシュッツが言うような「私心のない観察者としての社会科学者」（CP I：36）の観点からなされたものではない。この点については私は基本的にファノンと見解を共有する。「私は客観的であろうとは望まなかった。その上、それは間違っている」（Fanon 1952＝1998：109）[2]。

　本研究で私は〈抵抗の主体〉を擁護してきた。そうすることで差別問題に介入しようと試みた。そうしてきたもっとも大きな理由は、ファノンがそう考えたように、解放は第一義的には抵抗の過程であると考えるからである。というのも、各々の置かれた日常の情況の中で差別の暴力が現れた、その都度、実際の形がどうであれ、抵抗を試みること、その試みの連続の中に解放は内側から経験されるのだし、そのように解放が抵抗の実践を通して内側から経験されるのではなく、外側から与えられるものであるならば、それはいつまた奪われるかもわからないからである。

では〈抵抗〉とは何であり、〈抵抗の主体〉とはいかなる存在か。第9章の李良枝の小説の分析の中で示したように、差別が日常生活の時間の中で襲来する暴力であるかぎり、抵抗への意志は休む間をとることができない。抵抗を意志する者は日常のさなかにあって常に身構えていなければならない。その意味で〈抵抗の主体〉は日常において自分の身を挺し戦うことを自分に課した者であろう。そうした〈抵抗の主体〉はどのようにして誕生するのか。誕生しうるのか。また〈抵抗の主体〉の視線の先にある差別という暴力はどのようにして誕生し、どこに綻びがあるのか。それらを本書は示してきた。

〈抵抗の主体〉は、匿名的生を拒み、あるいは〈アクティヴな我々関係〉の「温かさ」を断念する意志に貫かれた、こう言ってよければ〈実存〉への挑戦者である。こうした〈実存〉への挑戦者は逆説的にも他者の他者性、しかも〈私〉の生をただ〈私〉の生のゆえだけに否定するようなラディカルな他者を受け容れたとき、誕生するだろう。レヴィナスが言うように、「人間が真に〈他者〉と接するとき、人間は歴史から引き剥がされている」(Levinas 1961＝1989：63)のである。しかし、本研究はレヴィナスと共に〈ラディカルな他者の受け入れ〉によって「歴史から引き剝がされている」存在＝〈実存〉へと至るという回路を基本的に承認しつつも、そうした〈ラディカルな他者〉の現れをレヴィナスが考えた他者との対面状況において現れる〈他者〉ではなく、〈恐怖する分身主体〉に見出した。この点で本研究はレヴィナスとは異なる方向に進んだ。

〈ラディカルな他者〉は差別がむしろ「的外れな暴力」であることから生じる、というのがシュッツやレヴィナスに学びながらも独自に見出した答えだった。第8章において述べたように差別は「命名の暴力」を核にして稼働する。この命名の暴力はしかし、命名される〈私〉が、その名前（たとえば、朝鮮人という名前）が自分そのものでないこと、その名前が、他と交換不可能な〈私〉という存在とは無縁の、支配的文化の象徴体系における意味でしかないことを知っているがゆえに、〈私〉そのものへ決して達せず、必ず〈倒されない私〉という余剰を発生させる。それは〈私〉ならざる〈私〉が見られているのを経験する〈私〉であり、第3章で示したルサンチマンの「主体」でもある。しかし、重要なのは、一方で命名を暴力として経験している以上、それは狙われている「何者か」を〈私〉に感受させてしまう、ということだ。狙われていると感受される「何者か」、すなわち〈恐怖する分身主体〉。本書はシュッツやレヴィナスの議論の中には登場することのない、この〈恐怖する分身主体〉に、〈実存〉へ至らしめる〈ラディカルな他者〉を見出したのである。

第8章で示してきたように、〈恐怖する分身主体〉は〈倒されない私〉に向かい、なぜ倒されないでいられるのか、と責める。〈倒されない私〉に向かい、生を享受している、そのことを、あたかも強奪であるかのように責める。〈倒されない私〉が〈恐怖する分身主体〉のこの法外な〈責め〉を受け入れ、その非相互的で越境不可能な関係に巻き込まれる契機に、〈ラディカルな他者〉の到来を見出したのである。

なるほどこうして到来する他者は、超越的・客観的視点からは、同じ被差別者として類型化される存在であろう。在日朝鮮人の文脈で言えば、〈恐怖する分身主体〉は「客観的」には「同じ朝鮮人」である。しかしながら、「客観的」には「同じ朝鮮人」である〈恐怖する分身主体〉との接触は、それが到来したその瞬間における「主観」の観点からは、決して同質性を基盤とした他者との結合ではない。こうした同質性を基盤とした他者との結合は、私が第I部で〈アクティヴな我々関係〉ということばを用いることで示してきたように、むしろ差別する

〈可能性のある〉者、〈アクティヴな我々関係〉の連鎖の中にある他者である。ある在日朝鮮人にとっての「日本人」との結合こそが、同質性を基盤としたそれなのであり、他の「朝鮮人」とのそれは同質性を基盤としない、非相互的で越境不可能な関係、絶対的差異の関係にある。「他の被差別者」との、この「客観的」な位相と「主観的」なそれが逆転していることの帰結が〈責任としての抵抗〉の生成を、そして〈抵抗の主体〉の生成をもたらす。以上が〈抵抗の主体〉の生成についての本研究の考えである。

こうした〈抵抗の主体〉はそして、〈恐怖する分身主体〉への責めを感じ続けているかぎり、差別される恐怖から自分ひとりが逃れることを容認できず、むしろ恐怖の中で差別者と立ち向かう場、つまり〈対決〉の場へと促される。したがって、第Ⅰ部、第Ⅱ部、第Ⅲ部の各々において、各々の観点から強調したように「同一性に基づくナイーヴな良心」による解放の実践＝平等主義的解決は、被差別体験から生成する〈抵抗の主体〉の求めるものではない。

〈抵抗の主体〉となる前の、「独りで出て来い」という「内的な声」を擁することになる被差別体験者は、第Ⅰ部で示したように、発生論的には〈アクティヴな我々関係〉の内側から生じる。その意味で、被差別体験を経由して生成する〈抵抗の主体〉の〈対決〉への意志は、共同性の内側から生まれ、内側を破ろうとする〈内破運動〉である。〈抵抗の主体〉は「他の共同体に属する成員」としてのマジョリティへ抵抗するのではない。「自分が属している共同体に同じく属している成員」としてのマジョリティに、その共同性の外部に「独りで出て来い」と向かって要求するのである。

こうした〈抵抗の主体〉は本書において重要なテーマであったルサンチマンとどう関係するのだろうか。〈抵抗の主体〉はルサンチマンする者だろうか。あるいはルサンチマンの彼方にいる者だろうか。これまでの考察から導き出せるこの問いに対する答えは、もしもルサンチマンを自らが抱えるそれに限定して考えるならば、ルサンチマンの彼方にいる者である。なぜなら、〈抵抗の主体〉は、それが自分が傷つきうる場に赴く存在であるかぎり、自分がかつて受けた傷に対する、奇跡的で、優雅で、あまりにも天真爛漫な忘却を示しているからである。〈抵抗の主体〉にあっては、〈恐怖する分身主体〉への責任が、自分が受けた傷を、忘れさせてしまっているのである。

〈抵抗の主体〉についてさらに強調しておく必要があるのは、この〈抵抗の主体〉は、それが〈対決〉を求める存在であるかぎり、差別者がふるいうる暴力の可能性の彼方に、〈対話〉の可能性を見ているという点である。自己の傷を忘れ、〈恐怖する分身主体〉の声に促されて〈対決〉を求める〈抵抗の主体〉は、そのときすでに、差別者がふるいうる暴力の可能性の彼方を、自らが知らないところで、信じている。「内的な声」を越えて、「独りで出て来い」と実際に要求するということ。それは、他者が〈独りで出てくる可能性〉を擁していることを信じていることを前提としている。「内的な声」にとどまる被差別体験者は、ルサンチマンする者であっても、それを実際に要求する〈抵抗の主体〉は、ルサンチマンの彼方で、〈対話の可能性〉を信じているのではないだろうか。

ニーチェはルサンチマンを抱く人間の対極の姿をこう述べた。「自己の敵、自己の厄災、否、自己の非行そのものとすらいつまでも真面目に取り合ってはいられない」(Nietzsche 1887=1987 : 40)。「彼は自分の上に加えられた侮辱や卑劣な言行に対して何ら記憶を持たなかった」(Nietzsche 1887=1987 : 40)。またニーチェは同じところで、ルサンチマンを抱く人間の対極にある人間が「敵に対する愛」を擁していることを述べている。

もちろん私はここで、ニーチェが言うような、ルサンチマンを持つ「人種」や、それを持たない「高貴な人種」の区分を是認するつもりなどない。私の主張は、被差別体験によってもたらされるルサンチマンは、まさに、〈恐怖する分身主体〉への責任を〈私〉に感受させる可能性を常に内包する被差別体験によってもたらされたものであるがゆえに、ルサンチマンを抱く人間の対極へと被差別体験者を赴かせ、〈抵抗の主体〉に「変身」させうる、ということである。不条理で、しかも的外れな暴力である差別は、それを押しつけられた者に深いルサンチマンを抱かせつつも、〈恐怖する分身主体〉への責任を介して、被差別体験者を〈抵抗の主体〉に「変身」させ、同時に「敵に対する愛」を懐胎させるのである。

こうした「敵に対する愛」を懐胎した〈抵抗の主体〉の姿は、近代の日本においてもっとも苛烈な差別を受けてきたハンセン病「患者」であった詩人の桜井哲夫の次のような詩（桜井 2003：38）に、読みとることができる。

天の職

お握りとのし烏賊と林檎を包んだ唐草模様の紺風呂敷を
しっかりと首に結んでくれた
親父は拳で涙を拭い低い声で話してくれた
らいは親が望んだ病でもなく
お前が頼んだ病気でもない
らいは天が与えたお前の職だ
長い長い天の職を俺は素直に務めてきた
呪いながら厭いながらの長い職
今朝も雪の坂道を務めのために登りつづける
終わりの日の喜びのために

「らい」を自分の「天の職」として捉え返した、この詩人の強靭な楽観主義は何なのか。「終わりの日の喜び」を彼に信じさせたものは何なのか。「終わりの日の喜び」は、それこそが「安らかな瞑想状態」の中で死を選んだグレゴール・ザムザには信じることのできないものだった。(3) そしてそうした日の到来に対する絶望は被差別者がいつも誘惑される、それであろう。ゴフマンの言う「身元隠し(4)」、バーバが言う「擬態(5)」とは、この絶望の「表現」であるようにも思われる。その意味では、強靭な楽観主義は、絶望への誘惑の拒否であり、私たちがこの詩に深い感動を覚えるとすれば、その点においてであろう。

この詩における「終わりの日」、一般的に言って、差別という暴力における「終わりの日」は、それを目指す〈私〉という存在の手中にあるわけではない、ということを忘れてはならない。その「終わり」は〈私〉の「計画」や「実践」によって達成される、(または達成されない)〈目的〉としてのendではない。つまり、差別における「終わり」は——少なくともそれを差別者を「制圧」することであると考えないかぎりは——他者という〈私〉ならざる者との関係の中で見出していく他ないものである。そのかぎりで、終わりの日を信じることは、他者が変わる可能性を信じることに基づいており、「らい」を自分の「天の職」として捉え返した強靭な楽観主義は、「敵に対する愛」に基づいていると言えるように思われるのである。

一方で第II部の三つの章では差別の暴力が、どのように生成してくるのかを記述してきた。〈私〉にとってなじみ深い場においてさえ〈私〉が常に〈あなたたちの世界〉の開示と共に自己が〈よそ者〉になる可能性を擁していること、この〈よそ者〉になることへの(〈私〉の「意識」には隠されている)〈根源的社会的不安〉が差別へ人を促す根元的動機であることを論じた。そのうえで、「同一性に基づくナイーヴな良心」による解放のための実践は、被差別体験の求めるものではないというだけではなく、〈根源的社会的不安〉を受け容れられない差別者の深い病の再演(再発)に過ぎず、その意味では差別者にとってさえ決して解放などではない、と述べた。

差別を病として考えるとき、私たちは〈被差別者の解放〉と共に〈差別者の解放〉についても考える必要が出てくる。差別者の病をいかに治癒し、いかに（〈根源的社会的不安〉に）囚われた身から、彼女／彼らを解放するか。言い換えれば、〈根源的社会的不安〉を視野に収めたとき、〈被差別者の解放〉運動は同時に〈差別者の解放〉運動であることが求められてくる。その場合、私は、〈内破運動〉こそが、〈差別者の解放〉と同時に〈被差別者の解放〉をもたらす運動でありうることを主張してきた。

被差別者体験者がその経験の深みから〈抵抗の主体〉として浮上してくるとき、強靭な楽観主義を身にまとい、差別者に向かい「独りで出て来い」と語る。この「敵に対する愛」は、そして、〈根源的社会的不安〉への囚われから抜け出すことへの呼びかけである。そうであるかぎり、〈抵抗の主体〉が「独りで出て来い」と呼びかけることは、〈抵抗の主体〉にとって「敵に対する愛」であると同時に、差別者にとっては、ひとつの救済の声でもある。ここにもまた、ひとつの〈ひそやかな関係〉を見出すことができる。患者に対して医師が応答（responsabilité）するように、〈抵抗の主体〉は、差別者に応答している。〈恐怖する分身主体〉に応答を果たし、抵抗を続ける者は、同時に〈根源的社会的不安〉に囚われた差別者への応答をも果たし続けているのである。

以上、本書はレヴィナスとシュッツの他者論を参照にし、ときに独自の解釈を加えつつ、差別をめぐる諸経験を記述し、最終的には、抵抗の主体を鼓舞（empower）する議論を展開してきた。

最後に、ここまで触れることのなかった、以上の研究の背景をなす経緯と動機を簡単に述べ、そのうえで今後の展望を示したい。

本書の中核的な発想について言えば、それは私の修士論文「現代日本の日常生活における「韓国・朝鮮」の排除——ナショナリズムのエスノメソドロジー研究」（郭 1999）において述べた二つの考え（批判）に基づいている。

ひとつは、自分を「この社会」を律する主体として同定し、韓国・朝鮮人を客として同定する「日本人」の前提とそれに基づいた共生の理念への批判である。修士論文において私は『在日韓国・朝鮮人』の読後感[6]を二〇ほど入手し、そこに日本人＝主人という前提が見られることを指摘した。典型的なのは次のようなものである。

韓日併合と強制連行に対する恨みや現在における差別に対する［在日側の］反感は、ずいぶん大きいだろうと思っていたのに、思いのほかそういうことが書かれていなかったので、ほっとしました。

日本という国は島国でありその歴史において、他の民族との交流が少ない単一民族であった。……外国人に対し国内を余りにもオープンにすることはできない。そんなことをしたら、西ドイツの例に見られるように国内が混乱してしまうだろう。ある程度の規制は必要である。

日本人として生きることを決めた韓国・朝鮮のひとも日本人や日本のことを日本人以上に理解していると思うので、彼らも本当の日本人であると思う。

この本の中で筆者は「祖国志向タイプ」・「同胞志向タイプ」・「帰化志向タイプ」・「個人志向タイプ」・「共生志向タイプ」に分けて考えている。私はこのなかで「個人志向タイプ」が望ましいと思うが……違いを認めあえる社会をつくり、［彼らが］日本人であることを誇りに思えるようになればよいと思う。

在日韓国・朝鮮人の人達が日本で日本人と同じように生活できる日がくるといいと思った。

福岡安則がこの労作で浮き彫りにしようとした在日の生きるリアリティ、その多様性、かつまたそれらを描くことによって訴えようとした、違いを認め合って生きていく共生社会の理念は学生の内にも十分に理解されていることは明白であった。が、彼らは「日本人」=日本社会の主という社会的に構築され、自明視されている、このカテゴリーに当てはまると信じる者にとってはきわめて魅惑的で、心地よい図式が公共の図式であることを巧妙に道徳的に示していた。また共生の理念はこの図式を侵犯し、解体しないように制御されていた。感想文の論理は自らを正当な「国家の代表者」として同定するところから組み立てられていたのだ。

朝鮮人・韓国人を受け容れる「日本人」の「良心」。それは「日本人」=主人(host)、朝鮮人・韓国人=客人(guest)という図式に基づいている。そうした図式に基づいた「ナイーヴな良心」に対する強い違和感が本書全体の背景にある。この図式が朝鮮人・韓国人の経験の現実に合致しない、しかも暴力的な表象であることを示すための理論が、〈アクティヴな我々関係〉をめぐる議論である。朝鮮人・韓国人といった区分がないような関係をまずはじめに生きているということ、そのことを示そうとしたのである。

また本論文の中核的な発想の基になっているもう一つの考えは、修士論文の最後に述べた「自由」についての考えである。「居心地の悪さ、世界の不安定さの実感の中に身を任せるときのみ、人は真の意味で自由である」。「構築された安定した世界の裏で悶絶し、憤慨し、悔し涙を流しながら生きるすべての被抑圧者が、真の意味で、すなわち構築された世界を相対化して眺めているという意味で、自由であるように」。修士論文においては論証抜きの断定に過ぎなかった自由についての考えを理論化したものが、第II部の〈根源的社会的不安〉をめぐる議論である。そこで私は、まさにマジョリティであることの確信や表象が「事実」の認識に基づいているのではなく、一つの不安に促された執着でしかないことを示した。マジョリティの「自由」は、より何か大きな不安と裏表の関係にあるのではないか。そうした「見込み」から〈根源的社会的不安〉という概念は作られ、また差別を〈病〉として捉える見方は作られた。

したがって、本書ははじめから、自分を社会における主人（host）として、また代表者（representative）として表象するマジョリティの「無自覚な優越意識」を、そのような者としては生きてはいない経験の次元、つまりhostとしてもrepresentativeとしても生きてはいない生の次元を明らかにすることをひとつの課題としてしていた。言い換えれば、私はマイノリティを現実の社会において社会の正当な一員として「昇格」させるために有効な諸々の具体的な方法（差別的な法制度の改正や、共生社会実現のための教育の実施）を構想するという方向ではなく、マジョリティをその妄想の「地位」から「引きずりおろす」という方向で思考してきた。マジョリティをその「地位」から引きずりおろさないかぎり、マイノリティの「昇格」は、マジョリティはそれを〈承認〉するという特権を付与され、その優位性が揺るがないからである。

本書の各部は、大きくは、第I部で差別とは何かについて考え、第II部で差別がどのようにして生まれるかについて考え、第III部で差別の彼方へ行くにはどうすればよいのかについて考える、という形をとっている。もっとも各章は全体をはじめに構想したうえで書かれたわけではない。そこで、各章に充てられた論文がはじめに書かれたそのときどきの経緯を簡単に述べておきたい。

第1章該当個所の論文は、修士論文を書いたのちに発表（1999）したものであり、すでに述べたように、「日本人」＝主人（host）、朝鮮人・韓国人＝客人（guest）という図式に基づいた「ナイーヴな良心」に対する強い違和感が背景にある。この表象の中で被差別体験が理解されるのであれば、それは依然として「他人事」としてしか理解されない。そうした理解を超えた被差別体験についての理解の仕方を模索したものである。

しかし、この論文の議論は（発表時の形においては）少なくとも二つの大きな課題を残した。ひとつは他者の他者性についての論点が入っていなかったこと、もう一つは、被差別体験について書いた、その私は何者なのか、あたかも被差別体験者を代弁するごとくに書いた私は、同時に差別者であることはないのか、という点である。

この二点の課題を考える中で、差別の根源的動機を〈反省〉を通じて探る第4章、第5章、第6章に充てた論文は生まれた。その際、他者の他者性について考察するのに、李晟台によるシュッツ解釈が非常に有益であった。類型を越えた他者の具体性が世界経験全体において基盤として構造的に連関している、という論点は基本的に彼のシュッツ解釈に依拠している。またそうした論点を見出したとき、レヴィナスとシュッツの類縁性に気づき、その思索を消化するように努めるようになった。

しかしながら、三つの論文においては、差別を終焉させようとする実践をほとんど論じてはいなかった。私にはしかし、社会をあたかもひとつの機械のように見なし、社会という機械のトラブルを修繕しようとするような、いわゆる「社会工学的」視点から、差別を終焉させるために有効な処方箋を構想するという方法には違和感があった。こうしたいわばトップダウン式の問題への介入は、被差別者に多くの場合、「世界は変わった」という「幸運」の感覚をもたらすものであっても「達成感」をもたらすものではない。桜井哲夫の詩にいう「終わりの日の喜び」は、「務め」の果てにしか生じ得ない。「終わりの日」と〈私〉が「務め」によって媒介されていないかぎり、幸運ではない、必然としての「喜び」はあり得ない。こうした考え方は、そして、ちょうどこの頃、北朝鮮による「日本人」の拉致事件が発覚して以来の、北朝鮮への露骨な憎悪や嘲笑的態度に接したとき、理論化する必要を覚えさせた。今、「日本人」がふだんの生活の中で、北朝鮮について語るとき、在日朝鮮人はそれをどう聞いているのだろうか。金時鐘は姜尚中との対談の中で、「北朝鮮はひどい国ですね」と言う「日本人」の前でただ「うんうんと言いながら顔をゆがめて笑っている」在日二世の知人の例を紹介している（姜尚中 2004：246）が、そうした対応の仕方を越えることはおそらく難しいように思われる。そう考えるとき、私は「務め」＝抵抗とは何かを考えざるを得なくなった。こうして第Ⅲ部に充てた論文は生まれた。

ここではそしてレヴィナスを通して、ファノンを解釈することで、抵抗の始源の姿が責任であり、それはひとを対決へと促すという点を示した。抵抗することの意味を明らかにすることで、厄災が過ぎ去る幸運を待とうとする生のあり方、それを拒否する人間の可能性を示そうとしたのである。以上が、各論文の執筆時の大まかな経緯と背景である。

もっとも本研究はこれまで執筆した論文をそのまま寄せ集めたわけではなく、相当な修正と加筆を加えている。そうした過程を経て、本書は最終的には、差別は、それを押しつけられた者に深いルサンチマンを抱かせつつも、〈恐怖する分身主体〉への責任を介すことで、被差別体験者を〈抵抗の主体〉に「変身」させ、同時に「敵に対する愛」を懐胎させる、という考えにたどり着いたのである。

最後に今後の課題と展望を述べておきたい。

現在の世界の情勢をながめると、殊に9・11同時多発テロ以降、「われわれ対彼ら」という図式(7)、すなわち「敵か味方か」という論理がいたるところで持ち出され、イラクにおいて顕著であるように、その論理に基づく暴力と対抗暴力の連鎖がとめどもなく続いている。こうした状況にあって〈抵抗の主体〉についての本書の考察は差別問題に即して組み立てられたとはいえ、それを越えて、現在の世界の中で、重要な意義をもつように思われる。

〈抵抗の主体〉についての議論は、「われわれ対彼ら」という図式を越えようとするとき単純に「われわれ」という「仲間」から抜け出せばよい、というものではない、ということを示唆する。言い換えれば単純に「アイデンティティからの自由」（鄭 2001：1-33）を果たせばよい、というわけではない。「われわれ」を形成する「仲間」は、少なくとも命名の暴力の経験においては、すでに述べたように同質性においてではなく、〈恐怖する分身主体〉というラディカルな〈他者〉として〈私〉に迫ってくる。その意味では、「われわれ」の間にある連帯は「客観的」には（「彼ら」への）「敵対に基づく連帯」（李晟台 2004：495）のように見えても、そうした連帯へ駆り立てる「凝集力」の根源に、「われわれ」という仲間が〈他者〉として迫ってくる経験があるのではないか。すでに述べたように、朝鮮人の〈私〉にとって他の朝鮮人は第三者的・客観的に見れば、「われわれ」という仲間であっても、主観的には越境不可能な差異を持った「ラディカルな他者」なのだ。したがってこう問う必要がある。「イスラム原理主義者による自爆テロ」――それには広い意味でアメリカによる命名の暴力が先行してはいないだろうか――へ駆り立てる根源的な力は、主観的には〈他者〉であるところの「われわれ」への応答責任（responsabilité）に基づいているのではないか、と。重要なことは、自爆テロを当事者の経験に内在して内側から（想像的に）理解するというプロセスを踏まないかぎり、それに対する批判は、それ自体、「彼ら」への敵対の表明となる、という点である。

私は、主観的には〈他者〉であるところの「われわれ」への応答責任は、被差別体験者――より一般的に言えば命名の暴力にさらされた者――を〈抵抗の主体〉に「変身」させ、同時に「敵に対する愛」を懐胎させる、と論じた。しかし、一見したところ、自爆テロに見られるのは、「敵に対する露骨な憎悪」である。もしそうした印象が正しいとすれば、この問題に対する重要で、適切な問いを立てることができる。主観的には〈他者〉であるところの「われわれ」への応答責任において、己の傷を忘れ、懐胎されるはずの「敵に対する愛」はどこに行ったのか。「敵に対する愛」と「敵に対する露骨な憎悪」の分かれ道はどこにあるのか。私には、自爆テロが――一見そう見えるのとは異なり――〈対決〉を避けようとした点に分岐点を見出しうるように思われる。本書が考えた〈対決〉とは、自分が傷つく恐怖の場で「敵」と向き合うことである。一方、自爆テロは、恐怖の経験ではなく、まさにその一瞬において、恐怖の終わりをもたらすものである。そうであるかぎり、自爆テロは〈対決〉ではない。つまり、自爆テロは一般にそう考えられるのとは逆に、〈対決〉の忌避であるように思われる。そして、そうした〈対決〉は右で述べたような意味での応答責任によって促されるとするならば、自爆テロの問題は、その実行犯が「われわれ」への応答責任に不誠実であったからであると考えられる。「敵に対する露骨な憎悪」は、「われわれ」への応答責任に対して不誠実であることによって生じるのではないか。

この問題についてはこれ以上、ここで深く関わることはできない。が、〈対決〉する〈抵抗の主体〉をめぐる考察が、「われわれ対彼ら」という図式の蔓延する現代社会において、重要な意義をもっていることはたしかであろう。今後の研究において、私は〈抵抗の主体〉がグローバル化した今日の社会における意味を考え、身体の深い経験が要請する〈対決〉を通した「平和」の可能性を探っていきたいと思っている。身体の深い経験に基づく「平和」でないかぎり、「平和」の呼び声はそれ自体、抑圧的なものになるだろうからである。どんな希望も人間の経験の深みから汲み取られてこそ、普遍性を獲得しうるのではないだろうか。

補章1　回帰する過去と回帰しない過去(1)——在日が在日に向かって語るとき

1　扉を開けるための語り

　在日は、ロゴスに頼って解放を求めるとき、いわば、時間が経つほどに帰路がふさがれていく状態の中で、開かぬ扉の前で、その向こうに住まう人に向けて、扉を開けよと主張し続ける「訪問者」だった。この帰路なき「訪問者」は、自分が今、開かぬ扉の前に存在する理由が、自らの意志によってではなく、ほかならぬ扉の向こうの人が、自分たちの家を壊したからであることを過去に遡って証明し、自らが「あなたたち」の暴力の犠牲者であり、「あなたたち」の責任において自分たちを迎え入れなければならないことを示そうとしてきた。あるいは、自分がその家の中に迎えられることは、むしろ「あなたたち」の家に幸せをもたらすものであると説得したりもした。あるいは自分と同じ境遇におかれている各地の「訪問者」も幾人かはすでに、その人を旅人の地位に追いやった人の家に迎え入れられていることを知らせようとしてきた。つまり在日は解放を求めるとき、日本人に向かい、「近代日本の帝国主義の暴力の歴史」の自覚を促し、あるいは共生の思想を言い、あるいは西欧の旧宗主国の旧植民地の住人に対する応対の事例を引き合いに出すこと、それらによって扉を開けようとしてきた。在日という「訪問者」はある時期から、この一点においては、比類のない交渉人だった。すなわち、日本語という、扉の向こうに住まう人のことばと同じことばを用い、その言語の細部に至るニュアンスまで知り尽くしているため、相手の考えを、時には相手以上に理解していた、ということ、したがって、彼らに彼らにしかわからないような「感性」や「思考」の余地を与えなかったことである。

しかし、在日の状況を扉の前に立っている「訪問者」のそれに比肩することが妥当だとすれば、つまりは、在日が日本社会の周縁的な存在であるとすれば、それは、まさに在日が〈入るための交渉人〉であったことによってでもなかったろうか。言い換えれば、自らの状況を改善するために日本人に向けてなされた語りの諸努力そのものが、克服されるべき状況を再帰的に構成している、という側面があるのではないだろうか。

2　客体としての在日表象

そうした再帰的構成の側面のもっとも具体的な表れが、在日を、他者としての日本の歴史によって生みだされた被害者とするような表象であろう。日本人という他者の植民地主義——朝鮮の独立後も変わらない「無意識の植民地主義」(2)も含めて——による暴力を、その行使者である日本人の眼前に可視化する努力は、それ自体、在日を被害者として、もっといえば歴史の「客体」とみなすような表象に、その努力の意図がいかなるものであれ、合流する傾向がある。「黒人問題は白人問題である」が正しく、「ユダヤ人問題はわれわれ（ヨーロッパ人）の問題である」(3)が正しいように、「在日問題は日本人問題である」と言うのは正しい。端的に言えば、問題を生みだしたのが、白人であり、ヨーロッパ人であり、日本人である以上、また、そのことの表明であるかぎりで、それは正しい。しかしこの「正しい認識」が、在日の「客体化」に合流しやすいこともまた否定はできない。

このジレンマ、「正しい認識」が社会的結果においては「歪んだ表象」、もしくは抑圧的な表象を生むというジレンマはすでに諸々の論者によって指摘されている。[4] こういったジレンマを回避するためには、むしろ認識とその社会的結果を等分に眺めるような視点から、個々の在日の日常性に主体性を見出そうとする認識枠組みが有効であろう。この認識枠組みにおいて在日はたとえば「戦術家」(セルトー)として描くことができる。[5] たとえば焼肉屋を営んできた在日の一世や二世が、自分たちにとって朗報であるはずの、現在のような焼肉やキムチの「隆盛」を予測していた、と考えることは難しい。その意味では、それは始発においては、日本という異郷において生き延びるために手持ちの資源を用いた「戦術」だったと言えるだろう(彼らは未来を見越した、全体を把握するような地点からなされる「戦略」を実践したわけではない)。このように「戦術」という概念から眺めるとき、在日は新しい姿を獲得しうるし、その姿から未来の変化の可能性を垣間見ることもできる。たとえばふだんは「通名」を用いつつ(＝擬態をしつつ)[6]も、状況次第では自分が在日であることを語るようなやり方も、それをひとつの戦術として考えることができる。重要なのは、本名を状況貫通的に使用することを是とするような立場の人からはしばしば不興を買う、このやり方も、在日であることを語ったそのローカルな場面において、「単一民族信仰」を動揺させうるし、そうしたローカルな場面における動揺が多発するときには「全体」の動揺につながる可能性は否定できない、という点である。未来を見越した計算的な思考、つまり戦略ではなく、現在を生き延びるためになされた焼肉屋の戦術こそが、全体における焼肉文化の「興隆」をもたらしたことは、私たちにそのように想像する余地を与えてくれる。

しかしながら、「戦術」についてそれが切り開きうる未来についてどのような予測を立てようが、まずはっきりさせておかなければならないことは、戦術を実践することと、それについて語ることとは違う、ということである。戦術について語ることは、そのように語ること自体がすでに未来と全体を見越している以上、それ自体は戦術ではなく、戦略たらざるを得ない。そして在日について語る学問の語りが、その語りが外部へ流出するとき「歪んだ表象」を生みだすかもしれないという事態に敏感であることが求められるならば、在日の戦術についても、それを語る者は、自らがすでに未来と全体を見越している以上、その責任として、それを語ることの結果について敏感でなければならない。そして敏感であるとき、私たちはこの在日の戦術について語る、戦術ならぬ戦略も依然として扉の前でそれを開けることを主張する「訪問者」の身振りであることに気づく。

3　語りの構造の転換(7)

もちろん在日をめぐる差別的・排除的状況は現に存在する。有事法案をめぐる議論の中で在日はどこに存在したか。あるいはどこかに存在したか。「北朝鮮」を主要なそれとして想定していた考えざるを得ない外国からの「侵略」が起こったとき、在日は守るべき対象なのか、どうなのか。「本国」へ護送すべき対象なのか、どうなのか。問題は、その点について、少なくとも公的な場では、議論さえ行われた形跡がない、ということだ。在日が帰路のない扉の外にいる、というのは現実の問題なのだ。

したがって状況は変革されなければならない。しかし変革を求める語りは、それ自体、変革されるべき状況を再帰的に構成する側面がある。このジレンマからいかに抜け出すか。問題の鍵は、在日の問題を扉の向こうの日本人に向けて語る、という、その語りの構造にあるのではないか。差別的・排除的状況が現に存在する中で、在日が在日の問題を日本人に向けて語るかぎり、また、この語りの構造の中で変革を思考／想像することかぎり、再帰的構成のジレンマから決定的に抜け出すことは難しい。

であれば、可能なオールタナティブのひとつとして、扉の向こうに向かって語るのではなく、扉からいったん背を向け、在日に向かって在日の問題を語るような方法があるのではないだろうか。いわば、扉をなくすのではなく、その意味を変えるようなやり方である。在日が在日に向かって語ることによって、語りの場を作ること。その場の中で在日問題を語ること。言い換えれば、一度、日本人問題として突きつけた在日問題を自らの問題として再び引き受けること。そのとき、扉の意味が変わるのではないか。そのとき扉は、在日が中に入るために開けなければならない扉ではなく、日本人が在日の語りを聞くために開けなければならない扉に変わるのではないか。日本人をむしろ「観客」とするようなやり方が、ありうるのではないだろうか。

在日問題をめぐる語りの宛先を日本人にし、そうした語りの構造を暗黙のうちに前提として思考するとき、殊に語り、思考する者が在日であれば、語り、思考する在日は、他の在日を自分の背後に負うような「代弁者」となってしまう。そしてまさにそのとき「代弁者」以外の他の在日は客体化されてしまう。在日について語りつつ、なおも在日を「主体化」する方法があるとすれば、それは、語りの宛先人に在日を指定する以外にないのではないか。一般に何事かについて語るとき、その場において、その主体としての語る者以外に別の主体がありうるとしたら、それは語りの宛先人、つまり対話者の位置にある者のみだろうからである。

在日が日本人にではなく、在日に向かって在日問題を語るとき、差別的・排除的現実の変革を志向しつつ、同時に再帰的構成のジレンマから逃れることができるのではないだろうか。

4　「在日問題」と「日本人問題」

在日が在日問題を在日に向かって語るということは、あるいはそうした語りの構造の中で思考する、ということは、端的に言ってしまえば、日本人をそのことばに対して応答する主体としての位置からいったん排除するということ、言い換えれば日本人を応答主体として期待することをいったん中止するということを意味する。そしてそれは在日問題に対する問いの形を大きく変換させることになるだろう。この構造の中に身を置くとき、在日問題は、なぜ在日がこの問題を克服し得なかったか、という形で提起されることになるのである。もちろん問題を引き起こしたのが日本人であるかぎりで、「在日問題は日本人問題である」。それでも、日本人という他者が引き起こした／起こし続けている問題を、在日がなぜ克服し得なかったのか、と問うことはできる。そして実際にそう問うとき、すでに述べたように、在日は、語られる客体であると同時に、語りかけられ、したがって語り返す存在として、主体の位置を占めることができる。

そして、在日問題を、なぜ在日がこの問題を克服し得なかったか、と問うことは、依然としてその問題が日本人問題である以上、なぜ在日は日本人にこの問題を解決させることができなかったのか、と問うことである。つまり、在日問題は日本人問題である、ということを踏まえたうえで、再びこの問題を在日の問題として捉え返すという問いの形をとることであり、したがって、一言で言えば、このように問題を捉え直すことである。「日本人問題は在日問題である」。

こうした問題の捉え返しは、一見、法外なことのように思われる。なぜなら、この語り／思考の構造転換（とそれによる問題の捉え返し）は、一般的な形で言い直せば、つまるところ、他人が引き起こした問題を私のほうで引き受ける、ということだからである。

しかし、そもそも、この法外な引責において、私は世界の内部において主体たりうるのではないだろうか。[8] 自分自身に因のある事象について自分で引責する者は、世界を創る者として現れるわけではない。植民地主義の問題について引責する日本人は、義務を履行する者に過ぎないのであって、世界に何か新しいものをもたらす者であるわけではない。義務の履行を越えて、何事かを引き受けるときにのみ、厳格な意味において、「主体」として現れる、ということができるのではないだろうか。そうであれば、この意味における「主体」として在日が存在しうるとすれば、日本人問題を在日問題として捉える法外な引責を行うときなのだ、と考えることができるのではないだろうか。

5　悲しみに基づくつながり

では、在日問題を在日が克服できなかったのは、なぜなのか。在日が在日に向かって語るという構造の中でこの問いを考えることは、在日にあって何が不足していたのか、と問うことである。

しかし、この問いは、二重の危険をともなう。ひとつは、不足を問う営みは、日本人に自己の有責性に対する免罪符を与えやすい、ということである。私はこの問いを、在日に向かって語る、と述べている。が、すでに述べた意味での再帰的構成のジレンマは常につきまとうのであって、このように述べたところで、日本人がそれを自己のほうに引き寄せて解釈する可能性を排除できるものではない。不足を問う者は、常にモデル・マイノリティにさせられる可能性がある。それでも不足を問うとすれば、ひとつの方法として、不足を、いわば過剰に問う、という仕方があるだろう。日本人が、自分のもつ何らかの暗黙の前提から出発して、理解し、共感（同情）することが困難であるような形で、過剰に不足を追及すること。理解し共感するという上品な反応ではなく、むしろ緊張し、「引いてしまう」という反応をもたらすように、不足を過剰に追及することである。相手が手をこまねいてしまうような、いわば「ヒステリックな追及」である。

しかし、まさにそのような追及の仕方は、もうひとつの危険を増大させる。すなわち、過剰な不足の追及は、それが必然的に形象化するであろう在日の自律性のために、在日の「エスノセントリズム」――そうしたものがあるとすればだが――を促進する議論になりやすい。では、他に開かれた自律性は、どのような不足を追及することによって、しかも過剰に追及することによって、確保できるだろうか。いづれにせよ、ここでは「中立的」な立場から不足を発見することが重要なのではなく、発見されるべき不足が何かと問うことが重要である。

答えはさまざまであろう。ここでは、自らの意志によって想起するのではなく、つまりは想起しようと思って思い出されるのではなく、自らの意志に反して受動的につきまとってくるような「（自己と他者の）過去の苦痛と死の現れ方」に焦点を絞って考えてみたい。(9) 一般にそうした「過去の苦痛と死の現れ方」には二通りのそれが考えられるように思われる。すなわちひとつは、過去の苦痛と同じ種類の苦痛を経験するのではないか（自分のあの苦痛、他者が覚えたあの苦痛をまた味わうのではないか）という恐怖、また（他者の）死と同じ「種類」の死を自分も「経験」するのではないか（＝他者が死んだ／殺されたのと同じような仕方で自分が死ぬ／殺されるのではないか）という恐れと共につきまとってくる場合。もうひとつは、過去の苦痛と死に対して自分が何もすることができないという絶望をともなってつきまとってくる場合である。

このように分けて考えた場合、在日にとっての「過去の苦痛と死の現れ方」は、ほとんどの場合、前者だったのではないだろうか。関東大震災時の自警団による朝鮮人虐殺はほんとうに再びは起こらないのか。かつて父母が受けた差別の経験、かつて私が受けた差別の経験はもう再びは起こらないのか。再び起こるのではないか。この、過去が回帰してくるのではないか、という恐怖。

一方で、関東大震災時に自警団によって殺された朝鮮人は決して再びは戻ってこない。現在の地点からは彼ら／彼女らにはいかなる行為も及ばない。かくまうこともできない。どんなことばをかけることもできない。かつて父母が受けた差別の経験については現在の地点からできることがあるのだろうか。ことばをかけることはできるだろう。が、同時に決してできないことがある。経験そのものを消し去ることはできない。そしてそれは自分の経験についても同じであろう。

——在日の受難の歴史。それが回帰するのではないかという恐怖。在日の生を捕らえてきたのは、多くの場合、それだったのではないか。そしてその一方で、それに対して現在の地点からなしうることのなさ、あるいは絶望的な少なさを、受難の現在からの途方もない遠さを、在日は忘却していたのではないか。

そして在日にあって、この受難が回帰するのではないかという恐怖が、受難の途方もない遠さの感受を上まわり、それを埋没させてしまってきたのではないだろうか。そのように埋没してきたことは、在日にとって、「不足」だったのではないのか。

受難の遠さの感受、受難に対してできることがあまりに少ないことの感受、受難が決定的に過ぎ去ってしまったことに対する悲痛は、ときに私の現在の生に対する正当性の感覚を奪うことだろう。彼女／彼は死に、私は生きている。そうした感覚の鋭さは、自分の生をはなはだしくは不当な特権として位置づけさせる傾向を帯びるだろう。そしてその感覚は、自己の苦痛を苦しむこと、受難が現在の私に回帰することへの恐怖に磔にされていることを許さず、むしろ私と同じ時を生きる他者の苦痛を苦しむことへ私を促すことにもなるだろう。

受難の歴史を経てきた在日が他の在日ともっとも深い感性の次元で結びうるとしたら、この受難の歴史が遠すぎることへの悲しみにおいてではなかったろうか。あるいは、この悲しみに基づくつながりこそが、在日の不足だったのでないか。受難が回帰する恐怖は、むしろ他の在日との関係を疎遠にするように働くだろう。そのときには、他の在日と関係することよりも、日本人と関係することが火急のこととなるだろうからだ。擬態をするにせよ、在日の代弁者として日本人に語るにせよ。

では、こうした悲しみに基づくつながり[10]は、それが強固になったとき——私はそれを望んでいるのだが——在日の「エスノセントリズム」を生み、促進するのだろうか。おそらくそうではない。受難が遠すぎることへの悲しみは、原理上、永遠に終わらない。何事かの行為によって終結するものではない。それは原理的には決して自己にも、そして閉じた共同体にやすらうことはないのだ。

補章2　事実的異邦人から倫理的異邦人へ[1]——未来の住人としての在日朝鮮人

1　朝鮮人という経験

日本に在る、ということ。それは朝鮮人にとっていかなる経験か。日常生活という観点から注目すべきことは、自分の親族を含む「同胞」に対し、殺害を含む不当な非人間的扱いを当然のこととして行った人間や、その子孫と共に生きている、ということである。たとえば、自分が通っていた学校の教師は、日本帝国主義の時代、何をしていた人だろうか、そんな疑惑がふと浮かぶ。日常生活の中で、あの人は植民地支配の「加担者」だったのではないか、その子孫なのではないか、そうした疑いが浮かぶ、という経験。在日朝鮮人の定住化が進むにつれて、言語や文化的な点で「同一化」が進んだとしても、この経験の有無によって朝鮮人と日本人に差異を見出すことができる。

在日韓国人作家の李良枝（一九五五〜一九九二）は、『ナビタリョン』の中で「昼の休憩時間になるとアルバイトの学生相手に棒を振り回し、人間の首の切り方を教えている」元軍人に相違ない従業員の姿を描いているが

（『ナビ・タリョン』34）、この種の光景に出会うとき、ときとして、朝鮮人は、ふだん会っている人に対する疑心を抱くことになるだろう。植民地支配という人間の生命や財産、そして自尊心に対する圧倒的で、しかも正当化され、合法化された攻撃の責任の所在を明らかにしてこなかったことが朝鮮人にもたらした結果は、ともかくも【許しがたい人間であるかもしれない人間】と日常的に共に生きねばならない、という事態なのだ。「共生」の理念（違いを認め合って生きよう）の前にすでに、以上のような内実を持つ現実としての「共生」がある。

ところで、【許しがたい人間であるかもしれない人間】がいたるところにいる、ということに思い至ることは、過剰な妄想だろうか。しかし、仮にそうだとしても、だから安心しろということばを発する資格を誰が持っているのだろうか。

朝鮮人が日本に生きることは、韓国に生きる、ということや、朝鮮民主主義人民共和国に生きる、ということとは異なる、ある特殊な困難を抱えて生きることである。つまり、まず何よりも【許しがたい人間であるかもしれない人間】という日本人の他者性と共に生きる、ということなのだ。

それだけではない。在日朝鮮人は事実上、朝鮮語ということばを剝奪され、喪失してしまっている。朝鮮人同士のコミュニケーション環境はほぼ破壊されている。そのうえ、今日の圧倒的な反「北朝鮮」言説は朝鮮人アイデンティティを維持することを困難なものにしている。これの事態が意味するのは、在日にとっての現実としての共生が、依然として、客地を生きることとしてある、ということであろう。

2 日本人のポジショナリティ

そうした中で、在日の現状の改善はいかにあるべきだろうか。日本人が「ここ日本」において主というポジショナリティを維持しているとき、(理念としての)「共生」の呼びかけは、客の迎え入れを意味するが、客を迎え入れるという形に収斂する言説は、それ自体、在日が客であることを確証していくことを忘れるわけにはいかない。[2]しかし、元来、日本人＝主、朝鮮人＝客は、ナショナル・ヒストリーの導入によるものでしかない。たとえば、三八歳の朝鮮人は同じ年齢の日本人と同じだけ日本に住んでいる。生活史という観点から考えるかぎり、少なくとも同じ年齢の日本人が日本における主としてのポジショナリティをもつ根拠はない。そうであれば、元来、在日の問題をまで「過去の清算」の問題に還元すべきではない。在日の問題は、戦後も日本人が、根拠のないポジショナリティであるマジョリティとしてあり続けたという「現在の清算」の枠組みで考えるべき問題でもあるのだ。

ことの性質上、この「現在の清算」は、「私たち日本人」が「在日という客のために」という形での改善の仕方それ自体を放棄することを要件とする。つまり、【「私たち日本人」＝主】という認識図式を解体し、日本人が客になる可能性を探る必要があるのだ。つまり、【朝鮮人＝日本の主】という道をとらないならば、共に日本における客同士として生きるという形の構築が必要となってくる。では、日本人は日本の客になれるだろうか。いかにして、日本人のもつ、自明視された「最後の特権」は放棄できるのだろうか。

3　戦後責任問題と在日朝鮮人

ここでは、以上のような観点から、加藤典洋と高橋哲哉の「戦後責任」をめぐる議論(＝「歴史主体論争」)、特にそこで問題となった「謝罪主体」の問題について、若干の考察を試みたい。

加藤は『敗戦後論』などで、日本人は人格分裂（ジキルとハイド）を起こしている、と述べる。戦争責任を引き受け、アジアへの謝罪を行う「外向きの」ジキル氏が現れると、それと逆行し、日本は正しいと主張するハイド氏が現れる。このように人格分裂をしているかぎり、同じ現象が繰り返し起こる。したがって、日本が謝罪できるためには、人格分裂の克服が必要である、というのが彼の主張だった。すなわち、「日本人がおかしいじゃないか、おまえたちがおかしいじゃないか」と言われたときに、その「おまえたち」に合致する「われわれ」がいないことが問題である(A)、とする。言い換えれば、まずは問題を引き受ける「国民」の立ち上げが必要である。具体的には、まずは自国の無意味な死者を無意味なままに哀悼することでわれわれ＝「謝罪主体」を立ち上げ、ついでアジアの死者を哀悼すべきであると主張する（なお「無意味なままに」というのは、加藤氏が自分自身、先の戦争を「正義のない戦争」と認めているからである）（加藤 1997 ; cf. 徐 2003 : 83）。

このような加藤の主張に対して高橋哲哉は『戦後責任論』『国家と犠牲』などにおいて、加藤の議論は「自国の死者への閉じられた哀悼共同体、自国の兵士への閉じられた感謝の共同体として日本の「国民主体」を作り出し、結局は日本の戦争責任をあいまいにすることにつながる」と反論をしている（高橋 2005a : 63 ; b : 168 ; c : 134-7）。

また、徐京植は右の(A)に対して、「私が常々、戦後日本人の主体意識は空洞化しており「他者」の声はその空洞を空しく素通りしていると言っているので、読者の中には、私の議論と加藤説が「同じ」だと感じる人もいるかもしれない」と断ったうえで、その(A)に対して、「一瞬だけあやうく頷きそうになった」と述べ、しかし、次のように批判する。「「自国の死者」たちが戦争という国家の行為によって死んだのである以上、その死の意味は当の戦争の意味と無縁ではありえない。遺族や友人が自己に近しい死者をそれぞれの固有の意味づけにおいて弔うことは当然のことだが、弔いが集団的に行われる以上、その戦争が侵略戦争だったという明確な「意味」から切り離して、「無意味なままに」弔うことはできないのである。それをすることは、侵略戦争から「侵略」という「意味」を抜き取るという仕方で、別の意味づけをすることになるからだ。「無意味なままに」などと言う前に、いま靖国神社で行われている「英霊」という虚偽の「意味」づけから死者たちを取り戻すことが先決なのである」(徐 2002：85-6；cf. 2003：87-90)。

加藤に対して、私は1節および2節の見地から、次のように反論したい。つまり、仮に加藤の言う方法（自国の死者の哀悼→アジアの死者の哀悼）で「謝罪主体」が誕生したとしても、すでに日本人と共に生きてしまっている在日にとって、状況の改善をもたらすわけではない。「謝罪主体」が日本人という「国民」主体を意味するかぎり、それはむしろ【許しがたい人間であるかもしれない人間】の隠蔽に繋がる。なぜなら、その「謝罪主体」は匿名的存在であり、謝罪は匿名的謝罪だからである。つまり、「謝罪するわれわれ」は朝鮮半島に居住する朝鮮人にとって良き隣人になりえても、すでに日本人と共に生きてしまっており、かつ客として生きている在日朝鮮人にとっては、むしろいわば「連合した主人」に過ぎない。在日の視点からは、国民的謝罪は、日本人の主としての地位の再確認をむしろ意味してしまうのだ。

しかし、そうした視点をとるとき、加藤を批判する高橋や徐の議論にもまた「危険」が見えてくる。高橋や徐が、日本人よりも先に他者としてのアジアの人々に応答し、責任を負わなければならないという議論を展開するとき、すでに日本人と共に生きてしまっている朝鮮人としての在日が視野に入っているかどうか。謝罪が「反省」reflectionであり、つまりは、過去を自己の中に回収することであり、しかもその過去が自分ではない他の日本人がかつて犯した罪であるかぎり、それは、国民共同体の生成をもたらす。そして共同性はそれがいかに善良な意志を持つ倫理的なものであろうと、在日を客の位置にすえつけることになりはしないだろうか。

日本という社会を現実に生きる在日朝鮮人という観点からは、ここにパラドクスがあるのだ。つまり、在日が【許しがたい人間であるかもしれない人間】と共に生きている以上、許しがたい人間への裁きを含む謝罪は必要である。一方で、謝罪は日本人の共同性／同一性を促し、在日を客の位置にすえつけてしまう。謝罪が遅すぎたことから、パラドクスが生じているのだ。

4 事実的異邦人から倫理的異邦人へ

では、パラドクスの解決はありうるか。つまり、日本人が過去の罪を引き受けながらも、主にならない方法はあるのだろうか。いかに日本人は朝鮮人に対する罪を引き受けつつ、同時に朝鮮人に対する客になることができるのか。

ここで考える必要があるのは、客がそもそもそれを迎え入れる存在によって成立するということである。つまり、逆説的にも、在日が日本人を迎え入れることによって、日本人は客になることができるのだ。では、在日は日本人をいかにして迎え入れることができるのだろうか。

この場合、在日の位置をもう一度、根底から考える必要がある。在日が客／異邦人としてあるという場合、それはもちろん、諸々の権利や自由や生活の豊かさを提供し、保障する日本の法的、経済的、文化的システムの（自明視された）特権的享受者である日本人との関係においてである。しかしながら、すでに死んだ朝鮮人、基地を押し付けられている沖縄人、多くの苦境に立たされている人間たちの前にあって、今を生きる在日は、何者だろうか。在日もまた日本で生を営んでいる以上、他者の生の場所を奪っている。(3) 在日もまた不当な特権を得ている、という側面は否定できない。その意味では、在日はたんに諸々の権益や自由を剝奪された客／異邦人であるだけではない。同時に諸々の権益や自由を剝奪している客／異邦人でもある。

この後者の意味での異邦人性を引き受けること。すなわち日本人というマジョリティによって強制された異邦人から、己が他者の生を奪っていることの自覚に基づく異邦人になること。事実的異邦人から倫理的異邦人へと変わること。そのとき、朝鮮人は日本人を迎え入れる、したがって【日本人を客にする】最初の端緒が得られるのではないだろうか。事実的異邦人がその性格上、諸々の権益や自由を、その特権的享受者である日本人に対して、自己のために要求しつつも、あるいは要求するがゆえに、日本人が享受者であることそのものは不問にしてしまう傾向を帯びる一方で、倫理的異邦人はその性格上、権益や自由を日本人に対して、しかし、自己ではなく他者のために、求め、したがって日本人の日本社会における位置を不断に、あらゆる方面から問い続けることになるだろう。権益や自由を奪われてきた自己ではなく、それらを奪われてきた他者のために――。そうした思想／倫理に導かれた異邦人は、もはや日本という社会の法的、経済的、文化的システムの周辺にいるのではなく、さりとて中心にいるわけでもなく、システム全体の刷新を求め続けるかぎり、常にすでにその未来の中にいる。倫理的異邦人とは常にすでに現在の先にい続ける。そして常に未来にいるかぎり、倫理的異邦人は、常に自分のあとに来るものを待ち、迎え入れようとする存在である。

在日朝鮮人が事実的異邦人から倫理的異邦人になるとき、彼／彼女は日本人を迎え入れる存在になるのであり、そのとき、彼／彼女にあって日本人は到来の待たれる客になるのではないだろうか。

補章3　日本と他者と公共性(1)——痛む者に向き合う実践

1　東アジアと日本

日本が常任理事国入りを試みたとき、その試みは、日本はすでに国際社会における重要な一員であるという認識を基に進められてきたように思われる。この「事実」の認識を基に、そうである以上は国際社会においてその事実上の地位に見合う役割や責任を果たすべきだ、とする考えが、常任理事国入りを後押しし、正当化する論理だったように思われる。しかし、日本が国際社会における重要な一員であるという認識は、どの程度、またどのような意味において、他国と共有されているのだろうか。

中国や韓国において、日本の常任理事国入りに対して強固な反対意見が沸き起こったことが象徴的に示しているのは、日本は少なくとも東アジアにおいて未だ信頼できる一員として十分に承認されていない、という苦い事実であろう。経済的関係における日本の重要性は、むしろこの地域においてこそ、認められているものである。が、日本は、東アジアにおける一員であるための倫理的条件を満たしているか、どうか。傷を受けた者、未だ傷が癒えていない者への敏感さ、傷を与えた自己への反省的な視線という倫理的眼差しが日本に十分にあるのか。常任理事国入りへの東アジアからの反対が日本に問いかけているのは、この点に関わっている。

日本が仮に経済的関係において国際社会の重要な一員であるとしても、東アジアという日本が属している地域において、その一員として、右で述べたような意味の倫理的条件を満たしているか、どうか。日本が国際社会の重要な一員であるという認識は、二重の意味で足元から、つまり東アジアという日本が属している地域の眼差しから、そして信頼を内側から支える倫理的眼差しから、再考を求められている。そして地域と倫理の眼差しの中に映る日本は、「国際社会の重要な一員」なのではなく、むしろ「関係の維持は重要であるが、一員としては信頼しきれない国」なのだ。

もちろん、最近、しばしば言われるように、東アジアからのこうした日本への「厳しい」眼差しの幾分かは「反日教育」によるものであろう。しかし、「反日教育」のせいだと断じて、問題の所在を他国に押しつけることによって得られるのは、日本のナルシスティックなナショナリズムの肯定・合理化であって、他国からの信頼ではない。仮に「反日教育」の「是正」を韓国や中国に求めるにしても、そのためにはまず日本が東アジアにおける一員であるという承認が得られていないければならない。承認がなければ要求は届かないのだ。そして承認を得るためには、政治の次元のみならず、市民や「草の根」の次元において対話を蓄積していくほかないであろう。

2 「横並びの関係」と「向き合いの関係」

では、アジアの人々と対話する関係、あるいは対話する場としての公共性を生みだすにはどうすればよいのか。

本章はこの問いにアプローチすることを主眼とするが、そのためにむしろ日本国内における支配的な他者関係（人間関係）のありようを主に分析する。一見、無関係に思われる国内の問題に目を向けるのは、次の理由による。

私たちはしばしばアジア（おそらく、のみならず、それ以外の諸外国の）人々と対話する関係について考えるとき、当の国の文化と日本という国の「文化」の違いが対話を困難にする要因であると考えるし、実際にも書店には「異文化コミュニケーション」のための書籍が数多く並んでいる。ここにはひとつの暗黙の前提があるように思われる。すなわち、国内においては利害の対立などの特殊な場合を除けば、通常は対話が成立している、というものである。しかし、この前提には問題が潜んでいる。すなわち、通常、成立しているコミュニケーションが、あとで示すような意味での対話といえるものか、どうか。日本国内において通常、成立しているコミュニケーションが対話といえるものではないとしたら、どうだろうか。もしも支配的な通常のコミュニケーションの形態が対話でないとすれば、アジアの人々との対話を望むことなどはじめからできないのではないだろうか。そうであれば、対話の文化が日本に根づいているかどうかを問うという作業が必要なのではないだろうか。

日本に対話の文化が根づいているか、という問題を考えるにあたり、まず、分析の道具として他者関係についての二つの概念を提示しておきたい。

ひとつは、何らかの目標に向かって、傍らにいる他者と手を取り合っているような光景を原形とする関係。ここではそれを「横並びの関係」と名づけておきたい。典型的にはたとえばスポーツのチーム内の選手同士の関係である。「横並び」とは言っても、具体的な物理的位置関係は問わない。重要なのは意識や関心や感性が共通の目標や未来に向かっていることであり、他者がその共通の目標に媒介されて結ばれていることを特徴とする関係である。したがって、上下関係や役割関係に規定されている何らかの組織体の内部における他者との関係も、この内に含まれる。

この関係においては他者の意味は、関係ができあがっている全体（たとえば、スポーツのチームや会社組織）から引き出される。そうであれば、ここにおいては厳密な意味での独自性を有した〈他者〉（以下では〈他者〉という表記は、この意味で用いる）は存在しない。すなわち全体に吸収されることのない独自性を擁した〈他者〉が現れる余地はない。ラグビーの選手に求められるのは、そのポジションに与えられた任務の遂行であり、言い換えれば、全体の中での意味、全体の中での独自性の発揮に留まるのである。またこの関係が共通の目標によって結ばれているものであるかぎり、そのコミュニケーションの形態は、最大限広い意味での「(作戦) 会議」であろう。

もうひとつの他者関係は、顔と顔をつき合わせているような光景を原型とする、「向き合いの関係」。しかし、ここでも具体的な物理的位置関係も、顔が知覚可能な範囲にあるかどうかということも問わない。意識や関心や感性が他者そのものに向かっていることを特徴とし、したがって、他者が存在する意味が、関係ができあがっている全体にではなく、その他者の存在そのものに見出されるような関係である。典型的にはたとえば、関係の維持が他者に苦痛を与えるのであれば、その他者が関係から離れることをさえ許すような、「純粋」な愛の関係である。この「向き合いの関係」において他者は右で述べた意味での〈他者〉として現れる。また対話が見られるのは、この関係においてであろう。

3 〈他者〉不在の「横並びの関係」

では、この二つの概念枠組みを用いて、日本のコミュニケーションについて考えてみたい。ポスト・モダンの論者（たとえば、リオタール）が言うように、近代という時代は自由の獲得や人間の解放といった、公的で終局的な目標、すなわち「大きな物語」が効力を発揮していた時代、と考えることができる。それは、日本の戦後に限って、より実情に即して具体的に言えば、たとえば経済的成長（によってもたらされる「幸せ」）に対する期待が維持できた時代である。したがって、この時代は、他者関係という観点から眺めれば、「横並びの関係」が、コミュニケーション形態についていえば、「会議」が支配的な時代だったと言える。実際にも、日本人はいたるところで、たとえば会社で売り上げについて、家庭で次の購買品目について、居酒屋で「日本の未来」について、〈作戦〉会議というのがふさわしいコミュニケーションをしていたように思われる。では、「大きな物語」の効力が衰退し、「横並びの関係」が成立しにくくなったポスト・モダンにあって、支配的な他者関係は「向き合いの関係」へと移行したのだろうか。たしかに、プライベートな時間や身近な生活といった「小さな物語」が重視されるようになってきた。しかし、それは必ずしも支配的な他者関係が「向き合いの関係」に移行してきたことを示してはいない、と考えられる。

私たちは今、執拗に「明るさ」や「笑い」を求めている。沈鬱な表情の友人に明るくなるように励まし、酒席にあってノリのよさを求め、病にふけっている人に笑いの効能を説く。テレビははっきりと「明るさ」や「笑い」への極度な執着を示している。瞬間的な、即興的な笑いの提供者として、「お笑い芸人」がもてはやされる。しかし、こうした現象は、「小さな物語」の重視を示しているだけではない。ここでは他者が関係に吸収されない独自性をもつ〈他者〉であることを示してしまうものは、関係の維持を阻害する要因として、排除する力が働いている。たとえば恋愛関係という私的な世界においてすら、あるいはむしろ壊れやすい私的な世界であるがゆえに、他者は〈他者〉としてではなく、「かわいい女」や「優しい男」といった役割の実践者になっている。かつて大きな目標のために必要だった「横並びの関係」は、今、それ自体が目的化しており、「明るさ」や「笑い」

の追求は、「横並びの関係」のための道具になっているのだ。サッカーの競技場に集まるファンの頬にペイントされた日本の国旗も、「負けられない戦いがある」という扇情的なフレーズも、むしろ「横並びの関係」のための道具であろう。

ポスト・モダンにあって他者関係は「向き合いの関係」へ移行したのではなく、それ自体、目的化した「横並びの関係」が支配的になってきたのだ。こうした共有された目標のない「横並びの関係」にあって、もはや支配的なコミュニケーションの形態は「会議」ではない。しかしまた〈他者〉のいないこの関係にあっては、「対話」もまた支配的なものになろうはずがない。ここでは、関係を維持すること自体が目的の「会話」が支配的なものになっているのだ。

それ自体が目的化された、〈他者〉不在の「横並びの関係」。それが支配的なものとして体制化してきたことは重大な結果をもたらしている。この関係にあっては構造的に、他者が〈他者〉であることをもっとも切迫した形で示さざるを得ない痛みを、痛みとして直に表現することが困難なものになるだろう。サッカー競技場の観客席において、仲間の観客に求められるのは、声援への没頭であって、硬い椅子への不満ではない。〈他者〉不在の「横並びの関係」が体制化してきたとき、痛みは人との具体的な関係の中に場所をもちにくくならざるを得ないのだ。

今日、精神的苦痛を除去する専門家としてのカウンセラーがもてはやされていることや、医師という専門家に「人間的」応対が求められていることは、おそらくこのことと無縁ではない。「横並びの関係」の阻害要因である痛みは専門家のもとへ「隔離」され、あるいは社会の外の個室へ周縁化されているのだ。こうした観点からすれば、今日の新自由主義的政策の批判者たちが、その政策が社会の周縁的存在である「弱者」に痛みを押し付けるものであると批判するのはことの一面しか見ていない。今日にあって、周縁的存在が痛みを負わされるだけでなく、同時に、痛む者が周縁的存在にさせられているのだ。〈他者〉不在の「横並びの関係」が体制化してきたことは、痛む者の周縁化という現象を生んだのだ。

ここで、アジアに目を向ければ、一方での「韓流ブーム」という熱烈な歓迎的態度と、一方での「歴史問題」に関わる「嫌韓」的、そして反北朝鮮的態度が同居しているという現象もまた、〈他者〉不在の「横並びの関係」の体制化の結果であると考えられる。つまり、サッカー競技場の観客席において、仲間の観客に求めるのと同じものを韓国に求めているのではないか。だからこそ、観客席において硬い椅子への不満が規制されるのと同じように、「歴史問題」によって表現される痛みが規制される。ここにあるのもやはり痛む者の周縁化なのだ。しかも、そもそも痛みが日本の社会に場をもたないとすれば、いったいその痛みの加害者として指弾されるときに、いかに責任主体として応答することができるだろうか。

アジアの人々と対話する場としての公共性を生みだすにはどうすればよいのか。この問いに今、どう答えられるだろうか。以上の考察を踏まえれば、何よりもまず日々の生活世界の中に「向き合いの関係」をひとつの文化として根づかせることだ、言える。痛みが人間関係の中で場を持つ文化、痛む者と向き合う日常的実践が必要なのだ。たとえば、他者の表情の微かな変化から心の、あるいは身体の痛みを見抜く敏感な感性、日々の不満を際限もなく語っているとき、その「グチ」に対して、早急な解決策を口にするよりも、ただ聞き続ける忍耐、身体の不調を訴えている人に対して、その手を握ったり、肩をさすってやったりするような身体的な応答。このような他者の痛みに向き合い、つきあっていく日常的実践が必要なのであり、そうした実践がひとつの文化、もしくは規範として定着するとき、政治の次元での変化が起こるのではないか。実際、そうした文化や規範は、アジアの人々の痛みを愚弄するような政治家の「妄言」を何よりも「非常識」として非難するだろう。

最後に、他者の痛みに向き合う日常的実践や文化を望むことが、決してユートピアを望む夢想ではないことを強調しておきたい。人間はどこから生まれたのか。赤ん坊というもっとも壊れやすい命は、その痛みに対して最大限の敏感さと忍耐をもって応答する者があってこそ、維持される。赤ん坊が泣くとき、その痛みの表現に応答する者——それが誰であろうと——がいなければ、その命は尽きてしまう。その意味では、他者の痛みに向き合う日常的実践や文化は未来のどこか、ユートピアにあるのではない。そうではなくて、むしろ、わたしたちはそこから生まれたのだ。他者の痛みに向き合う実践や文化を求めることは、ユートピアを夢想することではない。それはむしろ私たちの生の最初の由来を見直すことなのだ。

註

序章

(1) 以上はもちろん諸々の差別を網羅的に列挙することを意図しているわけではない。むしろその多様さを示すためにランダムに列挙したに過ぎない。ただ、本書においては、いわゆる「動物差別」は考察の対象に入れていない。それは純粋に本書が現象学的他者論を主軸に考察されるという方法上の制約から生じるものである。

(2) 「独立した連帯」は第1章で述べることになる〈アクティヴな我々関係〉のひとつと考えることができる。

(3) 本書では国籍を問わず、日本に定住している韓国・朝鮮出身者、およびその子孫のすべてを「在日朝鮮人」と呼ぶ。しばしば指摘されるが、この呼称は複雑な問題を抱えている。ここでこの語を使用するのは、朝鮮(チョーセン)ということばに付与された否定的なイメージに対する私なりの「抗議」である。この語によって呼ばれる人たちがこの語に含まれる否定的イメージを受容しなければならない根拠は何一つなく、したがって元来、そのイメージに怯えなくてはならない理由もない。私の側には「朝鮮人」ということばから逃げねばならない理由は何一つない。

(4) もっとも実践的に連帯することは容易ではない。上野千鶴子は諸々の差別が複合的に作用する現実と連帯について述べる中で、「すべての被差別者を一挙に解放するダモクレスの剣のような一般理論、または普遍主義の禁欲」の重要性を述べ、「被差別者の解放の思想が共通に持つのは、他者によって「生きられた経験」の多様性に対する承認と想像力である」と述べている(上野 2001:203)。以下の本研究は一見すると、「普遍主義」的に映るかもしれない。この点について、上野のこの個所に応答する形で述べておくならば、本研究は「被差別者を一挙に解放するダモクレスの剣」を目指しているわけではない。すべての被差別者が各々の闘いを生きることを理論的に(現象学的観点から）鼓舞（empower）することである。

（5）福岡安則（2001：203）は、政治学者の石田雄（石田・三橋 1994）を参照しながら、差別研究を促すようになってきた戦後日本の社会状況の変化を簡潔にまとめている。それによれば、ひとつには、差別を歴史の進歩と共に消滅するものとして見なすマルクス主義的階級一元論と近代化論の失速、日本においては六〇年代から七〇年代にかけての、公害問題、ベトナム反戦運動、大学闘争と密接に関係しつつ、さまざまな領域で差別反対運動が生じてきたこと、八〇年代以降の国際的な人権擁護の高まりなどがあげられる。このように差別研究が活性化してきた経緯と〈差別概念の倫理的威力〉の増大の間には平衡関係があると見て差し支えないように思われる。また、マルクス主義的階級理論が差別問題を覆い隠してしまうことはしばしば指摘されることだが、その点については山口節郎を参照（1990：317-335）。

（6）この点についてのさらなる考察は第1章の冒頭を参照。

（7）philosophical anthropologyは、現象学者のひとりとして考えられることもあるマックス・シェーラーなどによって使われたことばであるが、ここでは現在の一般的語法にならって、諸々の個別実証的科学的分析によって把握される人間の断片的な姿ではなく、その全体像を根本から把握しようとする学という意味で用いている。なお、一貫して、通歴史的・通社会的な観点から、言い換えれば「形相的」次元で、人間と社会について考察してきたシュッツの現象学的社会学もそのように呼ぶことは許されると思われる。また、彼は実際にも、シンボルやサインなどについてさまざまな超越に対処する人間の必要から考察した論文「シンボル・現実・社会」において、そこでの自分の考察についてこの語を用いている（CP I：356）。なお本書ではシュッツの主要論文を集めた『著作集』つまり、Collected Papers I〜III（Schutz 1962；1964；1970）および訳本が出ていないCollected Papers IV（Schutz 1996）からの引用は、頻出するので、煩雑さを避けるため、CP I〜CP IVと略記する。I〜IIIについては渡部光、那須壽、西原和久による四分冊の訳書（『アルフレッド・シュッツ著作集1〜4』）がある。それらについては引用にあたり、適宜、参照したが、必ずしも訳書通りにはなっていない個所がある。なおページ数についても煩雑さを避けるため、CP I

〜IVについては原書のページのみを記す。

(8) 以下において〈私〉という表記は、事物や他者、世界を経験し、構成し、そこに向かって働きかけている「主体」という意味で用いる。ただし、「主体」が常に何かしらの社会性を帯びていること、したがってまたその経験には常に何かしらの匿名性がついて回ることも事実である(この点については第1章の〈アクティヴな我々関係〉も参照)。〈私〉という表記は、したがって、そうした匿名性や社会性を帯びつつも世界に向かう存在を表す。ともかくも、この研究をなしている私そのものから区別することを目的に用いる表記である。なお、3節で述べるように、現象学的思考においてはこうした意味での「主体」は手放せない概念であるため、関連文献において(シュッツも含め)、私という語はしばしば現れる。そうした文献から引用する際には、煩雑さを避けるため、特に誤解の怖れがないと判断した場合、そのまま私という具合に〈 〉を外したまま表記する。

(9) フッサールに始まる現象学の方法の精髄は、メルロ＝ポンティの『知覚の現象学』(Merleau-Ponty 1945＝1994)の序文を参照。その序文は、メルロ＝ポンティの名を「フッサール以降、最大の現象学者としてのちにその歴史に刻みつけることになる」(鷲田 2001：14)とされるものである。木田元は、この序文を含めた、メルロ＝ポンティの思索を解題した『メルロ＝ポンティの思想』の中で、「現象学」とは、「与えられた現象の因果的発生を説明する説明学に対して、その現象のいわば内的構造を記述的に解明する記述学といった程度の意味」と述べている(木田 2003：110)。

(10) 『危機』において、フッサールは「ガリレイは発見の天才であると同時に、隠蔽の天才であった」(Husserl 1954：53＝1995：95)と述べる。そのいわんとするところは、あらゆる意味は生活世界における経験をその源泉としているにもかかわらず、科学はこの意味の源泉たる生活世界の経験を忘却してしまっている、という批判であった。フッサールは、生活世界の経験へ立ち返ることの必要を言ったわけである。もっとも、フッサールにおいては、生活世界それ自体も、主観による構成の相関者とされ、その構成の働き、つまり「超越論的主観性」の働きを遡行的に問わねばならない、と主張した。したがって、後期フッサールの現象学のプログラムは、科学的世界↓(還元)↓生活世界↓

(還元)→超越論的主観性への遡行というものであった。フッサールにおいて生活世界は「一度はもちあげられ、一度は貶められる」(鷲田 1988：154)のである。なおこうした生活世界経験から絶縁した超越論的主観を設定することから生じる倫理的問題は看過できないものがある。フッサールにおける、ヨーロッパというひとつの歴史的状況の中で生じたものである理性主義を「絶対化」することから生じる問題については、高橋哲哉がフッサール理論に内在的に批判している(高橋 1990：3-67)。

(11) 註(9)を参照。

(12) 実際、シュッツ自身、同僚との対話の中で自分は「哲学によって動機づけられた社会学者 a philosophically informed sociologist」であるというよりは「社会学によって鍛えられた哲学者 a sociologically sophisticated philosopher」であると述べている。この点については李(2005：ii)を参照。

(13) シュッツ理論の時代的背景、学説史的背景などを概観するには、西原(1994)を参照。

(14) レヴィナスの他者との関係をめぐる思索は、マルティン・ブーバーの「我—汝」の思想に促され、それと批判的に対峙することで、進められたものだった。レヴィナスは自己の思索を「社会性の現象学」と自ら呼んだ同じ個所において(Levinas 1995＝2001：108)、「ブーバーの思想に促されて、私は社会性の現象学に踏み込みました」と述べている。レヴィナスに大きな影響を与えたブーバーは人間の根源的態度を対話者との関係である「我—汝(Ich-Du)」と客体との関係である「我—それ(Ich-Es)」の二つに分ける(Buber 1923＝1999；Crossley 1996＝2003：34-44)。レヴィナスの「社会性の現象学」はブーバーの「我—汝」関係における相互性への問いから始まる。「私は、他人への関係は果たして、ブーバーが〈私〉—きみ(＝「我—汝」——引用者)の関係のうちにみいだしたこの相互性に立脚しているのかどうかを考えてみました」(Levinas 1995＝2001：106)。なおフッサール、ブーバー、レヴィナスにおける他者問題の比較対照は、山口一郎(2004：321-359)を参照。また「我—汝(Ich-Du)」の関係とシュッツの「純粋な我々関係(Pure we-relationship)」とは概念上、類似しているが、両概念の比較は、Grinnell (1983)を参照。

(15) たとえばニック・クロスリーはフッサールのスタンスをとるかぎり、「他者は観察されるもの以外の何者でもありえないし、さらに他者はつねに自我がそれについてもつ意識に還元されるということが強められるだけである」(1996＝2003：29)と批判する。貫成人は諸々の批判を踏まえたうえで、「自我固有領域が他我やモナド共同体より発生的に先であったからといって、その権利上の優位がいつまでも続くわけではない」(貫 2003：191)とし、他者が〈私〉から発生したとしても、それが発生したあとは、「もうひとりの私」ではないことを強調し、フッサールの他者論が独我論ではないと主張する。他に田島節夫(1996：391-430)や山口一郎(2004：321-359)なども参照。

(16) フッサールの〈私〉の先与性というスタンスは次のような記述に明瞭に現れている。「異なる者［他者］は、自分固有のものの類似物(Analogon)としてのみ考えることができる」(Husserl 1963：144＝2001：206)。「つまり、他者は、現象学的には私の自己の「変様」(Modifikation)として現れるのだ」(Husserl 1963：144＝2001：206)。

(17) シュッツによる詳細なフッサール批判は「フッサールにおける超越論的間主観性の問題」(CP III：50-91)を参照。またシュッツによるフッサール批判の要点は Barber (1988：23-25)を参照。レヴィナスの場合、その主著のひとつである『全体性と無限』(Levinas 1961＝1989)がフッサールの他者論への批判とみなすことができる。

(18) 『現代社会理論研究』第一四号。なお翻訳は郭。

(19) 『存在の彼方へ』ははじめ朝日出版社から出されたが、その後、講談社学術文庫に再録された。出典表記における翻訳の出版年は、講談社版のものである。

(20) 以下、近年に出版・発表されたもののうち特に重要と思われるものに限って列挙しておく。たとえば『差別と共生の社会学』(井上俊他編 2001)、『差別の社会学第一〜四巻』(栗原彬編 1996, 1997)において各論者が各々の研究領域で示している。ポストコロニアル研究については、スピヴァック(Spivak 1988)、周蕾(1993；1998)、バーバ(Bhabha 1994)、姜尚中(1996；2003)など参照。また障害者差別については、石川准(1999；2003)など参照。女性差別については江原由美子(1998)など参照。レズビアン・ゲイ差別については、風間孝(2003；2004)、河口和也(2003)など参照。なお、上の二氏の論文が収められている『解放社会学』の一七号と一八号ではレズビアンとゲイ差別について特集を組んでいる（正確には、一七号の特集タイトルは「レズビアン／ゲイスタディーズ」、一八号のタイトルは「レズビアン・スタディーズの現在」）。

(21) そうした研究がないわけではない。4節参照。

(22) メルロ＝ポンティ（1945＝1967：15）参照。

(23) もちろん私は実証研究そのものを否定しているわけではない。しかし「当事者の声」を収集・分析する実証研究には「限界」があることもまた否定できない。そうした「限界」の彼方にありうる「黙して語らない経験」を記述するために、以下の研究では「当事者の声」を一時、保留するものである。

(24) たとえば李良枝は『恨とほほえみ』（李良枝 1993：632-3）の中で、「私は恨みということに関心があるの。私など恨みだけで書いているみたいなものですもの。それ以外にエネルギーなどないと思います。恨みのない作品には、あまり力がない……」（李良枝 1993：632）と語っている。〈ハン〉について書いた李良枝のエッセーは他に『富士山』、『巫俗伝統舞踊』などがある。以上、李良枝からの引用、参照はすべて『李良枝全集』（李良枝 1993）に依る。

(25) ここでは、「人間を構造に還元してしまうような」（木田元 1993：210）諸々の科学に見られるパラダイムを指している。言い換えれば、「人間のいわゆる主体的実践というものをまったく切り捨てて、人間を一定の構造連関に解体してしまう」（木田元 1993：212）立場を指す。こうしたパラダイムはシュッツの現象学的社会学も、殊に類型性が議論される文脈では、共有されていると考えることができる。また、本書においても被差別体験を論じた第1章では基本的に共有されてはいる。それはしかしそれが発祥してくる現場である、（匿名性を常に帯びている）日常生活者の次元に定位して、被差別体験を理解するためである。また、シュッツにおいても他者の具体的経験が世界経験の基底として働くことを論じる個所においては、この他者の具体的経験が構造の外部、あるいは匿名性の外部において経験されることが強調されている、と考えられる。またレヴィナスの他者論も他者が構造――レヴィナスにあっては「全体性」とほぼ同義である――の外部であることが強調されている。シュッツとレヴィナスはしたがって、その意味においては、構造主義者ではなく、人間主義と考えていいと思われるが、さりとて、サルトルの実存主義のような主体中心主義ではなく、間主観性主義であり、あるいは他者主義と呼んでもいいような思想であると考えられる。なおレヴィナスによる反人間主義批判は『他者のユマニスム』（Levinas 1972＝1990）参照。

第Ⅰ部・扉裏

（1）以下、経験という語は、序章の第2節で述べた〈ひそやかな関係〉、すなわち事象と〈私〉の間に張られていて、しかし忘れ去られているような生活世界における関係のことを指す。ただし、通常、日本語において経験という語は、「過去の出来事」という意味を含み、またたとえば、「差別」という語と連結して、「被差別経験」というように言った場合にそうであるように、語の連結の仕方次第で、「過去の出来事」という意味が想起されやすくなると思われる。ここでは、そのように想起されるおそれがあると思われる場合には、「被差別体験」というように特に「体験」という語を用いる。また、第Ⅲ部と関わるが、以下の研究では関東大震災時における朝鮮人虐殺といった「歴史」についても、それが〈私〉にいかに経験されるかという点、つまり「歴史」と〈私〉の間の〈ひそやかな関係〉に焦点を合わせる。

第1章

（1）本章は『現代社会理論研究』第一〇号に掲載された論文（郭 2000）を加筆修正したものである。
（2）カッコ内の 1932 は初版年、1981 は引用した版の年を示す。
（3）草柳（1998）がカウンター・クレームについて分類している。
（4）西原和久（1994；1998；1999）参照。後期フッサールの現象学においては、発生的現象学、つまり「自然的態度での「主観性」それ自体がいかにして成り立つのかという問題」（西原 1994：97）が主題となってくる。本章では、この問いの中で立ち現れてくるような、より根元的な生活世界に立ち返り、論じる、という意味で、発生論ということばを用いている。言い換えれば、「日常意識を可能にする、より基底的、根元的」（西原 1994：131）な生活世界の準位に遡って論じる、という意味で用いている。したがって、本章で発生論的に被差別体験を考察するということは、日常的道徳観に逆らうことを承知のうえで言うならば、被差別体験はいかにして可能か、もしくは被差別体験がそういうものとして現れてくる前提条件は何か、を考察することを意味する。

（5）このことに関しては、福岡安則・金明秀の『在日韓国人青年の生活と意識』に短い記述がある（福岡・金 1997：48）。

（6）同様の記述は『生活世界の構成』（Schutz 1970：74＝1996：116）にも見られる。もっとも、その考察をはじめることによって全面的に書き改められなければならないとシュッツ自身が述べている間主観性の議論は、編註によれば、同書の七章を参照するように指示があるが、そこの記述（草稿）は同じ編者が註で記しているように実際「かなり唐突に終わっている」（Schutz 1970：182＝1996：252）。

（7）ここでの他者は、行為主体の側からすれば、ミードの「一般化された他者」と理解されるべきものである（Mead 1934：152-164＝1973：164-176）。

（8）この「我々の眼」という概念は、ハイデガーが自己の具体性を消失し、平均的で、平板な生を送っている堕落した存在として名づけた「ひと（das man）」（Heidegger 1927＝1987）の生のあり方と類縁性を持っている。ただし、ハイデガーの「ひと」がその都度の行為において立ち現れる者としては想定されてはいないので、この独自の概念を用いることにしたい。ハイデガーの「ひと」という概念を用いるならば、私たちは行為のその都度、その都度において、さまざまな「ひと」になる。アクティヴな我々関係と我々の眼は、このような「現実の多元性」を考慮した概念である。

（9）ここで言われている「他者」は、もちろん他我という意味ではなく、「よそ者」という意味で考えるべきであろう。

（10）もちろん、気づく者は、「被差別者」だけではなく、奇妙な言い方になるが、非「被差別者」もまた含まれている。

（11）この点については、第8章2節および3節で再び考察する。

（1）したがって以下で「日本人」や「日本文化」ということばを用いる場合、純粋に記述上の便宜からであって、何ら実体的なものを想定していない。

（2）この点については第3章2節および同章6節を参照。

（3）たとえば対象Sについて解明するという場合、「全過程をつうじて、Sは主題としての性格を失わず、われわれがひとつひとつの契機、ひとつひとつの部分を一歩一歩捉えていくとき、その一つ一つはまさに契機であり部分であって——一般的にいえば——特性であり、規定である」（Husserl 1939→1954：126＝1999：99-100）。問題は、被差別体験を考えるというとき、基体が、その体験自体であるというよりは、ある指標によってあらかじめ「被差別者」と認定される者であることが多い点である。

（4）ここで山田富秋（1996）は、差別の告発を無効化しようとする「被差別者」の態度に着目し、その態度という面では差別者（さらには共犯者）と同じであることから、彼らを一つの類型の許にくくり、それらが批判されるべきであると述べている。それによれば、支配的文化に安住する者とそれと批判的に対峙する者というふうに二分される。その場合、もちろん差別の研究者は後者であることが要請されるであろう。しかし一方で、日常生活を生きている生活者の場合、後者であることは十分に根拠のある困難がともなうことを考慮しておく必要がある。その困難は、結局、批判される支配的文化（＝自明視された世界）内の事象が生活者にとっては、（社会科学者にとってそうであるような）「観照の対象」ではなく、「実践上の関心の対象」である（CP I：252）という点に求められる。要するに、生活者にとっての「支配的文化」内の事象は、中立的視点から観察される対象などではなく、常に実践的に対処していかなくてはならない対象である。重要な点は、このような社会に対する態度が、研究者が被差別者としてカテゴリー化する対象にも当てはまるということである。「被差別者」もまた「支配的文化」を「実践上の関心の対象」として生きているのであり、その点が考慮されなくてはならないだろう。

（5）外部に立つ〈私〉はしかも、〈私〉以外の「被差別者」へ応答しようとする主体となるだろう。この点は第III部、特に第7章で明らかにされる。

第3章

（1）本章は現象学・社会科学会第20回大会での口頭発表を加筆修正したものである。

（2）『変身』については、すべて訳本（Kafka 1916＝1983）に依拠する。

（3）本章では在日朝鮮人を例として分析を進めるが、これはあくまでひとつの例に過ぎない。私としては、女性が表象や言説空間において排除される経験も、原初的にはこの型に包摂しうると考えている。

（4）レヴィナスについては熊野純彦（1999）を参照させてもらった。

（5）こういった「アンビバレント」な体験の構造は、李良枝の『富士山』（李良枝 1993：621-3）に見ることができる。物心ついた頃から富士山を見て育った在日朝鮮人二世の李良枝はこのエッセーで「美しくて、堂々として、みじろぎもしない富士山が、憎くてたまらなかった」「一体、どこまでつきまとうのか、と幾度となく罵倒した」と述べている。富士山は「日本の、朝鮮半島に対する過酷な歴史に対する象徴として現れ、韓国に留学してからは、自分のからだに染みついた日本語や、日本的なものの具現者として押し寄せてきた」（李良枝 1993：621-2）からである。その富士山と筆者が向き合うのは、高校を中退後、家出同然で故郷を離れて、一七年がたってからであった（李良枝 1993：621）。李良枝のこの一七年はいかなる歳月であったのか。この問題については、第Ⅲ部で検討される。

（6）チェサについては、頻繁に参加している者だけでも七割に達し、少しは参加したことがある者も含めると八割に達する（福岡・金 1997：37-38）。

（7）家庭内で「会話が母国語でなされることがあった」＝九・二％、「あいさつが母国語でされることがあった」＝五・〇％、「いくつかの単語は母国語を使うことがあった」＝六三・九％、「母国語はまったく耳にしたことがない」＝二一・八％という結果になっている（福岡・金 1997：39-40）。以上から浮かび上がるのは、「在日韓国人青年の多くは、日本語の会話のなかに「母国語の単語」がいくつか混じり込むかたちで、家庭内では母国語に接してきている」（福岡・金 1997：39-40）ということであり、「在日韓国人青年にとって、母国語は、いわば外国語と同じようにあらたに習得していかなければならないものに近い」（傍点は引用者）状況にあるということである。

（8）平野嘉彦（1999：87）参照。

（9）ここでの用法は、Milton J. Bennett（1998）に依拠している。なお、この論文では、「違いを前提にしたコミュニケーション」における他者理解を empathy と呼んでいる。

（10）石川准（2003：42）を参照。

第4章

（1）本章は『現代社会理論研究』第一二号に掲載された論文（郭 2002）を加筆修正したものである。

（2）しばしば指摘される事態であるが、特に上野千鶴子が複合差別論の中で集中的に扱っている（上野 2001）。

（3）シュッツ自身も『平等と社会的世界の意味構造』（CP II）において、差別について論じているが、西原（1996）が言うように、「議論が差別に関わる常識的思考の局面に限定され、哲学的、人間学的な問題は極力、差し控えられている」ので、本章はシュッツのそれ以外の論考に依拠しつつ、考察を試みる。なお、Barber（2001）が差別論の見地から、シュッツのみならず、サルトル、ボーボワール、レヴィナスの現象学を読み解いている。

（4）超越の問題に関しては、シュッツとルックマンの The structure of the Life World の六章において集中的に論じられており、また CP IV（三〇章）においても論考が収められている。それらの個所でシュッツは、諸々の超越を、生活世界における具体的経験（眠りから覚めた後も世界が眠る前と同じようにあるという経験や、ある場所に戻ったとき、立ち去る前と同じように事物が存在していることを経験すること）の観点から論じている。

（5）シュッツはこの論文において広義の「記号」を mark, indication, sign, symbol に分けて各々について論じている。シュッツはここで、自分が読んだ本の個所を自分に思い出せるためのしおりなど、あることを主観的に思い出させるもの（subjective reminder）を mark、雨が降ることを示す月の周りのカサなど、他の事象を憶測させる、主要には自然的記号（natural sign）を indication、と呼ぶ。これら、他の人々の存在やコミュニケーションの可能性を前提にしているわけではない mark と indication に対して、微笑や発話など、他の人々の思惟を示すことになる諸事象を sign と呼び、さらに、呈示する側が日常生活の現実のうちのひとつの事象であるが、呈示される側が日常の経験を超越している観念である場合、呈示するものを symbol と呼ぶ（CP I : 287-356）。

（6）パースペクティブの相互性については、CP I : 11 も参照。

（7）周知のとおり、シュッツは時間を共有するも、空間は共有しない「同時世界」的な状況における他者との関係を Ihrbeziehung、つまりあえて訳すならば「あなたたち関係」と名づけている。これが、英訳においては――対面的な関係を指す Wirbeziehung（we-relation）との比較上の「遠さ」から――、they relation に訳し変えられ、また日本語においても佐藤嘉一の訳では彼ら関係と訳され、さらにまた渡米後のシュッツ本人も英語で書く場合は、they-relation と表記していたという経緯がある。とはいえ、筆者がここで用いる「あなたたちの世界」という語は、シュッツの Ihrbeziehung とは、概念が基本的に異なる。さらに加えるならば、筆者のあなたたちの世界の経験は、シュッツの用語の中では、空間が共有されているのであるから、もちろん直接世界的社会関係（umweltlichen sozialen Beziehung）ということになる。また、こちらは他者に配意しているものの、他者はこちらの存在に配意していないような関係（直接世界の観察）はシュッツにおいてもちろん分析されているが（Schutz 1932 : 240-5、CP I : 26-7 など）、ともかく、本研究での主眼は別のところにある。

（8）この点に関しては、『意味づけ論の展開』（田中・深谷 1998）も参照。

（9）この論文で佐藤学は、小学校から大学までの完全無償の公費教育の提案など、「共生の教育」を追求し続けた、平凡社の創始者である下中弥三郎（一八七八～一九六一）が、「貧乏をするなら誰もが貧乏をするべきだ」という絶対的平等の理念を追求しつつも、日本帝国主義の拡大と共に、学術、文化、教育などの分野におけるファシズム統制に積極的に関わっていくようになった経緯、すなわち絶対的平等を基礎にした「共生」の思想が全体主義化する過程を明らかにしている。

第5章

（1）本章は『名古屋大学社会学論集』第二四号に掲載された論文（郭 2003a）を加筆修正したものである。

（2）被差別体験者から見た体験の意味は第Ⅰ部で見たとおりである。

（3）奥さまが見せる「底知れぬ優しさ」、つまりは、己を犠牲にして他者を迎える「優しさ」を「貴い」と見なす考えに、危険を見出す向きもあるかもしれない。また、そう考えるならば、当然、レヴィナスの思想の根幹にも危険は見出されるであろう。レヴィナスの思想の根幹は、他者を迎える「優しさ」の「貴さ」を主体の起源に置く、つまり、迎接を主体性の条件と見なすからである（Davis 2000：150）。しかしながら、もしもその貴さを訴えることに危険があるとすれば、それは結局、その貴さを自らに求めるのではなく、他者に求めるときであり、他者にそれを強要することが、ある種、公共の倫理となっている場合であろう。なるほど、自らに向かって、優しくあろうということは倫理的であり得ても、他者に向かって優しくなれ、ということは決して倫理的とは言えないはずだからだ。しかしじつは、そういった視角からの批判はレヴィナスには当てはまらない。レヴィナスが語るのは常に己に向かってという方向においてであるからである。

（4）西原（2000：137）によれば、この論点には、「互いに波長を合わせる関係（a mutual “tuning in”）」（CP I：202）と共に、「五〇年代シュッツの現象学的社会学の新地平を明確化する鍵」がある。

（5）〈あなたたちの世界〉経験という概念は差別を論じるときのみならず、支配や権力を論じる際にもきわめて有効な概念だと思われる。たとえば、携帯電話が普及した世界では、まったく予想していなかった瞬間に、〈あなたたちの世界〉経験が挿入される可能性が常にある。こういった事態との関わりから現代に特有の支配や権力について考えることができるのではないだろうか。

第6章

（1）本章は『現代社会理論研究』第一三号に掲載された論文（郭 2003b）を加筆修正したものである。

（2）他者を一方的にカテゴリー化するという行為を差別の基幹に見据える鄭暎恵は、したがって、その「対抗処置」としてマイノリティが失われた／剝奪されたアイデンティティを回復・確立することは差別性を打ち破るための一つの手段に過ぎぬと論じ、（言うなれば、「戦略的本質主義」の戦略性を認めながらも）、差別と闘うことは、むしろアイデンティティの複数性、雑多性を引き受け、境界を自由に往来する権利を求める実践の中にあると論じる（鄭 2001：19）。もっとも、「不純なアイデンティティ」の肯定という議論も、たとえば、マジョリティの「日本人」が、「日本文化とアメリカ文化が混じり合う沖縄」＝「ハイブリッドな沖縄」として、そこに介在する複雑な権力関係を問うことなく唐突に、一方的に礼賛してしまうような言説には注意が必要であろう。この点については島袋まりあ（2002）を参照。

（3）ただし、『全体性と無限』のあとに書かれた、レヴィナス第二の主著である『存在の彼方へ』では、「性質そのもの」の感受に、「傷」という別の契機が導入されている（Levinas 1974＝1999：49-50）。これは、端緒における世界経験の受動性を追求していった結果、捉えられた契機であるが、「性質そのもの」と感受という論点自体には変更がない。この点に関しては、熊野（1999：174-6）を参照。

（4）ただし、サルトルの言う「人間の条件に対する恐怖」は私たちの言うような〈根源的社会的不安〉に対する恐怖と直接に一致するわけではない。彼はこう述べる。「（反ユダヤ主義者は）恐怖にとらえられた男である。それも、ユダヤ人に対してではなく、自分自身に対して、自分の本能に対して、自分の責任に対して、孤独に対して、変化に対して、社会に対して、恐怖を抱いているのである。それは卑劣漢であり、しかも、自分の卑劣さを認めようとしないのである」（Sartre 1946b＝1986：60）。

第Ⅲ部・扉

（1）第Ⅲ部は解放社会学会二〇周年記念出版に掲載されることになっている論文「責任としての抵抗——ファノン、レヴィナス、李良枝を中心に」（2006）を基に加筆修正したものである。

第7章

（1） 第Ⅲ部、特に第7章では記述に際して、「マイノリティはマイノリティに向かってこそ、大いに語るべきなのだ。語り合い、マイノリティとして括られた者どうしの間にある差異を浮き彫りにすること」が必要であるという指摘（鄭 2001：26）を踏まえ、あえて〈へ〉のない私がその中に括られる在日朝鮮人というマイノリティに向かって語るという形式をとる。在日朝鮮人というマイノリティに括られた者〈について〉語りつつも、その者たち〈に向かって〉語るということは、もちろん彼らが応答して語ることを前提にして語るということに他ならない。差別という暴力が〈語る存在〉である主体としての他者を〈語られる存在〉という客体へと「変換」することを含む以上、ここでとるような形式は十分に試みるに値するだろう。

（2） ＝朝鮮民主主義人民共和国。本研究では日本における同国に対する表象を主題的に論じるので、特別な事情がないかぎり、あえてその表象の中で用いられる語である「北朝鮮」という語を用いる。

（3） 在日は植民地主義者がもっとも手軽に攻撃できる者を攻撃することを知っているからだ。アルベール・メンミは言う。「人種差別主義者というのは、得意の技をふるうために、すでに《歴史》によって打ち倒された人間にだけ向かう。」（Memmi 1982＝1999：103）

（4） もっとも早い段階では一九五九年に日本の「各関係部門」に「要請」している（韓 1986：333）。

（5） 意図せず残してしまった跡という意味での痕跡。

（6） 仮にそういった「社会学的な」語彙を用いることをしないとしても。

（7） 週刊文春（二〇〇四年三月四日発刊）の記事タイトル。

第8章

（1）島袋まりあ（2002：19）も参照。また、「擬態」に関するバーバの議論への批判は冨山一郎（1996：96）も参照。

（2）トラウマをめぐっては、根元的な体験の次元では、植民者または支配者の側が抱えており、差別はむしろ差別者が抱えるトラウマに起因している、という側面があるのではないか。

（3）〈命名〉とトラウマに関しては本山謙二（2002：15）も参照。

（4）同じモノであっても、見る者の位置や、照明の加減、障害物の有無などによって見え方が異なるが、フッサールはこのように同一のものがさまざまに現れる仕方を〈現れ〉と呼んだ。〈私〉はモノ自体を見ることはできず、〈現れ〉を見ることしかできない。現象学とは、こうした現れが構造化され、何ものかについての経験が形成されるメカニズムを分析することを主要な課題とする。

（5）類型化については西原和久（1998：120）を参照。また、Barber（1988：36-7）も参照。

（6）たとえば、『知覚の現象学』（Merleau-Ponty 1945＝1967：174）にはファノンがあげている身体図式の例とほぼ同じものがあげられている。

（7）第1章4節参照。

（8）もしもそうであるならば、フッサールへの批判を含むシュッツ、レヴィナスの思索と共に歩んできた本書は、ここに来て、フッサールの超越論的主観について再考せざるを得なくなる。本格的な考察は本書の範囲を超えるが、超越論的主観とは内世界において生じつつも、その外部へと押し出されるようなものとして考え直すことができるように思われる。あるいは、超越論的主観性は、ちょうどミルクからチーズという異質なものが発生するのと似て、内世界において「発酵」することによって生成する、と考えることができるかもしれない。

（9）竹村和子（1997：69-80）も参照。ここで竹村は、スピヴァックのエイジェンシーの概念を紹介しながら、「責任あるエイジェンシーという概念は、何か一つの立場を代弁するということではない。数多くの環境が歴史的現実として交差する地点から語るということなのだ」と述べる。これは在日の文脈で言えば、朝鮮人でもあり、女性でもあり、……でもあり、といった複数の「私」が交差する地点から語る、ということだ。こういった、いわば、「私」の多元性を引き受けたところから抵抗することの重要性は、鄭暎恵（1996：201）も言うように、民族の解放を言いながら、家父長的な在日の家庭において女性を他者化してきた在日のあり方を考えるとき、強調されなければならない。本書においては、この点について具体的には論じないが、命名の暴力に曝される経験そのものから〈責任としての抵抗〉が生成すると本書では考えており、したがって女性の経験からは男へと向けた〈責任としての抵抗〉が生成すると考える。ともかくここでの強調点はその生成の過程である。

第9章

（1）磯貝治良（2004：31）は「定住意識が既成事実化し、日本社会とのかかわりがさまざまな面で深まった」この世代の文学は、「〈在日〉としてのアイデンティティを、既成の祖国観念や民族理念によってではなく、個我意識や人間的解放の意志によって確立しようとする方向が鮮明にされた」と述べる。なお、李良枝を第三世代と言うのは、文学史的な系列の中においてであって、彼女自身は韓国から日本に来た両親を持っており、一般的に言うところでは、いわゆる在日韓国人二世である。

（2）こういった葛藤を李良枝の文学の核をなすものとして言語学的観点から考察した論文にイ・ヨンスク（1994：28-36）がある。

（3）以下において李良枝の小説からの引用は、煩雑さを避けるため、題名を記し、そのあとに全集版（李良枝 1993）のページを記すことにする。

（4）佐藤裕（1996：130）も参照。

（5）この点に関して、尹健次は次のように批判している。「明らかに、「民族」とか「祖国」を口にせず、日本と朝鮮の不幸な過去を語らず、日本の過去の清算についても沈黙する「在日」の新しい「世代」に「共感」する日本のジャーナリズムがある。つまり、「在日」の若い文学者と日本人の「感性」は、差別や蔑視、怨念、反省、償いといったものを欠落させたところで一致点を見いだしている」（尹健次 1992：268）。

（6）初出は「群像」（1983、四月号）。なお第八九回芥川賞候補作に選ばれている。

（7）この点については自分自身、作家であり、クレオール文学としての在日文学を進展させていこうとする元秀一（2001：93-121）を参照。

（8）たとえば、小堀学（1999：115-127）や姜宇源庸（2002：26-31）。

終章

（1）管見の及ぶかぎり、両者が互いについて言及したことはないが、ナタンソンによればシュッツはレヴィナスに「高い評価」をしていたらしい。西原（1997：22）を参照のこと。

（2）ファノンのこの部分を引用している野村が言うように、「学問があらかじめ中立や客観性を措定すること自体、植民地主義を行為遂行的に構成することにほかならない」ためである（野村 2002：4）。なおシュッツの科学観については、山田富秋（37-64）、矢田部圭介（1998：110）を参照のこと。

（3）第3章3節参照。

（4）第1章1節参照。

（5）第8章1節参照。

（6）名古屋大学の学生による感想文。『在日韓国人・朝鮮人』は福岡安則（1997）。

（7）この点については、エドワード・サイードからこの語を引用し、こうした図式から脱却する可能性をアーレントの「市民的不服従」の議論を中心に考察した李晟台（2004）、および同じくサイードの『知識人とは何か』（Said 1994＝1996）について論評した姜尚中（2003：181-186）を参照のこと。

補章1

（1）補章1は現代社会理論研究会二〇〇五年度大会にて発表した原稿に必要な修正を加えたものである。

（2）野村浩也（2004）参照。

（3）Sartre（1946b→1986）参照。またこの件に関するサルトルに対するファノンの批判はFanon（1952→1998：155-156）参照。

（4）小田亮（2001）がこの問題について整理している。

（5）小田亮（2001）はセルトーのこの概念について、「戦術は、なんら自分に固有のものを持たず、したがって相手の全体を見おさめることのできるような場所を持たないのになされる計算」と述べている。また焼肉文化などの食文化については鄭大聲（2002：273-282）参照。

（6）Bhabha（1994：85-92）参照。また擬態についての批判は、周蕾（1993＝1998：63）参照。

（7）在日同士が語り合う重要性は鄭（2001：26）を参照。「マイノリティはマイノリティに向かってこそ、大いに語るべきなのだ。語り合い、マイノリティとして括られた者どうしの間にある差異を浮き彫りにすること」が必要であると述べている。また他者について語ることをめぐる思索はLevinas（1974→1999）参照。また、Barber（2001：166-192）も参照。

（8）Levinas（1961＝1989）の主体および責任についての議論を参照。

（9）熊野純彦（2003：124-143）参照。

（10）韓国の歴史学者であり市民運動家でも韓洪九のインタビュー（2005：50-72）を参照。この中で彼は「苦痛の連帯」について「こうした苦痛は自分だけが受けたのではないのだということを自覚すること。それが「苦痛の連帯」の出発点になると思います」と述べている。また苦痛の連帯の例として、一九八〇年に民主化抗争を経験した光州の市民が自分たちの経験した虐殺を想起し、ファルージャに軍隊を送ってはならない、という表明をしたことを述べている。

補章2

（1）補章2はシンポジウム「人間・社会環境学の構築：東アジアの社会環境と社会理論―社会学の視点から―」の第二

部「ワークショップ：東アジアの社会環境と社会理論」における口頭発表を基に必要な修正を加えたものである。

（2）補章1、1節参照。

（3）補章1、5節参照。

補章3

（1）補章3は新聞「公共的良識人」（公共哲学共働研究所、2005・10・1発刊）に掲載されたものである。

あとがき

本書は、私がここ六、七年の間に、さまざまなメディアに発表した論文、口頭発表原稿などを基に、必要な修正を加え、さらに新たにいくつかの章を書き加えて、できあがったものである。したがって、各々の章の間には私自身が気づいていない論理上の齟齬や飛躍が含まれているかもしれない。

多少、複雑な気持ちにならざるを得ないことに、さまざまなところで発表するたびに、私はしばしば、パトスなり感情なりに強く訴えかける発表である、という種類のことを言われてきた。また、ある人が言ったところによれば、私の発表はいつも「問題作」だそうである。その人は補って、「考えるべき問題という意味での問題を提起している、という意味で、云々」と口では言ったが、どうもその人は内心、私の議論に緻密さが欠けていると言いたかったのではないかと訝しい。こうした研究者仲間たちの見方が正しければ、じつは、各章の間どころか、一つの章の中でさえ論理的な一貫性が破れているところがあると考えるべきであるかもしれない。

とはいえ本書で、差別について考えるときの基本的なスタンスにブレはない、と私本人は信じている。それは一言で言ってしまえば、「人間存在とは」というむしろ哲学的といえる問いの中で差別問題を考える、というものである。このような仕方で問うことは、私にとって、差別問題をその根源から問うということに他ならない。「事実」に立脚した「科学的思考」の隆盛と学問の細分化によって、今日、差別問題もまたその根源から問うこと――たとえば差別という「事実」が「事実」としてあるとはいかなることかと問うことも含め――は困難な状態にあるように思われる。そうした状態に対する違和感が本書の出発点になっている。本書で何度か強調したように、私にとって、人間存在について追求することと、差別問題を追及することは別ごとではない。

このような仕方で差別問題を考えるのに大きな支えになったのは、現象学的社会学を専門とされている名古屋大学の西原和久教授であり、まずは同先生に深く感謝の意を表したい。私が博士課程に進んだときから今日に至る七年近くの間、西原先生は柔和な笑みをもって私を見守ってくださった。発表をしたあと、「つまり郭君が言いたいことは……」と言って、私の考えをまとめるとき、不思議なことに、私自身が見えていなかった論理の筋がすっきりすることがしばしばであった。文字通りシュッツに没頭していた一時期、「シュッツだけを読んでいたのでは、シュッツはわからないよ」と言ってくださったことは思い出深い。そのひとことは、本書のもう一つの理論的支柱であるレヴィナスを読むひとつのきっかけになった。

すでに述べたように、いくつかの論文、口頭発表原稿などを基につくられた本書は、じつは二〇〇四年にいったん博士号取得論文としてまとめられている。その際には、名古屋大学の内田綾子先生の御支援が大きかった。私は内田先生に何度も議論の飛躍を補うための追加の文章を書くように言われたが、徹夜明けで目を真っ赤に腫らしたまま、書き足したものをもってどたばたと廊下を走って研究室に行くと、内田先生もまた私が来るかどうかはらはらしている様子になっていたときが多く、そのときの様子を思い起こせば、内田先生は私の伴走をしてくれたのだ、という気がしてならない。

また、今年までの二年間、名古屋大学に日本学術振興会外国人特別研究員として勤務されていた李晟台先生は、常に正面から私の考え方の不足を指摘してくださった。公私にわたる付き合いの中で、私は何度も自分の考えを根本から見直す必要を感じた。李先生の周りにはいつも根本的な議論が活発に起こっていた。李先生は知識で粉飾した軽薄な精神には容赦がなく、鈍重なことばの中から何かしらの思想を救い上げるのに繊細であった。私が博士論文を書いている時期に李先生が名古屋に来たことは、これ以上ない幸運であった。

さらに、特に本書の第III部に相当する部分を執筆する際には、広島修道大学教授の野村浩也先生にたいへんお世話になった。沖縄基地問題を批判するときのラディカルで戦闘的な姿勢は、在日朝鮮人「問題」を考えるのに別の視角を私に与えてくれた。沖縄人と朝鮮人が連帯する可能性を考えることは今後、私の課題のひとつになるだろう。名前をあげることは控えさせていただくが、他にも、特に解放社会学と現象学・社会科学会の会員の方々には議論を通して多くの教えをいただいた。すべての方々に感謝の意を表したい。

私事にわたるが、本書ができあがるまでの間、私は研究の一方で、さる進学塾で準社員という形で仕事をさせてもらっていた。二束のわらじをはいている私の立場をよく理解してくれ、研究と仕事の両立の困難さに何度もへこたれそうになった私を常に励まし続けてくれたS校長とT校長には、感謝のことばもない。本書が世に出たら、ぜひ三人でいっぱいやりたいと思う。遠くから温かく見守ってくださったN学長にも感謝したい。

思索の世界に没入すると、私はたいていこの世の人でないような、幽霊のような顔つきになる。言動も奇妙で、粗相が多くなる。何かを書くときは決まって家で深夜にしていた私は、実際、しばしば部屋のゴミ箱をひっくり返したり、意味不明なことばを口走ったりしていた。こんな、はた迷惑な幽霊の家中徘徊を許してくれた妻と子の寛容さには、ただただ頭が下がる思いである。

本書は、西原先生が私を新泉社の竹内将彦さんに紹介してくださったことで、日の目を見ることとなった。再度、西原先生に感謝申し上げると共に、要所要所で適切なアドバイスをくださった竹内さんに感謝申し上げたい。ほんとうにありがとうございました。

最後に在日朝鮮人二世として苦渋に満ちた人生を送りながらも、世界が変わることへの希望を私に語り続けてくれた父と母に感謝したい。何かのことで苦境に立たされるたび、私の眼をまっすぐ見つめ、「自分が正しいと思うならそれでええ」といつも私を信じてくれた父がいなければ、最終的に「抵抗者」を擁護し、エンパワーメントする内容の本書は生まれなかっただろう。

二〇〇六年四月一四日

郭 基 煥

参考文献

[A]　欧文文献

Barber, M, D., 1988, *Social Typifications and the Elusive Other*, Lewisburg Bucknell University Press.

Barber, M, D., 2001, *Equality and Diversity : Phenomenological Investigations of Prejudice and Discrimination*, Humanity Books.

Bhabha, H. K., 1994, *The Location of Culture*, Routledge.

Burggraeve, R. éd., *Emmannuel Levinas et la socialité de l'argent. Un philosophe en quête de la réalité journalière. La genèse de Socialité et argent ou l'ambiguité de l'argent*, Peeters.＝2003, 合田正人・三浦直希訳『貨幣の哲学』法政大学出版局.

Buber, M., 1923, *Ich und Du*, Insel Verlag.＝1999, 田口義弘訳『我と汝・対話』みすず書房.

Chow, R. (周蕾), 1993, *Writing Diaspora : Tactics of Intervention in Contemporary Cultural Studies*, Indiana University Press.＝1998, 本橋哲也訳『ディアスポラの知識人』青土社.

Chow, R. (周 蕾), 1998, *Ethics after Idealism : Theory-Culture-Ethnicity-Reading*, Indiana University Press.

Crossley, N., 1996. *Intersubjectivity : The fabric of Social Becoming*, Sage.＝2003, 西原和久訳『間主観性と公共性——社会生成の現場』新泉社.

Davis, C., 1996, *Levinas : An Introduction*, Polity Press.＝2000, 内田樹訳『レヴィナス序説』国文社.

Derrida, J., 1967, *L'ecriture at la difference*, Seuil.＝1983, 若桑毅他訳『エクリチュールと差異』法政大学出版局.

Fanon, F., 1952, *Peau Noire, Masques Blancs*, Seuil.＝1998, 海老坂武・加藤晴久訳『黒い皮膚・白い仮面』みすず書房.

Fanon, F., 1961, *Les Damn s de la Terre*, Maspero.＝1996, 鈴木道彦・浦野衣子訳『地に呪われたる者』みすず書房.

Grinnell, F., 1983, "The Problem of Intersubjectivity : A comparison of Martin Buber and Alfred Schutz," *Human Studies*, 6.

Heidegger, M., 1935, *Sein und Zeit*, Max Niemeyer.＝1987, 桑木務訳『存在と時間』岩波書店.
Husserl, E., 1939, *Erfahurng und Urteil*, Academia.＝1999, 長谷川宏訳『経験と判断』河出書房新社.
Husserl, E., 1954, *Die Krisis der europäischen Wissenschaften und die transzendentale Phänomenologie*, Husserliana VI.＝1995, 細谷恒夫・木田元訳『ヨーロッパ諸学の危機と超越論的現象学』中央公論社.
Husserl, E., 1958, *Die Idee der Phänomenologie*, Husserliana II.＝1998, 長谷川宏訳『現象学の理念』作品社.
Husserl, E., 1963, *Cartesianische Meditationen und Pariser Vorträge*, Husserliana I.＝2001, 浜渦辰二訳『デカルト的省察』岩波書店.
Husserl, E., 1966, *Analysen zur passiven Synthesis*, Husserliana XI.＝1997, 山口一郎・田村京子訳『受動的総合の分析』国文社.
Kafka, F., 1916, *Die Verwandlung*.＝1983, 高橋義孝訳『変身』新潮社.
Levinas, E., 1948, *Le Temps et l'autre*, Fata Morgana.＝1995, 原田佳彦訳『他性と超越』法政大学出版局.
Levinas, E., 1949, *En découvrant l'exisant avec Husserl et Heidegger*, J. Vrin.＝1986, 丸山静訳『フッサールとハイデガー』せりか書房.
Levinas, E., 1961, *Totalite et infini*, Nijhoff.＝1989, 合田正人訳『全体性と無限』国文社.
Levinas, E., 1972, *Humanisme de l'autre homme*, Fata Morgana.＝1990, 小林康夫訳『他者のユマニスム』書肆風の薔薇.
Levinas, E., 1974, *Autrement qu'être ou au-dela de l'essence*, Nijihoff.＝1999, 合田正人訳『存在の彼方へ』講談社.
Levinas, E., 1995, *Altérité et transcendance*, Fata Morgana.＝2001, 合田正人他訳『他性と超越』法政大学出版局.
Mead, G. H., 1934, *Mind, Self, and Society*, Univ. of Chicago Press.＝1974, 稲葉三千男他訳『精神・自我・社会』青木書店.
Memmi, A., 1982, *Le Racisme*, Gallimard.＝1997, 菊池昌実・白井成雄訳『人種差別』法政大学出版局.
Merleau-Ponty, M., 1945, *La Phênomênologie de la Perception*, Gallimard.＝1967, 竹内芳郎・小木貞孝訳『知覚の現象学 I』みすず書房; 1974, 竹内芳郎・木田元・宮本忠雄訳『知覚の現象学 II』みすず書房.
Milton J. B., 1998, "Overcoming the Golden Rule：Sympathy and Empathy,"

Milton J. Bennett ed., *Basic Concepts of Intercultural Communication : Selected Readings*, Intercultural Press.
Nietzche, F., 1887, *Zur Genealogie der Moral*.＝1987, 木場深定訳『道徳の系譜』岩波書店.
Said, E. W., 1994, *Presentations of Intellectual : The 1993 Reith Lecture*, Vintage.＝1996, 大橋洋一『知識人とは何か』平凡社.
Sartre, J.-P., 1943, *L'être et le nêant*, Gallimard.＝1999, 松浪信三郎訳『存在と無　現象学的存在論の試み』人文書院.
Sartre, J.-P., 1946a, *L'Existentialisme est un humanisme*, Negel.＝1999, 伊吹武彦・海老坂武・石崎晴己訳『実存主義とは何か』人文書院.
Sartre, J.-P., 1946b, *Rêflexions sur la question juive*, Gallimard.＝1986, 安堂信也訳『ユダヤ人』岩波書店.
Schutz, A., 1932, *Der sinnhafte Aufbau der sozialen Welt*, Springer (→ 1981, Suhrkamp).＝1996, 佐藤嘉一訳『社会的世界の意味構成』木鐸社.
Schutz, A., 1962, *Collected Papers I : The Problem of social reality*, Nijhoff.＝1983, 渡部光他訳『アルフレッド・シュッツ著作集第1巻　社会的現実の問題I』マルジュ社; 1985, 渡部光他訳『アルフレッド・シュッツ著作集第2巻　社会的現実の問題II』マルジュ社.
Schutz, A., 1964, *Collected Papers II : Studies in Social theory*, Nijhoff.＝1991, 渡部光他訳『アルフレッド・シュッツ著作集第3巻　社会理論の研究』マルジュ社.
Schutz, A. 1970, *Collected Papers III : Studies in Phenomenological Philosophy*, Nijhoff.＝1998, 渡部光他訳『シュッツ著作集IV　現象学的哲学の研究』マルジュ社.
Schutz, A., 1996, *Collected Papers IV*, Kluwer Academic Publishers.
Schutz, A., 1970, *Reflection on the Problem of Relevance*, Yale University Press.＝1996, 那須壽他訳『生活世界の構成』マルジュ社.
Schutz, A. & Luckman, Th., 1983, *Struktren der Lebenswelt*, Bd. 2, Suhrkamp.＝1989, Zaner, R. M. & Parent, D. J. (trs.) *The Structure of the Life world*, Vol. 2, Northwestern Univ. Press.
Spivak, G. C., 1988, "Can the Subaltern Speak ?" Nelson, Cary, and Lawrence Crossberg, eds., *Marxism and the Interpretation of Culture*, Macmillan.＝1998, 上村忠男訳『サバルタンは語ることができるか』みすず書房.

Waldenfels, B., 1995, Das Eigene und das Fremde, *Deutsche Zeitschrift fur Philosophie*, 43.＝2000, 青山治城訳「固有のものと異他的なもの」『情況 2000 年 8 月号別冊　実践―空間の社会学　他者・時間・関係の基層から』情況出版.

［B］ **日本語文献**

李晟台，1998，「他者と他者性――他者経験の文脈」西原和久他編『現象学的社会学は何を問うのか』勁草書房.

李晟台，2003，「コスモポリタンと他者――コスムポリタニズムの倫理的条件をめぐって」『現代社会理論研究』13.

李晟台，2004，「9/11 以降の市民的連帯に向けて――アーレントの「市民的不服従」概念を中心に」『現代社会理論研究』14.

李晟台，2005，『日常という審級』東信堂.

李良枝，1993，『李良枝全集』講談社.

イー・ヨンスク，1994，「ことばの深淵より　―李良枝への鎮魂―」『へるめす』50 号，岩波書店.

岩田靖夫，1990，『神の痕跡』岩波書店.

石川准・長瀬修，石井照夫編，1999，『障害学への招待』明石書店.

石川准・倉本智明・石井照夫編，2003，『障害学の主張』明石書店.

江原由美子編，1998，『フェミニズムの主張　第 4 巻』勁草書房.

磯貝治良，2004，『〈在日〉文学論』新幹社.

上野千鶴子，2001，「複合差別論」『現代社会学第 15 巻　差別と共生の社会学』岩波書店.

元秀一，2001，「ポストコロニアルとしての在日文学クレオール化の水流」『ポストコロニアル文学の研究』関西大学東西学術研究所.

大澤真幸，1997，『身体の比較社会学 I』勁草書房.

大澤真幸，2000，『意味と他者性』勁草書房.

小田亮，2001，「生活世界の植民地化に抗するために――横断性としての「民衆的なもの」再論」(http://www2.ttcn.ne.jp/~oda.makoto/seikatsusekai.htm).

郭基煥，1999，『現代日本の日常生活における「韓国・朝鮮」の排除――ナショナリズムのエスノメソドロジー研究』名古屋大学大学院国際開発研究科 1999 年度修士論文.

郭基煥，2000，「被差別体験に関する考察」『現代社会理論研究第』10.

郭基煥，2002，「他者の超越と差別――〈あなたたちの世界〉経験」『現代社会理論研究』12.
郭基煥，2003a，「差別者の「不安」――シュッツとレヴィナスの他者論を手がかりに」『名古屋大学社会学論集』24.
郭基煥，2003b，「よそ者になることへの不安」『現代社会理論研究』13.
郭基煥，2006（近刊），「責任としての抵抗――ファノン，レヴィナス，李良枝を中心に」解放社会学会20周年記念出版.
加藤典洋，1997，『敗戦後論』講談社.
河口和也，2003，「「不自然な」同性愛」『解放社会学研究』18.
風間孝，2003，「生-権力と死」『解放社会学研究』17.
風間孝，2004，「つながっていくことと差異を主張すること」『解放社会学研究』18.
姜宇源庸，2002，「在日そのもののアイデンティティ――李良枝「由熙」論――」『私小説研究』3.
姜尚中，1996，『オリエンタリズムの彼方へ』岩波書店.
姜尚中，2003，『反ナショナリズム』教育史料出版会.
木田元，1993，『現在の哲学』講談社学術文庫.
木田元，2003，『メルロ＝ポンティの思想』岩波書店.
金光基，2004，「現代社会・両価性・グローバリゼーション：アルフレッドシュッツにおける「類型性」概念の応用研究」『現代社会理論研究』14.
金鶴泳，1970，「まなざしの壁」『凍える口』河出書房新社.
草柳千種，1998，「「夫婦別姓」をめぐる言説と「現実」」山田富秋・好井裕明編『エスノメソドロジーの想像力』せりか書房.
熊野純彦，1999a，『レヴィナス――移ろいゆくものへの視線』岩波書店.
熊野純彦，1999b，『レヴィナス入門』ちくま新書.
熊野純彦，2003，『差異と隔たり――他なるものへの倫理』岩波書店.
計良光範，1997，「アイヌにおける差別と共生」栗原彬編『講座　差別の社会学第4巻　共生の方へ』弘文堂.
合田正人，1999，『レヴィナスを読む――〈異常な日常〉の思想』日本放送出版協会.
小堀学，1999，「〈境界〉の経験をめぐる文学―李良枝論―」『立命館言語文化研究紀要』13.
小森陽一，2001，『ポストコロニアル』岩波書店.
斉藤慶典，2000，『力と他者――レヴィナスに』勁草書房.

桜井哲夫，2003，『新・日本現代詩文庫 12　桜井哲夫詩集』.
佐藤学，1996，『共生へのユートピアとその挫折』「講座　差別の社会学第 2 巻　日本社会の差別構造」弘文堂.
佐藤裕，1996，「「差別表現」を考える――差別―被差別の関係のねじれと他者化」栗原彬編『差別の社会理論』弘文堂.
佐藤義之，2000，『レヴィナスの倫理』勁草書房.
島袋まりあ，2002，「雑種性の政治と混血児」『解放社会学研究』16.
徐京植，2002，『半難民の位置から――戦後責任論争と在日朝鮮人』影書房.
徐京植，2003，『秤にかけてはいけない』影書房.
戴エイカ，1999，『多文化主義とディアスポラ』明石書店.
高橋哲哉，1990，「歴史・理性・暴力」市川浩他編『現代哲学の冒険 3　差別』岩波書店.
高橋哲哉，2005a，『靖国問題』筑摩書房.
高橋哲哉，2005b，『戦後責任論』講談社.
高橋哲哉，2005c，『国家と犠牲』日本放送出版協会.
竹田青嗣，1995，『〈在日〉という根拠』ちくま学芸文庫.
竹村和子，1997，「責任あるエイジェンシー――ポストモダニズム，ポストコロニアリズム，フェミニズム」山形和美編『差異と同一化――ポストコロニアリズム文学論』研究社出版.
太宰治，1972，「饗応婦人」『グッド・バイ』新潮文庫.
田島節夫，1996，『フッサール』講談社学術文庫.
田中茂範・深谷昌弘，1998，『〈意味づけ論〉の展開』紀伊國屋書店.
鄭暎惠，2001，「アイデンティティを越えて」井上俊他編『岩波講座第 15 巻　差別と共生の社会学』岩波書店.
鄭大聲，2002，「日本の食文化と「在日」」『環　11 号』藤原書店.
冨山一郎，1996，「対抗と遡行」『思想』866 号，岩波書店.
冨山一郎，1998，「赤い大地と夢の痕跡」『〈複数文化〉のために――ポストコロニアルとクレオールの現在』人文書院.
中村文哉，1994，「偽装的作為としての差別行為――「否定」をめぐる差別の意味構造とその意味構成」『人権教育研究』2，花園大学人権教育研究室.
中村文哉，1995，「差別行為と他者理解――現象学的行為理論の見地から」『人権教育研究』3，花園大学人権教育研究室.
中村文哉，1996a，「社会関係と差別行為――類型化と差別的意味構成」花園大学人権教育研究室編『花園大学人権論集③　戦争・戦後責任と差

別』京都・法政出版.
中村文哉，1996b,「〈伝聞〉と被差別世界の解釈――シュッツの「社会的世界の構造分析」の見地から――」『人権教育研究』4，花園大学人権教育研究室.
中村文哉，1997,「差別行為と観察者――現象学的差別行為論のパラダイム転換――」『人権教育研究』5，花園大学人権教育研究室.
中村文哉，1998,「異文化接触のリアリティ A. シュッツの「よそ者」論を読む――」『人権教育研究』6，花園大学人権教育研究室.
西原和久，1994,『社会学的思考を読む』人間の科学社.
西原和久，1996,「差別の複合性への視座　差別と排除の現象学的社会学のために」栗原彬編『講座　差別の社会学第1巻　差別の社会理論』弘文堂.
西原和久，1998a,『意味の社会学――現象学的社会学の冒険』弘文堂.
西原和久，1998b,「あとがきに代えて」西原他編『現象学的社会学は何を問うのか』勁草書房.
西原和久，2001,「ニューヨークのシュッツと現象学――五十年代シュッツ現象学的社会学の新地平」船津衛編『アメリカ社会学の潮流』恒星社厚生閣.
西原和久，2003,『自己と社会――現象学の社会理論と〈発生社会学〉』新泉社.
新田義弘，1996,『現象学とは何か』講談社学術文庫.
貫成人，2003,『経験の構造――フッサール現象学の新しい全体像』勁草書房.
野村浩也，2000,「植民地主義と共犯化」『解放社会学研究』14.
野村浩也，2001,「ポジショナリティ・本質主義・アイデンティフィケーション」姜尚中編『ポストコロニアリズム』作品社.
野村浩也，2002,「植民地主義は終わらない」『解放社会学研究』16.
野村浩也，2005,『無意識の植民地主義』御茶の水書房.
浜日出夫，1985,「社会は細部に宿る――ミクロ-マクロ問題再考」西原和久編『現象学的社会学の展開―― A. シュッツ継承へ向けて』青土社.
林浩二，1991,『在日朝鮮人日本語文学論』新幹社.
張江洋直，1997,「社会学と現象学的思惟」『現代社会理論研究』7.
張江洋直，1999,「小特集を編むにあたって」『現代社会理論研究』9.
張江洋直，2000,「死生論と〈世界の超越〉――「死の社会学」基礎論のために」『情況 2000 年 8 月号別冊　実践―空間の社会学　他者・時間・関係の基層から』情況出版.

韓洪九，2005，「〈苦痛の連帯〉を求めて――韓国・新しい平和運動の思想と歴史学」『前夜 2 号』影書房.
韓徳銖，1996，『主体的海外僑胞の思想と実践』未来社.
平野嘉彦，1996，『現代思想の冒険者達第 04 巻　カフカ――身体のトポス』講談社.
廣松渉，1991，『現象学的社会学の祖型―― A. シュッツ研究ノート』青土社.
廣松渉，1998，『世界の共同主観的存在構造』講談社.
福岡安則，1996，「在日韓国・朝鮮人のアイデンティティと差別」栗原彬編『講座　差別の社会学　第 2 巻　日本社会の差別構造』弘文堂.
福岡安則，1997，『在日韓国・朝鮮人　若い世代のアイデンティティ』中公新書.
福岡安則，2001，「差別研究の現状と課題」井上俊他編集『現代社会学 15　差別と共生の社会学』岩波書店.
福岡安則・金明秀，1997，『在日韓国人青年の生活と意識』東京大学出版会.
港道隆，1997，『現代思想の冒険者達第 16 巻　レヴィナス――法-外な思想』講談社.
村田純一，1995，『知覚と生活世界』東京大学出版会.
本山謙二，2002，「漂泊することの肯定に向けて」『解放社会学研究』16.
矢田部圭介，1998，「意味とワーキング――科学と多元的現実の再考」西原和久他編『現象学的社会学は何を問うのか』勁草書房.
山口一郎，2004，「汝の現象学に向けて」川本英夫他編『他者の現象学 III』北斗出版.
山口節朗，1990，「現代社会と不平等」市川浩他編『現代哲学の冒険 3　差別』岩波書店.
山田富秋，1996，「アイデンティティ管理のエスノメソドロジー」栗原彬編『講座　差別の社会学　第 1 巻　差別の社会理論』弘文堂.
山田富秋・好井裕明，1997，『排除と差別のエスノメソドロジー――〈いま―ここ〉の権力作用を解読する』新曜社.
山田富秋，2000，『日常性批判――シュッツ，ガーフィンケル，フーコー』せりか書房.
尹健次，1992，『「在日」を生きるとは』岩波書店.
好井裕明，2001，「エスノメソドロジーのイメージをめぐって」船津衛編『アメリカ社会学の潮流』恒星社厚生閣.
鷲田清一，1988，「日常の薮の中で」『現象学と解釈学』世界書院.

鷲田清一，2001，『メルロ＝ポンティ――可逆性』講談社.

【事　典】

木田元・野家啓一・村田純一・鷲田清一編，1994，『現象学事典』弘文堂.

著者紹介

郭　基　煥（Kwak Kihwan）

1967年　愛知県一宮市に生まれる。
2002年　名古屋大学大学院国際開発研究科（国際コミュニケーション専攻）博士後期課程満了
2005年　学術博士号取得
現　在　愛知大学ほか非常勤講師
専　攻　差別論、現象学的社会学、国際コミュニケーション論

論　文　「他者の超越と差別――〈あなた達の世界〉経験」現代社会理論研究12号
「よそ者になることへの不安」現代社会理論研究13号
「責任としての抵抗――ファノン、レヴィナス、李良枝を中心に」解放社会学20周年記念出版（近刊）、ほか。

差別と抵抗の現象学――在日朝鮮人の〈経験〉を基点に

2006年6月15日　第1版第1刷発行

著　者＝郭　基　煥

発行者＝株式会社　新　泉　社
東京都文京区本郷2-5-12
振替・00170-4-160936番　TEL 03(3815)1662　FAX 03(3815)1422
印刷／三秀舎　製本／榎本製本

ISBN4-7877-0600-4　C1010

G・H・ミードの動的社会理論

M・ナタンソン著　長田攻一，川越次郎訳　2200円（税別）

A・シュッツの弟子である著者が，象徴的相互作用論の源流であるミードの思想の中に現象学的視座との親縁性を発掘せんとする意欲的試みをもつ古典的名著．その思想を発展的段階的に跡づけ，社会的行動主義者という狭隘なミード像の修正を図った格好のミード紹介の書．

新装 アウトサイダーズ　●ラベリング理論とはなにか

ハワード・S・ベッカー著　村上直之訳　2500円（税別）

逸脱とは社会病理現象ではなく，単に集団間の相互作用とりわけラベリングの所産だとする視点から，規則創設・執行者たる道徳事業家と，逸脱者の烙印を負うマリファナ使用者，ジャズメンの生態を克明に跡づけた本書は，ラベリング理論の先駆的役割を果たした古典的名著．

新版 社会構造とパーソナリティ

T・パーソンズ著　武田良三監訳　7000円（税別）

社会構造とパーソナリティの関係性にはさまざまな局面がある．社会学・心理学両分野においてパーソンズのパーソナリティ論はきわめて重要な位置にあるが，本邦ではその全体像の把握は比較的困難であった．本書は彼の理論的個別的な重要論文を網羅したパーソナリティ論集．